教育部人文社会科学研究青年基金项目“美国大学教师发展中心
的组织变迁与运行模式研究”（17YJC880086）研究成果

国际教育前沿丛书

刘宝存　主编

美国研究型大学教师发展中心运行机制变迁

● 屈廖健　著

山西出版传媒集团　山西教育出版社

图书在版编目（CIP）数据

美国研究型大学教师发展中心运行机制变迁／屈廖健著. — 太原：山西教育出版社，2020. 1

ISBN 978-7-5703-0908-5

Ⅰ. ①美… Ⅱ. ①屈… Ⅲ. ①高等学校—师资培养—研究—美国 Ⅳ. ①G645. 12

中国版本图书馆 CIP 数据核字（2020）第 011085 号

美国研究型大学教师发展中心运行机制变迁

MEIGUO YANJIUXING DAXUE JIAOSHI FAZHAN ZHONGXIN YUNXING JIZHI BIANQIAN

责任编辑 徐 琼
复　　审 邓吉忠
终　　审 康 健
装帧设计 解 芳
印装监制 蔡 洁

出版发行 山西出版传媒集团·山西教育出版社
（太原市水西门街馒头巷 7 号 电话：0351-4729801 邮编：030002）
印　　装 山西康全印刷有限公司
开　　本 720 mm×1020 mm 1/16
印　　张 16. 25
字　　数 254 千字
版　　次 2020 年 12 月第 1 版 2020 年 12 月山西第 1 次印刷
书　　号 ISBN 978-7-5703-0908-5
定　　价 48. 00 元

总 序

一

当今世界正处在大发展、大变革、大调整时期，主要表现为以下四个方面。一是国际竞争的加剧。在“冷战”结束以后，世界格局发生了重大变化，世界上一些主要国家都在调整国家目标，力图在急剧变化的世界中为自己定位。各国为了实现国家目标，在新世纪的国际竞争中取得战略有利地位，纷纷把教育改革作为国家整体战略的一部分，作为提高民族素质、增强国际竞争力的战略举措。二是知识经济的发展。世界经济的发展经历了农业经济和工业经济之后，正在进入知识经济阶段。与建立在土地和人口基础上的农业经济、建立在资本和资源基础上的工业经济不同，知识经济是建立在知识和信息的生产、分配和使用基础之上的经济。在知识经济时代，知识、技术和信息成为推动经济发展最重要的因素。知识、技术和信息发展靠创新、靠人才，归根结底要靠教育。因此，教育成为各国应对知识经济挑战的首要途径。三是全球化进程的深入。在经济全球化的影响下，世界各国在政治、经济、文化、教育和社会生活等方面的联系、影响、依赖程度不断增强。全球化同时也加剧了国家之间、地区之间乃至学校之间的竞争，世界各国都把创建世界一流的学校、提升教育的全球竞争力作为战略目标。四是信息技术和人工智能的挑战。信息技术和人工智能的发展正改变着我们的生活方式、工作方式、学习方式、思维方式、价值观念及其物质载体，也为教育的改革与发展提供了更为广阔的空间。国际社会大变革把教育推向社会经济发展舞台的中心，优先发展教育、深化教育改革成为世界性的运动，而提高教育质量、促进教育公平则是这场教育改革运动的主旋律。

如果从历史的角度来考察，20 世纪 80 年代以来世界范围的教育改革，不仅是对当代世界政治、经济、科学技术和文化的大发展、大变革、大调整所带来的挑战的应对，也是基于教育自身发展和改革的需要。纵观风云变幻的20 世纪，世界教育经历了前所未有的挑战和改革。20 世纪 30 年代，工业化、城市化所推动的社会全面变革引发了以进步主义教育运动为标志的世界性教育改革运动。进步主义教育直接向传统教育宣战，强调把儿童的兴趣作为教育的出发点，重视职业教育、工业教育、科学教育，倡导以解决问题为核心的教学方法，注重培养学生的合作精神和社会责任感。进步主义教育改革运动使人们反思传统与变革、人文与科学、社会与个人之间的关系，并尝试建立一种新的平衡，但并没有取得预期的效果。20 世纪五六十年代，在科技进步、经济发展、民主运动、人口剧增和“冷战”加剧等因素的推动下，以 1957 年苏联人造卫星的发射为导火线，爆发了新一轮世界性的教育运动。世界各国开始重新审视一度给教育带来一缕新风的进步主义教育思想及其改革运动，结构主义、要素主义教育理论逐渐取代进步主义教育理论取得支配地位，促进中等教育的普及化和高等教育的大众化，改革基础教育课程和教学方法，加强大学的科技人才培养和科学研究，成为国际社会教育改革的主旋律。特别是人力资本理论和终身教育思想的提出，使教育的地位空前提高，改变了人们的价值观念。这一轮的教育改革因 70 年代的经济萧条戛然而止。因此，20 世纪 80 年代以来的世界教育运动是上一轮教育改革运动在新的社会经济背景下的发展。在中小学教育实现了普及化、高等教育实现了大众化甚至普及化的背景下，世界教育改革的主旋律变成了促进公平、提高质量，也就是为每一个人提供高质量的教育。在新的社会经济背景下，世界各国纷纷把教育放在优先发展的战略地位，打造世界一流的教育体系，确立以培养创新人才为核心的培养目标，改革课程体系和教学模式，加强教育与社会生活的联系，提高教师的待遇和专业化水平，建构终身教育体系，推进教育信息化、教育国际化进程，建立更加灵活、高效的管理机制。与以前的局部改革不同，这是一场关于教育的全面改革，涉及从学前教育到高等教育、从课程教学到管理体制等教育的方方面面；与以前阶段性的教育改革不同，这更是一场长期的教育改革，已经持续30多年的教育改革仍呈方兴未艾之势。

二

自改革开放以来，中国社会发生了翻天覆地的变化。改革开放40年的经济快速增长，使中国从一个经济处于崩溃边缘的穷国一跃而成为世界第二大经济体，人民生活水平大幅度提高，综合国力不断增强。同时，中国也从一个传统社会转变为现代社会，在经济、社会、政治方面实现转型，工业化、城镇化、民主化进程不断加快。经过40年的改革开放，我国社会经济发展进入新阶段。我国面临着国际社会大变革和国内各种社会经济问题凸显的双重压力，既处于新的改革发展战略机遇期，也处于改革的攻坚期和“深水区”。正如《国家中长期教育改革与发展规划纲要（2010—2020年）》所总结的，“我国正处在改革发展的关键阶段，经济建设、政治建设、文化建设、社会建设以及生态文明建设全面推进，工业化、信息化、城镇化、市场化、国际化深入发展，人口、资源、环境压力日益加大，经济发展方式加快转变”。党的十九大明确提出要实现社会主义现代化和中华民族伟大复兴，在全面建成小康社会的基础上，分两步走在本世纪中叶建成富强民主文明和谐美丽的社会主义现代化强国。从现在到2020年，是全面建成小康社会决胜期。要按照十六大、十七大、十八大提出的全面建成小康社会各项要求，紧扣我国社会主要矛盾变化，统筹推进经济建设、政治建设、文化建设、社会建设、生态文明建设，坚定实施科教兴国战略、人才强国战略、创新驱动发展战略、乡村振兴战略、区域协调发展战略、可持续发展战略、军民融合发展战略，突出抓重点、补短板、强弱项，特别是要坚决打好防范化解重大风险、精准脱贫、污染防治的攻坚战，使全面建成小康社会得到人民认可、经得起历史检验。综合分析国际国内形势和我国发展条件，从2020年到本世纪中叶可以分两个阶段来安排。第一个阶段，从2020年到2035年，在全面建成小康社会的基础上，再奋斗十五年，基本实现社会主义现代化。第二个阶段，从2035年到本世纪中叶，在基本实现现代化的基础上，再奋斗十五年，把我国建成富强民主文明和谐美丽的社会主义现代化强国。这一系列战略目标的实现，意味着中国社会将迎来更大的变革，意味着一个真正强国的崛起，也意味着我们必须重新审视我国教育，探讨教育如何适应国家战略的调整，积极改革创新，为国家整体战略服务。

与国际社会的教育改革大势相一致，中国教育以1985年《中共中央关于教育体制改革的决定》为标志开始了前所未有的全面改革。在新的世纪，面对新问题、新矛盾、新挑战，我国在2010年颁布了《国家中长期教育改革与发展规划纲要（2010—2020年）》，对中国教育的发展提出了新的要求：加快从教育大国向教育强国、从人力资源大国向人力资源强国迈进；到2020年，基本实现教育现代化，基本形成学习型社会，进入人力资源强国行列，办出具有中国特色、世界水平的现代教育。教育规划纲要的颁布，宣告了我国新一轮教育改革运动的开始，我国教育进入大改革、大发展、大变化时期。党的十九大报告把建设教育强国作为中华民族伟大复兴的基础工程，要求必须把教育事业放在优先位置，深化教育改革，加快教育现代化，办好人民满意的教育。无论是当前的社会变革还是教育变革，在我国历史上都没有现成的经验可以借鉴，必须从国际社会寻找可供借鉴的理论、经验和发展路径，并在此基础上实现教育理论创新、实践创新和制度创新。一方面，我国教育科学虽然已经有了很长的历史，但是对于教育改革与发展中的许多问题仍然没有一致的认识。因此，当前我国教育研究特别是比较教育研究的一个重要使命就是围绕世界和我国教育改革与发展的重大理论、政策和实践前沿问题开展研究，探索教育发展的规律，把握国际教育发展的趋势，为我国教育改革与发展提供理论支撑。另一方面，在经过40年的改革开放之后，我国教育改革已经进入“深水区”和攻坚阶段，在我国历史上既没有相应的经验可以借鉴，也不可能完全依靠“摸着石头过河”去探索未知的领域。因此，我们必须把视野扩大到国际社会，研究世界各国教育改革与发展的基本理念、政策措施、得失成败，研究世界教育改革发展的基本脉络和发展趋势，尤其是针对我国教育改革发展中的重大问题和紧迫问题，在世界范围内寻求相应的经验，特别是研究发达国家已经走过的道路和经验教训，并根据我国实际探索适合我国国情的政策措施。

三

北京师范大学国际与比较教育研究院创立于1961年，是中华人民共和国成立后设立最早的国际与比较教育研究机构。1981年，被国务院学位委员会批准为比较教育学专业全国第一批硕士学位授权点。1983年，被国务院学位委员会批准为比较教育学专业全国第一批博士学位授权点。1988年，被国家教委（现教育部）确定为国家重点学科，是比较教育领域中唯一的国家重点学科。1999年12月，成为第一批入选教育部普通高等学校人文社会科学重点研究基地的15家科研机构之一，是比较教育学科唯一的重点研究基地。2011年秋季，招收第一届全英文教学国际硕士研究生，开创了我国比较教育学专业国际硕士教育的先河。2012年，与奥地利、德国、芬兰等国大学联合开设欧盟伊拉斯莫（Erasmus Mundus）“高等教育研究与创新”硕士项目，这是我国高校第一次以全面合作伙伴（full?? partners）身份全面参与伊拉斯莫项目的招生、教学和管理工作。2012年，入选教育部国别区域问题研究基地，成为教育部国际教育研究中心之一。2013年，在成功举办全英文教学国际硕士项目的基础上，全英文教学国际博士项目顺利招生，成为我国比较教育学专业乃至教育学科第一个开设国际博士教育项目的机构。2017年，加入教育部高校高端智库联盟，成为教育领域首批入选的两家智库之一。

北京师范大学国际与比较教育研究院的基本使命是：1. 围绕世界和我国教育改革与发展的重大理论、政策和实践前沿问题开展研究，探索教育发展的规律，把握国际教育发展的趋势，为我国教育改革与发展提供理论支撑；2. 为文化教育部门和相关部门培养具有国际视野、通晓国际规则、能够参与国际事务和国际竞争的高层次国际化人才；3. 积极开展教育政策研究与咨询服务工作，为中央和地方政府的重大教育决策提供智力支撑，为区域教育创新和各级各类学校的改革试验提供咨询服务；4. 积极开展国际文化教育交流与合作，引进和传播国际先进理念和教育经验，把我国教育改革发展的先进经验和教育研究的新发现推向世界，成为中外文化教育交流的桥梁和平台。

经过50多年的发展，北京师范大学国际与比较教育研究院已经成为我国规模最大、语种最全的国际与比较教育研究机构，语种涵盖英语、俄语、法语、德语、日语、朝鲜语、葡萄牙语、西班牙语等世界主要语种，研究对象包括美国、英国、法国、德国、俄罗斯、日本、韩国、印度、澳大利亚、加拿大、新加坡、芬兰等国家以及联合国教科文组织、世界银行、联合国儿童基金会、欧盟、经济合作与发展组织、亚太经济合作组织等国际组织，研究领域包括比较教育的理论与方法、基础教育比较、高等教育比较、教育政策与管理比较、教育思想比较、文化与教育发展比较、国际教育等比较教育研究的主要领域。

50多年来，北京师范大学国际与比较教育研究院一直是我国国际与比较教育研究的重镇。该院以“立足中国，放眼世界”为指导思想，根据我国社会主义现代化建设和教育改革发展的需要，积极承担起国家重大教育研究任务，取得了一大批高水平的研究成果。这套《国际教育前沿丛书》就是近年该院承担的部分国家级和省部级科研项目的研究成果，我们衷心希望这套丛书的出版能够帮助读者了解国际教育改革与发展的前沿，为我国教育改革与发展提供一些借鉴与启示。

北京师范大学把《国际教育前沿丛书》列为“985工程”重点项目予以支持，山西教育出版社在丛书编辑和出版过程中给予了很大支持，在此特别表示感谢。

序一

人才培养是大学的根本使命，教师发展是人才培养的基本保障。新中国成立后，大学的办学模式学习苏联，以学科为基础，构建了以教研室为主体的基层教学组织。在老教师的引领下，教师间展开有关教学计划、教案等教学材料以及一系列教学方法的交流讨论，起到了教学“传帮带”的作用，有效地提高了新任教师的教学能力。20 世纪 80 年代初期，教育部在北京师范大学和武汉大学分别成立了培训大学青年教师的北京中心和武汉中心，此后又依托一些重点大学建立了大学师资培训和交流中心，形成了全国大学教师培训体系。在当时研究生教育尚不发达的情况下，对提高青年教师的业务水平起到了重要的作用。随着研究生教育的发展，大学青年教师都要通过研究生学位才能获得教师资质。但大学教师的发展提高是学无止境的，大学师资培训和交流中心依然起着重要作用。21 世纪以来，高等教育进入新一轮的大变革时期，全球化、信息化给大学人才培养带来了前所未有的机遇，也对教师教学以及自身发展提出了更多的要求。

如何创造一种全方位的大学教学文化，使教师从被动接受培训转为主动自主发展是新时期亟待解决的关键问题。欧美国家的高等教育实践证明，大学教师发展中心在促进教师教学能力提升，构建一流本科专业、一流本科课程上起着重要作用。2012 年 7 月，教育部高等教育司发布《关于启动国家级教师教学发展示范中心建设工作的通知》，在中央部委所属高等学校中重点支持建设 30 个国家级教师教学发展示范中心，初衷是以提升高等学校中青年教师和基础课教师业务水平、教学能力为重点，完善教师教学发展机制，推进教师培训、教学咨询、教学改革、质量评价等工作的常态化、制度化，切实提高教师教学能力和水平，建设高素质教师队伍。而如何将组织资源、组织目标、组织架构、组织工作及组织产出等核心要素高效优质地串联起来，形成良好的大学教师发展中心运行机制，后续为其他大学的教师发展中心建设产生引领辐射，是这一轮“国”字号大学教师发展中心建设的核心目标。

在这样的背景下，屈廖健以“美国研究型大学教师发展中心运行机制”为主题开始了博士论文的研究。在他前往美国联合培养的一年里，他给我发来邮件进行学业情况汇报。我叮嘱他要趁这个机会好好了解美国教育的实际，不要只钻书本。后来，屈廖健成功申请到了顾明远教育发展基金，利用经费前往密歇根大学展开了为期三个月的实地调研。在安娜堡的三个月里，屈廖健对密歇根大学教师发展中心进行了全方位的考察，对中心的历史资料进行了整体性梳理，对现有教师发展项目进行了亲身体验，对相关的领导、工作人员以及教师学生进行了访谈。这些调查使得他能够较为深入地探究这所美国历史最为悠久的大学的教师发展中心的运行机制及其发展过程中组织要素与运行机制变迁的深层次原因。屈廖健的此项研究较好地将密歇根大学教师发展中心发展历程置于时代大环境中，为我国大学教师发展中心运行机制的构建提供了全面深入的域外视角。

当前，正值“十四五”规划之际，如何建立高质量的本科教育与研究生教育，建设一批一流本科专业和一流学科是规划的重中之重，而提高高等教育质量最关键的还是高校教师队伍建设。很高兴看到屈廖健

《美国研究型大学教师发展中心运行机制变迁》一书出版，期待这本书能为我国的高校教师发展提供一份支持，也诚望屈廖健能够再接再厉，在比较教育学术探究中更进一步。

是为序。

2020 年 9 月 12 日

序二

大学这一组织在中世纪产生时，其唯一的职能是教学，即人才培养。19 世纪，德国大学的发展赋予了大学科学研究的使命。20 世纪以来，美国大学的崛起则使大学的公共服务使命凸显。大学由单一的人才培养与知识传授机构演变为集教学、科研、公共服务于一体的多元化组织，大学固有的教学职能经常被忽视。如何在现代社会的制度环境下保证大学各级人才培养质量，尤其是本科生的教学质量，成为现代大学所面临的挑战。

世界各国大学认识到教学面临的困境后，采用各种方法保证大学的人才培养质量，如：从课程与教学层面展开小班教学以及通识课程、专业课程改革；从教育技术层面开展程序教学、计算机辅助教学、多媒体教学、远程教学等；从教育管理层面实施学生评教、教师晋升教学考核以及有关本科教学与学生培养的院校研究；从制度层面制定各类人才培养制度——跨学科人才培养制度、荣誉学院制度、导师制以及本科生研讨会制等。

20 世纪 60 年代，美国的一批研究型大学为应对持续增长的本科生人数以及教师短缺所带来的本科生质量问责，成立了致力发展教师教学能力、促进教育技术有效运用、开展教学质量评价的专门组织机构，即教师发展中心（faculty development center），从组织层面保证了本科生培养质量，提升了教学质量的创新。在后续的半个多世纪里，美国研究型大学教师发展中心的制度环境不断变化，其组织结构与工作重心也发生了一些变迁，但是其作为全校教师教学支持服务机构、教学信息交流平台的组织功能以及构建大学教学文化的组织使命始终未曾改变，成为美国研究型大学促进本科人才培养质量提升与大学教师发展的核心组织之一。

进入21世纪以来，我国高等教育迎来了跨越式发展。当前高等教育提质增效的内涵式发展成为我国大学发展的方向，建设高水平本科教育、全面提高人才培养能力成为各大学的工作重点。自2012年以来，我国高校的大学教师发展中心从无到有，从有到盛，已成为各类大学的常设组织机构。作为我国高校的新兴组织机构，大学教师发展中心的组织目的是什么？大学教师发展中心应该采取什么样的组织战略？大学教师发展中心的组织工作有哪些？大学教师发展中心的人员应该如何配备？此类问题已成为大学管理者与教师发展中心领导者普遍关注的问题。面对学术商业化、高等教育全球化、在线教育与人工智能迅速发展的新形势，我国高校的人才培养工作面临新的机遇与挑战，教师自身的发展亦处于全新的制度环境背景下。此时，理顺我国高校大学教师发展中心组织运行的根本问题显得尤为重要。

屈廖健博士的这部著作正是在这种情境下确定选题并展开研究的。他利用前往美国宾夕法尼亚州立大学教育学院访学的机会，比较了美国不同研究型大学教师发展中心的组织运行，最终选定美国第一个大学教师发展中心即密歇根大学学习与教学研究中心（Center for Research on Learning and Teaching，CRLT）进行案例研究，旨在寻找美国研究型大学教师发展中心的最佳实践。屈廖健前往密歇根大学进行了三个月的田野调查，搜集了密歇根大学教师发展中心从建立之初至今所有公开的档案资料，并对中心内部关键人物以及密切交集人群进行了深入访谈，与密歇根大学的历史发展、教师发展中心的组织运行以及相关人员的实践工作都产生了交互式的经验（experience），是高等教育组织比较研究的田野尝试。

该著作基于组织社会学理论展开分析，从历史视角考察了密歇根大学教师发展中心的组织各要素的特征，探究了不同时代制度环境的变化以及组织运行机制的形成。著作基于个案管中窥豹，清楚地阐述了美国研究型大学教师发展中心产生的背景，以及中心不同时代组织要素的特征及组织要素变化的原因，最终基于组织学的新制度理论与组织一致性模型构建出美国密歇根大学教师发展中心组织运行机制变迁模型。著作很好地回答了研究型大学教师发展中心为何、何为以及怎么为等运行基本问题，为大学教师发展中心、大学教师发展研究乃至高等教育组织研究提供了较好的视角与思路，有助于我国大学的管理者、教师发展中心领导者与工作人员更好地理解组织职责，制定工作方针，开展组织活动。

在该书出版之际，作为他曾经的博士生导师，我为屈廖健在大学教师发展与高等教育组织研究上取得的成果感到高兴，也希望他在比较高等教育领域能够展开更多有重要意义的研究，不断深入下去，产生更多的高水平研究成果。

刘宝存

2020 年 6 月于北京

目 录

前言

建立大学教师发展中心是当今高等教育发展的重要趋势。大学教师发展中心作为学校关键性的支持机构，为教学者个体、院系以及学校提供服务，促进教师职业发展与教学质量提高。2012 年以来，我国大学的教师发展中心如雨后春笋般建立起来，并取得了一些成果。但是，这种新兴高等教育组织机构在运行的过程中遇到较多问题。与我国相比，美国研究型大学教师发展中心已有近 60 年的发展史，积累了有益的经验教训。密歇根大学学习与教学研究中心（Center for Research on Learning and Teaching，CRLT）作为全美最早的大学教师发展中心，具备组织结构完整、组织工作丰富、组织声誉高等特征，其组织发展与运行机制变迁是美国研究型大学教师发展中心发展历程的缩影。

基于此，本书从组织学的学科视角出发，运用组织社会学中的制度理论以及组织一致性分析模型进行分析框架的搭建和内容分析，采用历史比较分析法与调查法对美国密歇根大学学习与教学研究中心进行个案研究，重点分析其组织诞生的过程与组织合法性，运行机制形成、重构的过程以及各个阶段运行机制中的组织环境、资源、目标、战略、工作、正式组织、非正式组织、人员与产出的特征，进而对运行机制的变迁原因进行剖析。

本研究的研究发现如下：

1. CRLT 的诞生是一个自下而上的过程，由教师评议会提出建议，学院管理者与学校管理者达成一致，最终由董事会批准。基于制度环境以及各方势力的利益，CRLT 具备了实效合法性、规范合法性以及认知合法性，并形成了组织目标模糊、组织功能两分化、工作中心不明确、结构非正式、员工科研导向等组织特征。

2. 1962 年至 1992 年是 CRLT 运行机制的形成时期。这一时期 CRLT 的运行机制为科研导向型。学校管理层大力推广程序教学、视听教学以及计算机辅助教学，私人基金会、联邦政府和科研机构投入的科研项目资助成为 CRLT 的主要运行经费。为此，CRLT 形成了以科研为主，服务为辅的发展战略，工作重心为开展教学与学习相关的科学研究，组织内部结构松散不正式，员工为专职科研岗的研究人员，主任则由专家型的研究员担任。此时期组织产出为学术论文与研究报告，组织校外声誉建立，校内合法性降低。

3. 1993 年至今是 CRLT 运行机制的重构时期。这一时期 CRLT 的运行机制为服务导向型。20 世纪 80 年代的学校财政削减以及 90 年代的校内外评估使得 CRLT 认识到组织发展的危机、存在的问题和发展的方向。学校对教学事务的重视使得 CRLT 获得充足的学校财政预算。CRLT 的组织战略变为服务为主、科研支持服务，组织工作则主要为教师发展活动的开展。CRLT 组织内部结构日趋完善，以服务为主的专业行政岗位产生。CRLT 形成了组织文化，并与教学者个体、院系以及学院构建了社会网络。此外，CRLT 还产生了服务型的员工和通才型的专职主任。此时期组织产出为种类繁多且反响强烈的教师发展活动，组织校内声誉建立，校内合法性回升。

4. CRLT 的运行机制经历了由科研导向向服务导向的转变。两个时期制度环境中的规制性要素、规范性要素以及文化认知要素直接导致了科研导向与服务导向运行机制的产生，并塑造了各个时期的组织内部要素特征。与此同时，CRLT 形成两种组织内部要素一致性模式，其中 CRLT 运行机制形成时期为“消极一致”，科研为导向的组织内部要素一致产生的产出并没有实现组织目标；为此，运行机制重构开启了服务为导向的“积极一致”，组织产出实现组织目标。

第一章 导论

第一节 研究问题的提出

一、研究缘起

（一）基于对美国高等教育规模扩大后研究型大学教师发展中心建立的思考

现代大学的使命发生过三次重大演变：从最初纽曼（John Henry Newman）把大学的使命狭窄地定义为在罗马天主教的精神之内提供知识，到洪堡（Wilhelm von Humboldt）强调科学研究使命，再到克拉克·克尔（Clark Kerr）总结公共服务的使命。大学扮演的角色由单一的知识传递机构演变为集人才培养、科学研究和公共服务于一体的多元巨型组织。中世纪大学产生时，唯一的职能是教学，即人才培养。[①] 从本质上讲，大学就是教学的场所（a place of instruction）。[②] 因此，大学使命虽经历数次变更，但教学仍然是其最核心的职能，所有现代大学无一例外都认为自己的核心使命之一是教学。

20 世纪 50 年代以来，大学教师教学面临诸多挑战，可从内部与外

① 刘宝存. 大学理念的传统与变革［M］. 北京：教育科学出版社，2007：21.

② Newman, J. H. The Ideal of a University: Defined and Illustrated[M]. Chicago: Loyala University Press, 1987: 3.

部两个维度进行分析。

大学内部的挑战体现在四个方面：其一，教师教学能力训练匮乏。大学教师大多为获得博士学位的学术研究者，高等教育机构在培养博士研究生上既进行专业知识传授又进行学术研究能力训练，唯独缺乏教学知识的传授和教学能力的培养，从而导致大学教师教学知识不足和教学能力有限。其二，学生群发生改变。以美国为例，二战以后大学本科生人数激增，教师的教学面临从小班教学向超大班讲授转变。此外，布朗案（Brown Case）判决后，黑人学生走进白人大学。随着科尔曼报告（Coleman Report）的提出，平权法案（Affirmative Action）等保证少数族裔学生受教育权利的政策执行，美国大学学生种族构成日益多元化，少数族裔学生数量增加，教师在教学时需要考虑更多的种族因素和文化因素。其三，高等教育国际化扩张。高等教育国际化造成学生群体和教师群体双重多元化，不同国籍和文化的学生给教师的教学增加了难度，而占大学教师群体比重越来越大的国际教师群体在进行非母语教学时也遇到了语言和文化上的挑战。其四，高等教育信息化加速。20 世纪以来，随着行为主义与程序教学的兴起，教育技术在大学教学中扮演了重要的角色。随之而来的电视教学、电脑教学以及一系列教育技术革命给教师教学带来了新的挑战。

大学外部的挑战则包括社会问责的兴起、政府公共财政投入的减少和大学学费的增加三个方面。这三者是相辅相成、互为因果的整体。以美国为例，二战后随着《退伍军人权利法案》的颁布和婴儿潮的到来，美国大学本科生人数激增，“稀释”了原有的教学资源。20 世纪 70 年代，美国经济持续通货膨胀造成经济危机，联邦政府和州政府对大学的财政支持逐渐减少。面对这种情况，各所大学一方面积极提升教学质量以获得更多的办学经费，另一方面不断上涨本科生学费以填补财政预算空缺。基于此，社会各界对大学本科教育质量的问责加剧——花这么多钱上大学值不值——这成为 20 世纪 70 年代起本科生教育问责的核心问题。[①] 于是，州政府、联邦政府、校董事会、家长等相关利益者对本科生培养质量进行监督，建立了多层次、多评估方的评估系统。

作为高等教育最为发达的国家，美国的大学首先遭遇以上挑战，大

---

① 屈廖健. 美国大学院校影响因素理论模型研究[J]. 比较教育研究,2015(4):.66－74.

学教师发展迫在眉睫。基于此种情况，20 世纪 60 年代起，美国顶尖研究型大学开始建立致力于教师教学发展的组织机构。1962 年，密歇根大学建立了全美第一个教师发展中心，即学习与教学研究中心（The Center for Research on Learning and Teaching，以下简称 CRLT）。1967 年，丹佛斯基金会（The Danforth Foundation）对密歇根大学、哈佛大学、斯坦福大学、西北大学等五所大学进行了为期五年的资助，帮助其发展和建立教师发展项目。20 世纪 90 年代起，各研究型大学纷纷建立教师发展中心，名称不一，但都是致力于教师和研究生助教职业发展，尤其是教学能力发展的组织机构。目前，全美四分之三的研究型大学都设有教师发展中心，其中包括中西部十大联盟（The Big Ten）12 所研究型大学中的 11 所以及所有的常春藤大学。① 美国研究型大学教师发展中心具有完善的组织构架与稳定的财政支持，以提高教师教学能力、保障教师教学与学生学习有效进行为使命，以研讨会、工作坊、讲座等方式开展“未来教师项目”“新教师项目”“多元文化教学”等教师发展项目。此外，中心还基于课堂教学进行教学效果评估，及时为教师教学提供成果反馈。中心与院系合作，帮助其进行课程设置、教师发展项目设计，针对不同专业提供有效的教学支持。最后，中心设置教学奖项以鼓励教师投入教学实践和教学学术研究活动中去。总的来说，美国研究型大学教师发展中心为教师的教学发展提供了全方位的支持，为促进教师职业发展和提高大学人才培养质量做出了巨大贡献。

（二）基于对我国高等教育发展现实的叩问与反思

在我国高等教育发展的进程中，本科生教育质量和教师教学能力同样受到挑战。20 世纪 90 年代以来，中国高等教育进入飞速发展时期。1999 年，中国大学开始扩招，全国高等教育毛入学率从 1998 年的 9.76% 上升到 2018 年的 48.1%。全国高校本、专科生招生人数从 1998 年的 108 万人上升到 2018 年的 790.99 万人。全国大学本、专科在校生人数从 1998 年的 341 万人上升到 2018 年的 2831.03 万人。② 我国高等教育从精英化走向大众化乃至普及化速度如此之快，以致各所大学在师资

① Kuhlenschmidt, S. Issues in Technology and Faculty Development. In K. J. Gillespie, D. l. Robertson & Associates (Eds.), A Guide to Faculty Development (2nd ed) [M]. San Francisco: Jossey-Bass, 2010: 259 - 274.

② 根据教育部网站统计资料整理。

力量、教学管理、经费投入、硬件设施、相关政策等方面都没有及时跟上扩招进程。大量学生涌入大学，“稀释”了原有的教育资源，大学教育质量下降。政府、用人单位、家长、学生以及学校本身都对大学本科生的培养质量产生了质疑。此外，我国大学专任教师人数从 1998 年的 41 万人增长到 2018 年的 167.28 万人，增长了 308%。青年教师承担了较多的教学任务，其教学能力直接决定了高等教育质量，而青年教师往往教学经验少、教学技能弱。目前来看，我国大学缺乏对教师尤其是青年教师教学发展提供支持的组织机构，对教师教学奖励和教师教学评估亦重视不足。此外，我国较多研究型大学都以科研为导向，争创世界一流大学，过度重视教师科研情况而忽视了教师教学情况。而且，高等教育国际化和高等教育信息化同样给教师教学带来了新的挑战，很多教师面对国际学生和先进的多媒体设备显得无所适从。

一直以来，我国大学开展促进教师发展的方式都是通过上级主管部门组织高校教师培训。改革开放以来，教育部开始重视教师发展组织机构的构建。1980 年，教育部下发《全国重点高等学校接受进修教师工作暂行办法》，初步建立了一个以教育部为核心，其他部委和地方政府教育行政部门参与组织规划、重点高校为主要培训点的高校教师培训组织管理系统。1985 年，国家教委建立了两个国家级高等学校教师培训中心，即国家教委高等学校师资培训交流北京中心和武汉中心。1986 年，国家教委委托六所直属师范大学建立华北、华东、东北、西北、中南、西南六大区高等师范院校师资培训中心。1992 年，国家教委正式下发《关于加强各级高师（高校）师资培训中心建设的意见》，推动高校教师培训工作的开展。1996 年 4 月，国家教委颁布《普通高等学校教师培训工作规程》，我国高等学校教师培训工作开始有较为全面、具体的制度规范。然而，我国大学教师发展特别是教学发展仍停留在以培训促发展的层面，培训还存在内容陈旧、没有与具体学科相结合、培训方法不当、管理不到位、指导教师水平不高等问题。① 2011 年 7 月，教育部与财政部颁布《关于“十二五”期间实施“高等学校本科教学质量与教学改革工程”的意见》，明确指出要引导高等学校建立适合本校特色的教师教学发展中心。2012 年 7 月，教育部颁布了《关于启动国家级教师

① 教育部高校师资培训交流武汉中心.2002 年全国高校教师专题调研统计数据[Z].2002.

教学发展示范中心建设工作的通知》，以提升高等学校中青年教师与基础课教师的业务水平和教学能力为重点，完善教师教学发展机制，推进教师培训、教学咨询、教学改革、质量评价等工作的常态化、制度化，切实提高教师教学能力和教学水平，建设高素质教师队伍。“十二五”期间，教育部在中央部委所属高等学校中重点支持建设30个国家级教师教学发展示范中心。

如今，我国越来越多的大学开始建立教师发展中心，但是在中心的建立和发展过程中碰到较多问题，比如教师发展中心的行政归属问题：中心是由教务处负责管理，还是由人事处负责管理？或者单独成立一个处级机构直接向副校长报告？此外，教师发展中心的组织目标、组织架构、培训项目、人员配置、财政管理都仍处于摸索阶段。基于以上分析，研究者开展有关教师发展中心组织如何运行以及如何产出符合环境需求的成果的研究具有一定的现实意义和必要性。

（三）基于对密歇根大学学习与教学研究中心的认识

之所以对密歇根大学教师发展中心即学习与教学研究中心运行机制进行研究，原因有四：

第一，密歇根大学学习与教学研究中心历史悠久。密歇根大学学习与教学研究中心建立于1962年，是全美第一个教师发展中心，可以说，其近60年的发展过程就是美国研究型大学教师发展中心组织发展的缩影。对这个个案的研究，可以发现密歇根大学学习与教学研究中心各个阶段的历史特征，也可以看到它与密歇根大学以及整个美国高等教育大环境之间的互动。

第二，密歇根大学学习与教学研究中心在世界范围内享有较高的声誉。中心组织声誉分为校内声誉和校外声誉两个方面。

校内声誉可以从学校层面、学院层面和个体层面进行分析。从学校层面来看，校长、教务长和副教务长经常支持中心的工作，并让中心与学校层面机构进行合作推动教师发展，如：学校领导层每年都参加由中心主办的新教师入职培训项目以及一系列教学发展研讨会，教务处还联合中心开展教务长研讨会和教师发展奖评选活动等。从学院层面来看，各个学院与中心积极进行合作，委托中心帮助其进行教师培训、课程评估和学生发展评估等。以2013年为例，学习与教学研究中心与校内19个学院进行合作，院系层面活动达4759次，其中，教师和研究生助教人数最多的文理学院和工程学院是中心较大的学院层面的合作伙伴。从个体层面来看，每年有较多人参加中心有关教学的研讨会、工作坊、主题研究、教学评奖以及中期反馈等项目。以 2013 年为例，共有 4284 人使用了中心的服务，其中有教师 1536 人，研究生助教 2080 人。中心这一年为学校教职员工和学生提供了 2790 次咨询和 387 次教学情况中期反馈。

从校外声誉方面来看，自 1962 年起，密歇根大学便致力于跟大学教学相关的研究和服务，申报成功了诸多来自丹佛斯基金、国家自然基金等支持的国家研究项目。中心出版了一系列在全美国范围内有较大影响的书籍和论文。中心前三任主任皆在美国心理学界和院校研究领域内享有较高的学术声誉。美国很多大学的教师发展中心在建立和发展的过程中都受益于密歇根大学学习与教学研究中心。与此同时，密歇根大学学习与教学研究中心在国际上同样有较高的声誉，每年有大量世界各地高校教师发展中心同人前往中心交流。以我国为例，我国建设 30 所重点教师发展中心的实践源头就在密歇根大学学习与教学研究中心——教育部高教司与国内几所顶尖大学校长在参加密歇根—中国（Michigan-China）项目时，对学习与教学研究中心所发挥的重大作用产生兴趣，并与之建立合作关系，开展中国教师发展中心核心工作人员的培训工作。因此，把密歇根大学学习与教学研究中心作为个案研究，可以分析其运行机制的构建过程，吸收其发展过程中的经验。

第三，密歇根大学学习与教学研究中心的组织架构完整、教师发展项目繁多。中心建立时间长，其组织目标、组织结构、组织规则、组织文化、人员配置等在发展过程中已十分完善。此外，其教师发展项目繁多，服务对象有学校层面发展项目、学院层面发展项目、个体层面发展项目；其服务内容有教学支持、信息传播、教学探讨共同体组建、教学奖励、教学中期评估、教学咨询等。综观全美研究型大学教师发展中心项目，学习与教学研究中心项目是最具综合性的。因此，研究者对学习与教学研究中心进行深入研究有其可行性和必要性。

第四，密歇根大学学习与教学研究中心所处环境为公立研究型大学。我国研究型大学皆为公立大学，考虑到经验的可复制性，寻找公立研究型大学教师发展中心的最佳实践是本研究寻找研究对象的出发点之一。此外，本研究将着重研究教师发展中心这一组织对外部环境变更的反应和组织变化产生后的效果。因此，本研究需要寻找一个所处环境与国内研究型大学环境更加类似的中心进行研究。

总而言之，密歇根大学学习与教学研究中心积累了很多发展经验，选择其进行个案研究，是基于可复制性和最佳实践两点做出的理性选择。

二、研究问题与对象

吉登斯认为，没有一项研究是单独存在的，研究问题皆是在研究过程中浮现出来的。[①] 本研究的研究问题亦是在大量的文献阅读以及对密歇根大学的实地调查的基础上建立起来的。

作为一名比较教育研究者，笔者进行此次研究的主要目的就是为中国大学的教师发展中心寻找“最佳榜样”，分析密歇根大学学习与教学研究中心发展过程中的经验教训及其成功的原因。通过阅读已有文献，笔者发现现存研究都是基于文献对某一个教师发展中心组织要素所进行的描述研究，或基于大数据对全美大学教师发展中心功能、项目所展开的分析。这些研究并不能深入地分析大学教师发展中心组织要素的形成原因、特征以及组织成功运行的原因。基于此，笔者对密歇根大学学习与教学研究中心的组织要素的产生过程进行了考察，对其特征进行归纳，对中心的运行机制进行整体分析。与此同时，笔者在密歇根大学进行了两个多月的实地调研，在对其前任主任访谈时发现中心的工作重心曾发生改变，而通过对此中心 1962 年至今的档案分析发现其不仅是工作重心发生了改变，其他组织要素皆发生了变化。

综上所述，本书主要的研究问题包括以下几个方面，主要解决两个问题，即“是什么”和“为什么”。

其一，密歇根大学学习与教学研究中心为什么会产生？其组织合法性是什么？

其二，在密歇根大学学习与教学研究中心的发展进程中，其组织环境、组织资源、组织目标与战略、组织工作、正式组织、非正式组织、组织人员以及组织产出发生了哪些变化？这些组织要素在不同时期的特

---

① 安东尼·吉登斯. 社会学(第四版)[M]. 赵旭东等，译. 北京：北京大学出版社，2003：607.

征各是什么？

其三，密歇根大学学习与教学研究中心组织环境，组织资源，组织目标与战略，组织工作，正式组织与非正式组织要素，组织人员之间的互动关系，以及投入（环境与资源、目的、战略）通过组织转化（工作、正式组织与非正式组织、成员）产生组织产出（组织声誉）的运行机制是怎样的？不同的运行机制对组织声誉有什么影响？组织的运行机制为什么会发生转变？

密歇根大学学习与教学研究中心是全美第一个正式的教师发展中心，适合作为探究组织运行机制的形成与变迁过程的研究对象。与此同时，该中心具有较好的校内外声誉，其组织内部结构、组织规则、组织文化、人力资源管理、教师发展项目等方面也日趋完善，可被作为“最佳实践”进行研究。通过对档案资料的初步分析以及对访谈材料的总结，笔者发现该中心的运行机制在发展过程中发生了重构，而重构后各组织要素的特征、重构的原因以及重构后的效果更具有被研究的价值。

三、研究意义

（一）现实意义

对密歇根大学学习与教学研究中心组织运行机制的研究有着较强的现实意义，具体体现为两个方面：

一方面，21 世纪以来，我国高校大规模扩招，高等教育资源被“稀释”，高等教育质量受到社会各界质疑。青年教师增多、高等教育国际化、跨学科教育发展、信息技术更新也给大学教学带来了诸多挑战。为此，我国很多大学都建立了教师发展中心。本研究将为我国大学教师发展中心组织要素的设置与完善、运行机制的建立和发展提供支持，帮助我国大学教师发展中心解决机构归属、人力资源设置、组织结构等诸多问题，推动其组织化进程。

另一方面，本研究重点对密歇根大学学习与教学研究中心的组织工作的种类、服务对象以及工作内容进行分析，并考察组织工作与各个时期高等教育发展情况的关系。研究结果将为我国大学教师发展中心工作内容的设置、工作重心的选择、社会网络的建立等提供支持。

（二）理论意义

对美国研究型大学教师发展中心进行分析，可以加深我们对大学教师发展概念的认识，帮助我们把握大学教师发展规律。基于制度变迁理论分析美国研究型大学教师发展中心运行机制，可以帮助我们探索高等教育机构通过组织机构变革回应社会需求变化的途径，丰富高校组织管理理论研究。此外，对美国研究型大学教师发展中心项目的产生背景、产生过程、项目内容以及项目实施情况进行分析，将丰富我国教育项目发展理论。分析不同年龄和职业阶段教师发展项目，将有助于我们了解大学教师职业生涯成长理论。分析各个学科教师教学发展项目，将加深我们对学科教学发展理论的认识。

最后，本研究基于组织一致性分析模型对密歇根大学学习与教学发展中心的不同发展阶段的组织要素进行分析，尝试使用模型的理论假设和分析路径得出因果性的结论。

第二节　核心概念界定

一、高等教育组织

本概念的界定分为两部分：第一部分对“组织”这个概念进行界定；第二部分则通过分析高等教育组织特征而界定其概念。组织（organization）是一群人为达成特定目的而组成的俱乐部、公司等团体。根据组织研究的发展历程，可从理性系统（rational system）视角、自然系统（natural system）视角和开放系统（open system）视角对组织进行定义。

其一，从理性系统视角来看，代表性的定义有：正式组织是一种人与人之间有意识的、经过协商的和有目的的协作。[①] 组织是互动的人群集合，是一种具有集中协作功能的系统。组织内部具有高度专门化和高度协作化的结构，使得组织被划为一个个社会单元，就像生物中的有机

① Barnard, C. I. The Functions of the Executive[M]. Cambridge: Harvard University Press, 1938: 4.

体一样。① 组织的特性即为其被正式建立的目的就是要实现特定目标，因此被称为“正式组织”。② 总的来说，理性系统视角对组织的定义是较为功利和理性的，强调了组织区别于其他社会集合体的两个结构特征，即组织是拥有相对具体目标，且相对而言高度正式化的集体，是为实现某种特定目的而设的工具。此系统观对组织的定义仅局限于组织规范结构而忽略了组织行为结构以及组织环境。

其二，自然系统视角的研究者认为组织主张的目标并不能准确预测组织行动。组织目标是复杂、发散、不同和异变的。组织不仅由规范结构组成，成员的行为结构也是其重要组成部分。组织不仅仅是实现某种外在目标的工具和手段，维护组织自身也是组织运行的一种目的。在组织中，非正式的行为机构（如人际关系）的重要性不亚于正式的规范结构（如目标、规则、技术等）。因此，组织被看做一种自然系统，组织参与者既有共同利益也有不同利益，但参与者都能认识到组织的价值。③ 相比理性系统视角，自然系统视角强调组织与其他社会集合体的共同属性，对组织规范结构的关注较少。

其三，开放系统视角的研究者强调组织是一个开放系统，要充分与外界人员、资源和信息交流。组织环境决定、支撑和渗透着组织，组织的发展受外部环境因素的影响不亚于内部要素。开放系统视角扩大了组织的研究层面，其研究对象分为组织环境、组织机构以及组织人员，并把组织环境又分为组织集（organizational sets）、组织群（organizational populations）和组织域（organizational fields）。组织是一个相互依赖的活动系统，由环境、战略与目标、工作与技术、正式组织、非正式组织、人员六部分组成，各个要素相互影响。因此，组织被定义为相互依赖的各种部分的聚集体。这种聚集将不断变化的组织参与者联系在一起，而这些参与者则依赖于更为广阔的物质资源与制度环境。④

本研究对组织的理解来自开放系统视角，强调组织要素的结合，并

---

① March, J. G., Simon, H. A. Organizations[M]. New York: John Wiley, 1958: 4.

② Blau, P. M., Scott, W. R. Formal Organizations: A Comparative Approach[M]. San Francisco: Stanford University Press, 1962: 5.

③ Scott, W. R., Davis, G. F. Organizations and Organizing Rational, Natural, and Open System Perspectives[M]. Upper Saddle River: Pearson Education, 2007: 29 - 30.

④ Scott, W. R., Davis, G. F. Organizations and Organizing: Rational, Natural, and Open System Perspectives[M]. Upper Saddle River: Pearson Education, 2007: 20 - 32.

分析组织与环境之间的互动关系。主要组织类型可分为三种，分别为政治组织（政府），经济组织（企业）和社会组织（学校、教会、医院等）。因此，本研究在对高等教育组织特征进行分析时，主要参照物为政治组织与经济组织。

克尔将大学组织特征归纳为以下几点：大学具有独特使命，是教学、学术与社会服务使命的结合；大学组织形式独特，不存在绝对权威，校长、教师及学生分享权力且相互影响；大学归属于董事会，而董事会来自社会，代表外部利益；大学不仅影响组织成员的工作，还影响其社会和娱乐生活；大学产出具有不可测性；大学与社会保持距离，其教学活动免于社会干预。① 鲍德里奇（J. Victor Baldridge）等人将大学与传统科层组织进行比较，认为大学特征表现为：目标模糊、不一致和互斥；服务对象是人；组织技术不清晰、非常规且整体性较强；组织人员以专业员工为主；组织与环境有较强的关联性，受外部环境冲击较大。总的来说，大学即为有组织的无政府（organized anarchy）。科恩（Michael D. Cohen）与马奇（James G. March）认为现代大学系统是一个非常复杂的组织，不能用绝对理性去分析它，因此提出了“有限理性”的概念来分析大学。大学作为组织具有目标模糊、权力模糊、经验模糊、产出模糊、技术不确定、组织参与者流动性强的特点。② 维克（Karl E. Weick）把大学看做一个“松散耦合”的组织，大学内部各个机构保持着一种微弱、不频繁或缓慢的连接，认为这样更能凸显高等教育组织流动和分权的特点。③ 明兹伯格（Henry Mintzberg）把大学称为专业科层组织，认为组织内部人员可分为五类：第一，作为大学运作核心的教师和研究员；第二，位于组织顶端，负责学校整体运作的校长与副校长；第三，位于中间的各个院系的院长、主任；第四，专业技术人员，如人力资源办公室、院校研究办公室员工；第五，支持性员工，如设备管理人员。大学是由使命驱使的组织系统，亨德里克森（Robert

① Kerr, C. Foreword in James A. Perkins(ed.) The University as an Organization[M]. New York: McGraw Hill Book Company, 1973.

② Cohen, M. D., March, J. G. *Leadership in an Organized Anarchy* in M. Christopher Brown (ed.) Organization and Governance in Higher Education(Fifth Edition)[M]. Boston: Pearson Learning Solutions, 2000: 16 – 35.

③ Weick, K. E. Educational Organizations as Loosely Coupled Systems[J]. Administrative Science Quarterly, 1976(1): 1 – 19.

M. Hendrickson）认为大学的使命像透视镜般解释环境的变化，使学校的发展愿景与外部环境保持连接。大学秉承这一种“顾客至上”的发展目标，其目标与使命需满足学生、政府、基金会、企业以及当地社会组织等多方面的需要。①

基于以上分析，本研究认为高等教育组织是一个具有确定使命，但目标模糊，组织技术多元和不确定，组织参与者流动性强，员工专业性强，组织产出模糊，组织结构较为松散，易受外部环境影响，且组织间各要素相互依赖和影响的集合体。

二、教师发展中心

本研究从名称、使命、服务对象、项目内容以及实施方式等方面对大学教师发展中心进行定义。

其一，从教师发展中心的名称来看，美国大学教师发展机构名称各异，“教学”“学习”“教师发展”是组成教师发展中心的三个关键词。

其二，从教师发展中心的使命来看，教师发展中心的首要使命是提升大学教师的教学质量与学生的学习质量。此外，创建大学教学文化，促进教师职业发展，为提高学生学习质量开展教学研究并推广成果也是其使命。

其三，从教师发展中心的服务对象来看，教师发展中心的服务对象包括大学的全职教师、兼职教师、博士后、学生助教、各个院系的管理者、院系教学机构、学校其他机构以及大学层面的决策者。

其四，从教师发展中心的项目内容来看，教师发展中心项目包括给学校及院系领导者培训和数据支持、新教师发展项目、未来教师发展项目、学生助教发展项目、学生学习评估、某个学科以及跨学科教学发展支持、教学学术研究等。

其五，从教师发展中心的项目实施方式来看，各个大学教师发展中心项目的实施方式多种多样，主要为研讨会（工作坊）、讲座、个体咨询、团体学习、多媒体记录、设立奖金等。

综上所述，大学教师发展中心是以促进大学教师发展，提高教师教

① Hendrickson, R. M., Lane, J. E., Harris, J. T., Dorman, R. H. Academic Leadership and Governance of Higher Education[M]. Sterling: Stylus Publishing, 2012: 20 – 32.

学质量与学生学习质量为使命，服务教师、管理者、学校其他组织机构，配备专业工作人员与行政管理者，拥有稳定经费来源的对内服务与研究机构。

三、研究型大学

美国卡内基高等教育委员会（Carnegie Commission on Higher Education）于20世纪70年代初颁布了卡内基高等教育机构分类法，于1971年在卡内基教学促进基金会（Carnegie Foundation for the Advancement of Teaching）的报告中首次使用，1973年对外正式公布。该分类法发展至今经过了多次修订，把美国四千多所大学分为博士学位授予大学、硕士学位授予大学、学士学位授予大学、副学士学位授予学院及专门院校、部落学院。该分类法从本科教育规模、研究经费、博士学位数量、学位涉及学科范围等方面评定一所大学是否为研究型大学。其中博士学位授予大学包括极强科研活动研究型大学、较强科研活动研究型大学与博士/研究型大学三种类型。这三类研究型大学都要求一学年至少授予20个博士学位。分类者给出7项指标：理工学科的R&D经费、其他学科的R&D经费、博士后数量、研究人员（非教师）数、人文学科博士学位授予量、社会科学领域博士学位授予量、理工学科以外的博士学位授予量。分类者把这7项指标的总得分和师均得分综合表现优良的学校认定为研究型大学。

此外，成为美国大学协会成员也是研究型大学的象征。美国大学协会（Association of American Universities，AAU）是由美国和加拿大的顶尖研究型大学（60所美国大学和2所加拿大大学）组成的一个组织。此组织是由14所可授予博士学位的美国大学于1900年成立的，目的是为了加强和统一博士学位的标准。该协会以提升大学的学术研究和教育水平为宗旨。协会只邀请在学术研究和研究生教育方面出众的大学成为其会员。

四、运行机制

“运行机制”一词源于机械运动原理，是指机械系统中不同元件和部件之间的工作方式，动力系统通过传输系统，将动力一直传递到操作系统完成做功，并通过检测系统和反馈系统将信号反馈给动力系统，进行调整，这样就构成了工作耦合。高等教育组织是一个相对开放的社会系统，它的运动机理要比机械系统复杂。因此，在本研究中，教师发展中心的组织机制是指中心目标、结构、工作与技术、人员、环境以及产出六要素之间的相互关系。其中，环境要素对教师发展中心的组织运行机制影响巨大。[①] 因此，此运行机制主要研究环境与中心目标、结构、工作和技术、人员四要素的互动，对其投入引发的产出进行反馈。教师发展中心的环境影响可分为两部分：一部分为直接影响，如教务处、学院、研究生、教师、国家自然基金等对中心的影响；另一部分为通过大学层面或院系层面产生间接影响，如州政府或联邦政府对密歇根大学所产生的影响导致学习与教学中心发生组织变革。

第三节　文献综述

大学教师发展（Faculty Development，FD）一直是西方高等教育学术界研究的热门问题，研究成果众多。21 世纪以来，我国越来越多的学者也开始对大学教师的发展进行研究。关于本研究的文献综述主要从三个方面进行，即大学教师发展中心发展理论研究、组织研究以及实践研究。

大学教师教学发展是一项实践性很强的活动。大学教师发展中心的首要任务是给教师工作提供技巧、技能等培训，为教师发展提供支持。在这些活动的背后有着许多理论支持。

一、国外研究现状

（一）大学教师发展历史与模型研究

伯格威斯特和菲利普斯（William H. Bergquist，Steven R. Phillips）构建了大学教师发展的首个模型。此模型是根据个案历史研究以及他们参加大学教师发展项目的实践经验设计出来的，认为大学教师发展由个

① 阎凤桥. 大学组织与治理[M]. 北京：同心出版社，2006：168.

人发展（态度）、教学发展（过程）和组织发展（结构）三方面的相关活动组成。[①] 盖夫（Jerry Gaff）在《大学教师更新》中提出了新的教师发展模型，他认为大学教师发展是一个“提高能力、扩展兴趣、胜任工作，从而促进教师专业与个人发展的过程”。其教师发展模型十分注重教学发展，更多地关注科目和课程设计，目标为“学生学习改进”。此模型认为教师的个人发展、教学改进以及组织改革三部分是一个有机互动的整体。[②] 1977 年，伯格威斯特和菲利普斯出版的《大学教师发展手册》，对之前的模型进行修正和补充，建立了新的模型。新的模型打破将个人发展限定在态度层次、将教学发展限定在过程层次、将组织发展限定在结构层次的固态，认为教学发展、组织发展、个人发展是相互支持的。此外，该模型还认为任何大学的教师发展都是在一定制度环境中进行的。无论大学教师发展维度与组成部分之间如何交叉、重叠，它们都是在一定制度环境中完成的。个人发展、教学发展、组织发展、共同体发展都包含在制度发展（institutional development）所创设的环境中，制度发展外还有更宏观的制度环境。此模型受组织理论以及社会变迁理论影响。[③] 艾伯勒与麦基奇（Kenneth E. Eble，Wilbert J. Mckeachie）指出，大学教师发展包括教学发展、教师发展、课程发展和组织发展，这些发展与大学建立的教学中心、评价中心、教学实践中心等组织机构相互影响。[④] 森特拉（J. A. Centra）认为大学教师发展模式从四个方面入手：一是个人发展（人际交往、生涯发展、生活规划），二是教学发展（课程设计发展、教育技术发展），三是组织发展（改善组织环境以便更好地支持教学），四是专业发展（支持教师完成教学、科研、服务任

---

① Bergquist, W. H. , Phillips Steven Ray. Components of an Effective Faculty Development Program[J]. The Journal of Higher Education, 1975(2): 177 -211.

② Gaff J. G. Toward Faculty Renewal: Advances in Faculty, Institutional and Organizational Development[M]. San Francisco: Jossey-Bass, 1975.

③ Bergquist, W. H. , Phillips Steven Ray. A Handbook for Faculty Development[C]. Washington DC: The Council of Independent College, 1977.

④ Eble, K. E. , Mckeachie, Wilbert J. Improving Undergraduate Education Through Faculty Development: An Analysis of Effective Programs and Practices[M]. SanFrancisco: Jossey-Bass, 1985.

务）。[①] 后续的大学教师发展模型都是在以上几种模型的基础上发展而来的。盖夫与辛普森对美国教师发展的历史进行了梳理，概括了20世纪70—90年代高等教育发展特征与教师发展的联系，并对教师发展的成功实践标准、研究生训练等进行分析。[②] 盖格（Roger Geiger）则从大学外部环境出发，考察了1980年至2000年美国大学教师工资投入、学生投入、科研投入的变化情况，发现20世纪80年代大量科研经费的投入造成了大学教师角色的重构。

（二）教学学术思想研究

卡内基教学促进基金会前主席厄内斯特·博耶（Ernest Boyer）针对当时大学教师评价机制和奖励机制的应用范围越来越窄、大学教师教学工作得不到应有承认和奖励的情况，在报告《学术反思》中提出全新的涵盖教师所有工作的学术概念。[③] 报告提出，教师工作应该包括四个不同又相互重叠的功能，即发现的学术（scholarship of discovery）、综合的学术（scholarship of integration）、应用的学术（scholarship of application）和教学的学术（scholarship of teaching），意在消除大学教师科研角色与教学角色的二元对立，把教学当成学术的一种，让大学将教学植根于一种能够赋予其更重要的地位和更适当的奖励的结构中。[④] 博耶的继任者李·舒尔曼（L. S. Shulman）也将教学定义为学术，认为其研究过程应由想法、设计、互动、结果和分析五要素组成。他还提出教学学术的基本特征有三点，即教学工作公开化，能够被其他同事评价，能够被其他同事使用、发展与完善，具备这三点特征的教学可称为教学学术。[⑤] 此外，舒尔曼认为教学学术这一提法的突破点不仅仅在于它强调教师个体从事教学研究的重要性，更重要的是强调了“教学共同体”（teaching community）概念的重要性。教学没有受到重视，不是因为大学不关心教

---

① Centra, J. A. Faculty Evaluation and Faculty Development in Higher Education. In J. C. Smart(Ed.), Higher Education: Handbook of Theory and Research[M]. New York: Agathon Press, 1989: 155 - 179.

② Gaff, J. G., Simpson, R. D. Faculty Development in the United States[J]. Innovative Higher Education, 1994(3): 167 - 176.

③ 王玉衡. 美国大学教学学术运动[M]. 北京：北京师范大学出版社，2012：25.

④ Boyer, E. L. Scholarship Reconsidered: Priorities of the Professorate[M]. San Francisco: Jossey-Bass, 1990.

⑤ Shulman, L. S. From Minsk to Pinsk: Why a Scholarship of Teaching and Learning[J]. The Journal of Scholarship of Teaching and Learning, 2000(1): 48 - 53.

学，而是因为我们对待教学的态度远远不同于对待“学者共同体”的态度。只有将教学作为学术共同体可以分离的财富，教学工作才能真正获得学术界的认可。①

克莱伯和克兰顿（C. Kreber，P. A. Cranton）总结了教学学术的三种典型观点。第一种观点将教学学术等同于传统的发现研究，教师从事教学研究并以期刊论文、会议演讲稿等方式呈现研究成果。第二种观点将教学学术等同于“教学卓越”（excellence in teaching），认为教学学术水平体现在教学获奖、教学评价、学生评价和同行评议结果等方面。第三种观点认为教学学术意味着教师将教育理论和研究应用于教学实践。②此外，哈钦斯（P. Hutchings）对教学学术的学术规范和伦理问题进行了研究，认为尊重学生、致力于推进专业教学以及思考解决本质问题为教学学术规范与伦理的最佳表现。③ 麦金尼（K. Mckinney）认为从事教学学术的教师需要将教学视为一种职业，将关于教与学的知识视为发展学术能力的“第二学科”，能反思自己教学，能使用课堂评价技术，能与同事讨论教学问题，能阅读和应用有关本学科的教学研究文献。④ 施瓦茨（Beth M. Schwartz）以教师发展中心为平台，分析了美国大学教学学术思想实践项目的运行。他认为教师发展中心组织教师形成研究共同体，基于日常实践和数据进行经验研究是一种有效的教学学术思想执行方式。⑤

（三）大学教师发展中心组织研究

自从美国密歇根大学于 1962 年建立了全美第一个教师发展中心，学界对教师发展中心组织机构本身的研究就一直没有间断。研究内容包

---

① Shulman, L. S. Teaching as Community Property: Putting an End to Pedagogical Solitude[J] Change, 1993(6): 6 -7.

② Kreber C, Cranton P. A. Exploring the Scholarship of Teaching[J]. The Journal of Higher Education, 2000(71): 476 -495.

③ Hutchings, P. Ethics of Inquiry: Issues in the Scholarship of Teaching and Learning[M]. Menlo Park, Calif: The Carnegie Foundation for the Advancement of Teaching, 2002.

④ Mckinney, K. The Scholarship of Teaching and Learning: Past Lessons, Current Challenges and Future Visions[J]. To Improve the Academy, 2004(22): 3 -19.

⑤ Schwartz, B. M., Haynie, A.. Faculty Development Centers and the Role of SoTL In Doing the Scholarship of Teaching and Learning, Measuring Systematic Changes to Teaching and Improvements in Learning: New Direction for Teaching and Learning by Gurung and Wilson Janie H. [M]San Francisco: Jossey-Bass, 2014: 101 -111.

括大学教师发展中心的角色、功能、组织调整等方面。

20世纪90年代以来，研究型大学对教师教学相关事务的关注度不断提高。研究显示，学校行政领导对教师发展中心组织发展的系统支持有助于教师教学能力的提高。①

森格（Susan R. Singer）认为，自1962年密歇根大学学习与教学研究中心建立开始，教师发展中心就成为大学教学改革的核心力量。他回顾了教师发展中心这一组织在美国的发展历程，并分析了当下教师发展中心的定位和特征，结合当前高等教育组织发展环境指出了教师发展中心未来的发展方向。②

赖特（Delivee L. Wright）对美国研究型大学教师发展中心的资源与项目进行了研究。研究者按照卡内基高等教育机构分类，选取了33所Ⅰ类研究型大学和Ⅱ类研究型大学的教师发展中心进行调查研究。调查内容包括中心的运行、机构规模、创办使命、资源、财政预算、人员配置、提供项目服务等。在人员配置方面，研究分析了各个教学中心主任和员工的学历、学科背景、加入中心以前的工作历程以及薪酬福利。此外，研究还分析了这33所研究型大学教师发展中心的功能、预算和设备资源，着重阐述了中心的教师服务、教师奖励、研究生助教服务、国际教学服务、评估服务以及教育技术与远程教育服务。③ 赖特还从组织环境、组织目标、组织结构、组织预算出发对全美教师发展中心进行了分类，把教师发展中心分为单一校园中心模式、多校区合作模式、特殊功能中心模式、学院分支模式以及国际合作模式。④

索尔奇内利（Mary D. Sorcinelli）基于她发展两个教师发展中心的经验总结了十项准则：其一，听取各方声音构建利益相关者；其二，确保

---

① Dimond, R. M. Faculty, Instructional, and Organizational Development: Options and Choices In Gillespie, Kay J., Robertson, Douglas L., (Eds.) A Guide to Faculty Development (2nd ed) [M]. San Francisco: Jossey-Bass, 2010: 2-8.

② Singer, S. R. Learning and Teaching Centers: Hubs of Educational Reform. In Technology, Engineering, and Mathematics: New Directions for Higher Education by Narum Jeanne L. and Conover, Kate [M]. San Francisco: Jossey-Bass, 2002: 59-64.

③ Wright, D. L. Faculty Development Centers in Research University: A Study of Resources and Programs. In M. Kaplan, D. Lieberman (Eds), To improve the academy: Resources for Faculty, Instructional, and Organizational Development, Vol. 18. Bolton, MA: Anler, 2000: 291-301.

④ Wright, D. L. Program Types and Prototypes InGillespie, Kay J., Robertson, Douglas L., (Eds.) A guide to faculty development (2nd ed). San Francisco, CA: Jossey-Bass, 2010: 24-34.

项目的领导和管理有效；其三，加强教师的主人翁意识；其四，培养行政管理能力；其五，发展指导原则、清晰目标和评估程序；其六，战略规划把教学与学习中心放进学校组织架构中去；其七，提供大量机会；其八，鼓励合作和共同体建设；其九，构建合作支持系统；其十，为认知和评奖提供测量方法。[①] 得克萨斯州农工大学的拉里萨与科尔（Larissa Pchenitchnaia, Bryan R. Cole）采用德尔菲法对选取的 22 所研究型大学教学与学习中心所开展的项目进行研究。这些中心的主任作为研究对象参加了四组研究。此外，美国高等教育教师专业与组织发展协会负责人也作为专家接受了研究。研究发现教学策略讨论、课堂教学跟踪视频、个体教师观察等项目对于实现中心使命很有效，而且这些项目不应该局限于中心范围，而应该延伸到各个教学组织机构。研究发现，国际学生助教的培训项目有待加强。而且，由于中心未来将是信息、研究和资源的集合，网络构建十分必要。面对教师群体产生的变化，中心应该结合教师职业发展、组织变更、教育改革等修改教师发展项目。[②] 索尔奇内利认为教师发展已经进入了一个新的时代，即网络时代，教师发展中心应该针对新时代的制度性进行变更，如对学生学习成果产出评估、多元文化主义、教师角色变化等做出变更。[③]

弗兰茨（Alan C. Frantz）等人对教学与学习中心的角色进行了研究，包括中心所提供项目、最佳实践、达到目的的障碍、组织架构、评估方式以及中心与教师之间的关系。调查数据清晰地显示了教学与学习中心的主要功能为发展教师教学能力，提供方式为工作坊、教学评估，而达到目标的最大阻碍则是经费问题。[④] 戴蒙德（Robert M. Diamond）

---

① Sorcinelli, M. D. Ten Principkes of Good Practice in Creating and Sustaining Teaching and Learning Centers. In K. H. Gillespie, L. R. Hilsen, E. C. Wadsworth(Eds)[M]. A guide to faculty development: Practical Advice, Examples, and Resources. Bolton:Anker, 2002: 10 –21.

② Larissa, P., Cole,B. R. Essential Faculty Development Programs for Teaching and Learning Centers in Research-Extensive Universities. In L. B. Nilson, J. E. Miller(Eds.), To Improve the Academy: Resources for Faculty, Instructional, and Organizational Development, Vol. 27. Bolton: Anker, 2009: 287 –307.

③ Sorcinelli, M. D. Austin A. E, Eddy P. L, Beach A. L. Creating the Future of Faculty development: Practical advice, examples, and resources[M]. Bolton: Anker, 2006: 9 –23.

④ Frantz, A. C., Steven A. Beebe, Virginia S. Horvath, Joann Canales, David E. Swee. The Roles of Teaching and Learning Centers. In S. Chadwick-Blossey, D. R. Robertson(Eds)[M]. To Improve the Academy: Resources for Faculty, Instructional, and Organizational Development, Vol. 23. Bolton: Anker, 2005: 73 –90.

基于制度变迁的视角对教师发展中心不断扩张的角色进行了分析，从财政、教学、学生、教师、竞争与技术维度出发阐述了这些维度的变化与中心的行动反应。他指出学校各个层面的领导对教师发展方向的清晰把握，以及学生事务、学术事务、财政等机构朝着共同目标努力，是中心成功转变的最关键因素。[①] 赫肖克、库克、怀特、奥尼尔（Hershock, Cook, Wright, O'Neal）就美国最早的教师发展中心密歇根大学学习与教学研究中心的功能和角色转变进行了分析：中心成立于1962年，前10年的工作焦点是研究。20世纪80年代，该中心把研究和教师服务结合起来。20世纪90年代以来，中心的工作重点放在了教师教学的发展，旨在实现教师教学改进，促进学生有效学习。[②] 这也是美国众多研究型大学教师发展中心功能转变的缩影。

康斯坦斯·库克（Constance E. Cook）对教师发展中心的组织与领导进行研究，分析了作为中心管理者的主任在大学校内、校外的角色。此外，此研究还分析了主任在人员招聘、资金募集以及项目开发和运行等行动上的职责和原则。[③] 海尔曼（Jennifer H. Herman）则采用定量研究的方法对全美200所大学的教师发展中心的员工进行调查，查看全职员工数量与参与项目者的百分比。研究发现，不同类型的学校差别较大，基于卡内基高等教育机构分类，博士学位授予大学的教职员工参与比较高，但中心缺少全职员工，多为兼职员工。[④]

（四）大学教师发展中心项目运行研究

1．教师发展中心项目有效性研究

项目是教师发展中心工作的核心载体，其质量直接关系到组织的声誉，因此较多研究对教师发展中心的项目有效性做了系统评价。比较有

---

① Diamond R. M. The Institutional Change Agency: The Expanding Role of Academic Support CentersIn S. Chadwick-Blossey, D. R. Robertson(Eds)[M]. To Improve the Academy: Resources for Faculty, Instructional, and Organizational Development, Vol. 23. Bolton: Anker, 2005: 24 – 37.

② Cook, C. E, Wright, M., O'Neal C. Action Research for instructional improvement: Using Data to Enhance Student Learning at your institution, In D. R. Robertson, L. B. Nilson(Eds.)To Improve the Academy: Resources for faculty, instructional, and organizational development, Vol. 25. Bolton: Anker, 2007: 123 – 138.

③ Cook, C. E. Advancing the Culture of Teaching on Campus: How a Teaching Center Can Make a Difference[M]: Sterling, Virginia: Stylus Publishing, 2011: 3 – 8.

④ Herman, J. H. Staffing of Teaching and Learning Centers in the United Sates: Indicators of Institutional Support for Faculty Development[J]. Journal of Faculty Development, 2013(2): 33 – 37.

代表性的研究为梅欧（G. Douglas Mayo）在 1979 年采用实验方法进行的实验组和对照组的分析，对参加教师发展项目和没参加教师发展项目的教师对教师发展项目重要性的认识进行了对比，并针对参加教师对教师发展项目满意度进行了分析，结果表明，参加教师对申请基金、教学技能、录像教学项目满意度较高。[①] 雅各布森等（Jacobson, Wulff, Grooters, Edwards, Freisem）也对中心教学咨询项目的有效性做出过评价。[②] 莱特和卡尔金斯（Light, Calkins）采用混合研究方法对教师发展项目（Faculty Development Program, FDP）进行了研究，发现参加教师发展项目的青年教师在教学方法上发生了积极变化，更加注重自己的教学方法。[③] 康诺利与米勒（Connolly, Millar）认为研讨会、工作坊是目前教师发展中心最流行的一种教师教学能力发展形式。研究基于科学、技术、工程与数学四大主干专业分析了教师对研讨会、工作坊这种形式的满意度以及此种形式的执行情况，最后得出结论，工作坊是帮助教师提高教学能力的有效形式，教师在工作坊中的精力投入与其教学方法改善程度有相关性。工作坊构建了一个学习共同体，给予教师发展巨大的动力。[④] 巴索和亨德森（Bothell, Henderson）基于中心的投入和产出关系对项目有效性也进行过相关研究。[⑤]

奇兹姆（N. V. N. Chism）认为，虽然很多教师发展项目都搜集了教学满意度数据，但是很少会继续追踪教师，看教师如何改变或者计划改

---

① Mayo, G. D. Faculty Evaluation of a Faculty Development Center[J]. Research in Higher Education, 1979(3): 253 – 262.

② Jacobson, Wulff, Grooters, Edwards, Freisem. Reported Long-term Value and Effects of Teaching Center Consultations. In L. B. Nilson, J. E. Miller(Eds.), To Improve the Academy: Resources for Faculty, Instructional, and Organizational Development, Vol. 27. San Francisco: Jossey-Bass, 2009: 223 – 246.

③ Light G., Calkins S., Luna M., Drane D. Assessing the Impact of Faculty Development Programs on Faculty Approaches to Teaching[J]. International Journal of Teaching and Learning in Higher Education, 2008(2): 168 – 181.

④ Connolly, M. R, Millar S. B. Using Workshops to Improve Instruction in STEM Courses[J] Metropolitan University Journal, 2006(4): 53 – 65.

⑤ Bothe, T. W., Henderson T. Evaluating the Return on Investment of Faculty Development. In C. Wehlburg, S. Chadwick-Blossey(Eds), Improve the Academy: Resources for Faculty, Instructional, and Organizational Development, Vol. 22. Bolton: Anker, 2004: 52 – 70.

变教学方式。[①] 索尔奇内利指出，进入21世纪以来，教师发展的重要目标之一就是促进学生有效学习，教学中心的使命之一就是通过改变教师的教学行为提高学生的学习质量。因此，在对教师发展项目的效果评价中，项目实施的预期效果和实际效果都很重要。[②]

除搜集教师教学行为转变信息外，研究者也很重视教师发展项目对教学变化的影响。玛丽·怀特（Mary C. Wright）总结了密歇根大学学习与教学研究中心教师发展项目评估的三种方式：其一，中心教改基金项目接受者的叙述以及工作成果；其二，与教师以及教育管理者就教学和组织变化进行访谈和专门小组讨论；其三，调查新教师教学培训前后教学准备充分程度变化。此外，教师自评报告和学生评价也是项目实施效果反馈的手段。哈里森等人（D'Eon，Sadownik，Harrison）认为参与者的自我评价与其他方式如第三方观察具有较高的一致性，可信度较高，能被用来判断教师发展项目有效与否。[③] 还有学者对教师发展中心利益相关者所需要的发展支持项目诉求进行了研究。

怀特、库克以及奥尼尔（Wright，Cook，O'Neal）基于密歇根大学教学与学习研究中心所开展的新领导行政管理项目，对系主任、院长以及教师进行了采访，让被访者对项目主题需求进行排序。[④] 赫肖克等（Groscurth，Hershock，Zhu）研究者调查了1700多名学生助教，搜集了他们对教师发展中心的培训需求。[⑤]

2. 教师发展中心项目与教师以及教育管理者的关系研究

根据高等教育组织发展网络对教师发展的定义，教师发展需要整合

---

① Chism, N. V. N., Szabo, B. Who Uses Faculty Development Services? InL. Richlin, D. DeZure(Eds.)[M]. To Improve the Academy: Resources for Faculty, Instructional, and Organizational Development. Vol15. Stillwater: New Forums Press, 1996: 115 – 128.

② Sorcinelli, M. D. Austin A. E., Eddy P. L, Beach A. L. Creating the Future of Faculty Development: Practical Advice, Examples, and Resources[M]. Bolton, MA: Anker, 2006.

③ D'Eon, M., Sadownik, L., Harrison A., Nation J. Using Self-assessments to Detect Workshop Success: Do They Work? [J]. American Journal of Evaluation, 2008(1): 92 – 98.

④ Wright, M. C., Cook, C. E, O'Neal C. The Role of a Teaching Center in Administrative Training: A Developmental Model for Academic Leadership Preparation. In L. B. Nilson, J. E. Miller (Eds.), To Improve the Academy: Resources for Faculty, Instructional, and Organizational Development, Vol. 27. San Francisco: Jossey-Bass, 2009: 278 – 291.

⑤ Groscurth, C., Hershock, C., Zhu, E. Assessing Teaching Assistants's Instructional Technology Training Needs: Research and Practice[C]. Workshop Presented at the Annual Meeting of the Professional and Organizational Development Network in Higher Education(POD), Houston, 2009.

教师发展、教学发展和组织发展三方面才能有效进行。教师发展中心项目的有效执行和发展很大程度上依靠教师以及院系教育管理者的支持。因此，西方学者对这一领域的研究较多。

首先，在教师方面，布莱克本、劳伦斯（Blackburn，Lawrence）对教师和管理者怎样才能从学习中获得利益这一问题进行了研究。研究表明，教师的学习动机、对学习的期望以及满意度非常重要，尤其是工作学习的支持环境，对教师发展至关重要。教师对院校列为优先的事项会积极响应，因此，教学中心应该尽可能提升知名度、展示教学重要性。此外，管理层提供资金也是向教师证明学校列为优先事项的有力举措。自从1990年博耶（Erenst L. Boyer）提出教学学术观点以来，教师进行教学研究同样可以作为职称晋升的有效凭证和课题申请的有力选题。教师发展中心还可以满足教师教学学术的需要，对教师教学学术发展进行支持。胡贝尔和哈钦斯（Mary Taylor Huber，Pat Hutchings）发现，截至2002年，61%参加卡内基教与学学术协会项目的学校建立了相关项目，对教学学术工作进行支持。教师教学学术支持项目的开展，吸引了专注于教学同样又想在研究型机构中享有地位的教师。这些项目鼓励以研究为基础的教学实践，有利于教师的多元发展。①

阿斯丁（A. E. Austin）基于教师职业发展的不同阶段，对各个阶段的教师发展支持项目的特征进行了分析。研究者把教师职业发展分为职业早期阶段、职业中期阶段以及职业后期阶段，并阐述了各个阶段对应的教师发展策略，指出相应的教师发展项目对教师尤其是新教师的职业发展帮助很大。② 此外，教师在教学或研究过程中也会对教师发展中心进行反馈和帮助，教师会针对自己进行的教学进行研究，为改进教学提供帮助。如密歇根大学教授萨摩森（Perry Samson）发明了课堂教学工具，使接受大班授课课堂里60%的学生积极参与到课堂互动中来，帮助学生分享原本稀有的优质教学资源。

其次，在教育管理者方面，系主任是一个院系学术和教学的负责

---

① Cook, C. E. Developing Infrasturecture. In B. Cambridge(Ed.), Compus Progress: Supporting the Scholarship of Teaching and Learning. Washington, DC: American Association for Higher Education, 2004: 11–19.

② Austin, A. E. Supporting Faculty Members Across Their Careers. In K. J. Gillespie, D. L. Robertson, Associates(Eds.) A guide to faculty development(2nd ed). San Francisco, CA: Jossey-Bass, 2010: 363–378.

人，也是教师发展中心建立联系的对象。哈提瓦和马仁卡威彻（Hativa，Marincovich）认为教师以自己的学科为立身之本，因此，系主任或学院院长对教师的发展以及注意领域具有引导作用。① 吉莱斯皮（K. J. Gillespie）则认为组织发展对教师发展具有决定作用。作为院校组织的领导，院长和系主任是教师发展项目顺利进行的关键。当下的大学排名皆重视科研而非教学，在研究型大学，院长和系主任往往被提高排名的愿望所驱使。因此，系主任是教师发展中心在管理层中最难打通的一层。教师发展中心工作人员应该定期把系领导聚到一起进行沟通，这样将有助于构建教学文化。② 此外，教学中心一半的工作是针对具体专业的，而要为具体专业设计教学发展计划，只有得到这些单个部门以及部门领导人强有力的支持，才能出现真正的教学与学习变革。③

一些研究者还对教师、教育管理者两者以及学校其他组织机构对中心项目的支持做了研究。威尔士和梅特卡夫（Welsh，Metcalf）从制度建设的立场出发，通过数据收集、分析研究结果，促进教师和管理人员参与到项目的设计和实施中来，并且利用变革进行课程评估。④ 库克和梅兹立什（Constance E. Cook，Deborash S. Meizlish）认为教师发展项目要想获得教师以及教育管理人员（校长、教务长、院长、系主任等）的支持，首先需要在教师队伍与管理人员中打开知名度，其次要为这两个群体提供条件和机会。具体表现为：其一，对教师而言，中心运用项目经费为教师设置教学奖项，教师通过努力使得学校在职称评选中对教学进行重视；其二，对管理者而言，则是在管理者遇到教学管理方面的困难时，中心积极提供专业咨询、技术指导和设施帮助其解决问题，并为

---

① Hativa，N.，Marincovich M.（Eds）. Disciplinary Differences in Teaching and Learning：Implications for Practice. New Directions for Teaching and Learning，No64. San Francisco：Jossey-Bass，1995.

② Gillespie，K. J. Orgnazational Development. In K. J. Gillespie，D. L. Robertson，Associates(Eds.) A Guide to Faculty Development(2nd ed). San Francisco，CA：Jossey-Bass，2010：379 - 396.

③ Larissa，P.，Bryan，R. C. Essential Faculty Development Programs for Teaching and Learning Centers in Research-Extensive Universities. In L. B. Nilson，J. E. Miller(Eds.)，To Improve the Academy：Resources for Faculty，Instructional，and Organizational Development，Vol. 27. San Francisco：Jossey-Bass，2009：287 - 307.

④ Welsh，J. F.，Metcalf J. Faculty and Administrative Support for Institutional Effectiveness Activities. A Bridge Across the Chasm[J]. Journal of Higher Education，2003(4)445 - 468.

其提供信息咨询和工作反馈。[1] 中心还要对教师和教育管理者的需求进行满足。这些需求一方面由他们提出，另一方面应由中心敏锐地捕捉。[2] 阿尔布莱特（M. J. Albright）指出，教师发展中心应积极与大学各个部门合作，不仅与院系合作，更要与各个校级部门（学生事务办公室、学术事务办公室、教务处等）合作，积极和这些部门的领导沟通，达成双赢。研究表明，相比独立开展活动，教师发展中心通过与其他部门的经常性合作能产生更大影响。[3]

3．教师发展中心项目实践研究

教师发展中心发展至今教师发展项目不断增多，有新教师发展支持、教育管理者（系主任、院长、教务长）的教学研讨会和专业培训，定期的教师研讨会，教学创新资助，教学学术支持，中期学生反馈等。此外，中心还开展了针对学生助教和未来教师的教学发展项目。项目实施的形式主要有研讨会、培训、个体咨询、学术共同体学习、教学录像和教学观摩等。教师发展中心运用各种手段使得教师、学生助教、教育管理者以及一些基金会积极地参与到各种教师发展项目的设置和运行中来。以下是一些针对具体教师发展项目的研究。

芬克（L. Dee. Fink）对教师发展中心项目的产生、发展和可持续性进行了研究。研究认为，项目最初都为非正式形式，项目应该不断满足教师的需要并与院系以及教师建立长期合作的关系，如建立教师教学促进委员会。项目负责员工也需要不断更新自己的知识和技能以使项目具有活力。[4] 佩妮等（A. R. Penny，R. Coe）指出，基于学生反馈评分做的教师咨询是提高学生学习能力和教师教学实践水平的有效手段。研究者用元分析的方法分析了各类咨询策略，以辨别针对不同的情况何种咨询反馈对于提高教学是最有效的。研究结果指出，各种咨询方法的有效性

---

① Welsh, J. F., Metcalf J. Cultivating Faculty Support for Institutional Effectiveness Activities: Benchmarking Best Practice[J]. Assessment and Evaluation in Higher Education, 2003(1): 33－46.

② Cook, C. E., Meizlish, D. S. Forging Relationships With Faculty and Academic Administrators. In Cook, Kaplan(Eds.), Advancing the Culture of Teaching on Campus: How a Teaching Center Can Make a Difference. Sterling, Virginia: Stylus Publishing, 2011: 50－64.

③ Albright, M. J. Cooperation Among Campus Agencies Involved In Instructional Improvement. In E. C. Wadsworth(Ed.), A handbook for new practitioner. Stillwater: New Forums, 1988: 3－8.

④ Fink, L. D. Establishing an Instructional Development Program: An Example in A Guide to Faculty Development by Gillespie, Kay J., Robertson, Douglas L. [M]. San Francisco: Jossey-Bass, 2010: 35－44.

参差不齐，只有使用一种确定的咨询策略才能使学生反馈评分的作用最大化。[①] 费内利等人（Finelli, Gottfried, Hershock, O'Neal, Kaplan）针对工程专业教学反馈，对教师发展中心进行的学生中期反馈、学生评价、课堂录像等几种教学反馈方式对提高教学水平的有效性进行了研究，共有49名工程学专业教师参与其中。研究者通过对这49名教师的分组调查，考察教师基于三种数据进行的教学指导咨询的有效性。[②]

博德等（Border, von Hoene）对教师发展中心的研究生和学生助教发展项目进行了分析。研究者认为研究生和学生助教很有可能就是未来的大学教师，因此很多研究型大学教学中心开展同行教学咨询员（Peer Teaching Consultants, PTCs）项目，以满足研究生助教对教学发展的需要。研究者从五个角度展开了研究：研究生助教项目的发展，助教教学发展项目的种类，研究生助教在项目中所需要掌握的知识和技能，研究生助教项目执行者所需要掌握的知识和技能以及对研究生助教、研究生助教发展项目、研究生助教项目执行者的评估。[③] 朱等人（Zhu, Groscurth, Bergon, Hershock）则基于密歇根大学学习与教学研究中心的研究生助教同行教学咨询员项目对研究生助教教育技术支持项目进行研究。研究显示，研究生助教使用教育技术的六个障碍包括缺少时间、渠道、培训、认识、自主以及教育技术在学科环境中的适应性。[④] 教学咨询是研究生助教教学发展项目的重要方式。一些研究对进行教学咨询的同行教学咨询员进行调查，分析同行教学咨询项目对他们毕业后进行教学工作

---

① Penny, A. R, Coe, R. Effectiveness of Consultation on Student Ratings Feedback: A Meta Analysis[J]. Review of Educational Research, 2004(2): 215 -253.

② Finelli, C. J., Ott M., Gottfried A. C., Hershock C., O'Neal C., Kaplan, M. Utilizing Instructional Consultations to Enhance the Teaching Performance of Engineering Faculty[J]. Journal of Engineering Education, 2008(4): 397 -411.

③ Border, L., von Hoene L. Graduate and Professional Student Development Programs. In K. J. Gillespie, D. L. Robertson (Eds.) A Guide to Faculty Development(2nd ed)[M]. San Francisco: Jossey-Bass, 2010: 327 -345.

④ Zhu, E., Groscurth, C., Bergom, I., Hershock, C. Assessing and Meeting TA's Instructional Technology Training Needs: Research and Practice[J]. Journal of Faculty Development, 2010(3): 32 -100.

的影响。①②

美国大学的培养未来教师项目已经实施20多年且影响越来越大，越来越多的研究专注于此项目的实施效果。史密斯（K. S. Smith）对研究型大学的未来教师培养支持项目进行历史纵向分析，并对参与者进行个案研究。研究基于调查数据找寻使未来教师项目开展更有效的路径。③还有许多研究针对某个学科进行未来教师项目研究。此外，美国研究型大学教师发展中心利用自己的数据优势进行了较多的关于教师教学与学生学习的研究。

二、国内研究现状

2000年以前，我国教师发展研究主要集中在初、高中学校。21世纪以来，随着高等教育规模迅速扩大，问题逐渐增多，大学教师发展的推进工作迫在眉睫，大学教师发展已成为研究的热点问题。本研究主要从综合研究、理论研究以及组织研究三个方面对国内现有文献进行概述。

（一）美国大学教师发展综合研究

徐延宇的博士论文对美国大学教师发展进行了全面而详细的概述、分析。论文主要对美国高校教师发展概念、类型、组织机构、实施过程做了梳理。此外，研究者基于职业生涯理论和成人发展理论对美国高校教师发展项目进行分析，并对四所大学进行案例研究。④林杰对美国大学教师发展运动的历程、理论以及组织进行阐述分析，介绍了美国大学

---

① Meizlish, D. S., Wright, M. C. Preparing Advocates for Faculty Development: Expanding the Meaning of Growing Our Own. In L. B. Nilson, J. E. Miller(Eds.), To Improve the Academy: Resources for Faculty, Instructional, and Organizational Development, Vol. 27[M]. San Francisco: Jossey-Bass, 2009: 385-400.

② Pinder Grover, T., Root, S., Cagin, E. Preparing Graduate Students to be Successful as Teaching Mentors and as Future Professionals[C]. Proceedings of the 2008 American Society for Engineering Education Annual Conference and Exposition, Pttsburgh, PA, 2008.

③ Smith, K. S. Assessing and Reinvigorating a Teaching Assistant Support Program: The Intersections of Institutional Regional, and National Needs for Preparing Future Faculty. InC. M. Wehlburg, S. Chadwick-Blossey(Eds.), Improve the Academy: Resources for Faculty, Instructional, and Organizational Development, Vol. 21[M]. Bolton: Anker, 2003: 143-159.

④ 徐延宇.高校教师发展:基于美国高等教育的经验[M].北京:教育科学出版社,2009.

教师发展兴起的时代背景、各个发展阶段的主要特征、发展动力和理论支撑。此外，美国大学教师发展概念与理论嬗变、大学教师组织化与制度化过程、教师发展机构组织特征也是研究重点。① 吴振利对美国大学教师教学发展进行了研究，把美国大学教师教学发展分为三个阶段，并对美国大学教师教学发展的目标、内容、组织、实施方式进行了分析，构建了大学教师教学发展的理想模型。② 华东师范大学外教史专业博士王立从历史的角度出发对美国大学教师发展进行了研究，把美国大学教师发展分为"学者时代""教学者时代""发展者时代"和"全纳时代"四个阶段，并阐述了各个阶段教师发展的背景、内容、特点以及趋势发展。③ 李玲以美国大学教师发展中心为线索，对 20 世纪 60 年代以来的教师发展历程进行分析，梳理了各个时代的教师发展诉求以及应对诉求的教师发展组织的建立和教师发展项目的实施。④ 林杰和李玲对美国大学教师教学发展的背景及发展动机进行了分析，对美国大学教师教学发展过程进行了分段，对发展项目进行了分析，并对发展机构进行了阐述。⑤ 刘济良、王振存总结了美国大学教师发展的经验，并结合我国大学教师发展所面临的问题，寻找其中可借鉴之处。⑥

（二）美国大学教师发展理论研究

林杰对美国大学教师发展中具有奠基性作用的三种理论模型进行了深入分析，以理论模型的提出时间为线索，对盖夫提出的教师发展理论模型和伯格威斯特、菲利普斯提出的教师发展理论模型以及修订版进行比较分析，阐述了个人发展、组织发展、教学发展三个层面的内容与关系。⑦ 王立认为，美国大学教师发展理念经历了精英意识下的自我发展、心理学革命下的组织发展、多元学术观下的全面发展演变。而美国大学教师发展理念演变对制定中国特色大学教师发展政策和实践具有重要的

① 林杰. 美国大学教师发展运动的历程、理论与组织[J]. 比较教育研究，2006(12)：30—50.

② 吴振利. 美国大学教师教学发展研究[M]. 北京：教育科学出版社，2012.

③ 王立. 美国大学教师发展研究：历史的视角[D]. 华东师范大学博士学位论文，2012.

④ 李玲. 美国大学教师发展的历史进程及其启示[J]. 大学教育科学，2006(10)：66—70.

⑤ 林杰，李玲. 美国大学教师教学发展的背景与实践[J]. 中国大学教学，2007(9)：87—90.

⑥ 刘济良，王振存. 美国大学教师发展的经验及启示[J]. 教育研究，2011(11)：104—107.

⑦ 林杰，李玲. 美国大学教师发展的三种理论模型[J]. 现代大学教育，2007(1)：62—66.

借鉴意义。[①] 章建丽也对中美大学教师发展内涵进行了深入比较研究。[②] 20 世纪 90 年代，博耶提出教学学术概念，舒尔曼把概念定义操作化，教学学术运动对中国高等教育学术界产生较大影响。王玉衡的博士论文即为美国大学教学学术运动研究，对美国大学教学学术运动外部环境、思想演进进行了梳理，从教师、大学、非政府组织三个维度对美国大学教学学术运动的开展进行分析并总结了教学学术运动特点，最后运用帕森斯的 AGIL 功能分析范式对美国大学教学学术运动进行了评析，分析其为中国借鉴的适切性和可能性。[③] 此外，侯定凯[④]、宋燕[⑤]、何晓雷[⑥]等学者也对美国大学教学学术运动进行了梳理。

（三）美国大学教师发展组织研究

郭锋以马里兰大学为个案，对美国大学教师发展工作进行了个案研究。研究发现，马里兰大学教师发展工作围绕办学目标展开，具有三大特点：有一套明确的教师发展工作制度；有一套有效的教师发展工作运行机制；有一套为促进全体教师在教学、科研和服务方面卓越发展的项目。[⑦] 林杰对美国大学教师发展组织化历程及机构进行了研究。论文对 20 世纪 60 年代以来各个时期美国大学教师发展中教师的职业角色、发展重点、教师发展机构组织变迁、支持力量（经费）、发展驱动力、理论基础进行分析，对各级各类美国大学教师发展专门机构进行阐述。[⑧] 王中奎的硕士论文《美国大学教师发展中心研究》分析了美国大学教师发展中心现状，结合密歇根大学学习与教学研究中心进行了教师发展中心组织分析，并总结了组织模式。论文还对美国大学教师发展中心提供项目内容及方法做了研究，并对评估方法做了初步分析。[⑨] 林杰对哈佛

---

① 王立. 美国大学教师发展理念的演变与启示[J]. 中国高教研究,2011(2):49—51.

② 章建丽. 中美大学教师发展内涵比较研究[J]. 中国高等教育评估,2008(4):75—78.

③ 王玉衡. 美国大学教学学术运动[M]. 北京:北京师范大学出版社,2012.

④ 侯定凯. 博耶报告 20 年:教学学术的制度化进程[J]. 复旦教育论坛,2010(6):31—37.

⑤ 宋燕."教学学术"国外研究述评[J]. 江苏高教,2010(2):67—70.

⑥ 何晓雷,邓纯考,刘庆斌. 美国大学教学学术研究 20 年:成绩、问题与展望[J]. 比较教育研究,2012(9):29—33.

⑦ 郭锋. 教师发展:马里兰大学的经验——美国大学教师发展工作个案研究[J]. 国家教育行政学院学报,2007(3):84—91.

⑧ 林杰. 美国大学教师发展的组织化历程及机构[J]. 清华大学教育研究,2010(2):49—56.

⑨ 王中奎. 美国大学教师发展中心研究[D]. 华东师范大学硕士学位论文,2012.

大学德里克·博克教学和学习中心进行研究，研究分析了此中心的理念、服务对象、服务内容、活动形式以及启示。[①] 徐延宇对密歇根大学学习和教学研究中心进行了案例分析，详细分析了中心的机构设置和任务，还对密歇根大学学习和教学研究中心“学科为基础的个性化服务项目”“教师与研究生适应项目”“教师和研究生助教项目”“个人教学咨询”“资助”“教学技术服务”“评价与研究”等教师发展项目进行了阐述。[②] 吴薇、赵莉以哈佛大学和密歇根大学为例对美国公、私立大学教师发展特点，从两校教师发展中心的服务宗旨、服务对象、服务内容、活动方式等方面出发进行了比较，结论为哈佛大学博克教学和学习中心侧重从教学微观层面入手，着力解决教学过程中的细节问题。而密歇根大学学习与教学研究中心则侧重于从教学中观层面入手，主要通过教学评估和教学学术研究促进教师教学发展。[③]

三、国内外研究现状评价

国外有关美国大学教师发展中心的相关研究主要集中在三个方面。第一方面为教师发展历史归纳和理论模型构建。首先，国外研究者构建了大学教师发展模型，并基于职业生涯发展理论对不同大学教师发展进行研究。其次，有关教学学术方面的研究包括教学学术概念的产生、概念的操作化定义、与科学研究的区别以及教学学术运用的伦理规范等。最后，较多学者对美国教师发展历史进行了归纳、阶段划分和特点总结。第二方面为美国大学教师发展中心组织研究。研究对美国大学教师发展中心的发展历程、组织机构以及功能、角色的转化进行分析。第三方面为美国大学教师发展中心项目运行研究。研究者的研究主要集中在项目有效性、中心与教师及教育管理者关系构建以及具体项目运行研究上面。

国内关于美国大学教师发展的研究兴起于 21 世纪初，前期较多研

---

① 林杰.哈佛大学博克教学和学习中心——美国大学教师发展机构的标杆[J].清华大学教育研究,2011(2):34—39.

② 徐延宇.美国高校教师发展浅析——以密歇根大学学习和教学研究中心为案例[J].比较教育研究,2011(11):81—85.

③ 吴薇,赵莉.美国公私立大学教师发展特点比较——以哈佛大学和密歇根大学为例[J].高教发展与评估,2013(4):95—102.

究者对美国教师职业发展、美国教师教学发展进行了历史梳理和综合研究。此外，还有一些研究者就美国大学教师发展模型、教学学术运动思想进行了研究。目前，越来越多的学者深入中观层面，对美国大学教师发展组织机构进行研究。从研究内容上来看，国内的研究大多为宏观层面的研究，主要是对美国大学教师发展历史梳理、类型分析、组织运行的阐述。从研究方法来看，国内目前的研究皆基于文献资料进行，没有建立在数据分析基础上的实证研究。

由此可见，国内外关于教师发展这一主题的研究处于不同层次。就研究内容而言，国外的研究更多地关注教师发展理论的构建，教师发展中心的组织要素的特征分析以及教师发展中心工作的实施效果。而国内的研究则多为国外大学教师发展进程的历史梳理、教师发展理论的归纳、具体大学教师发展中心的组织架构阐述以及不同类型大学教师发展中心的比较分析。就研究方法来看，国外的研究主要采用文献分析法与调查法。其中调查法包括全国性的问卷调查、小规模的焦点访谈、一对一的访谈以及针对专家的德尔菲法。国内的研究则主要基于文献分析而进行。学科视角方面，少量国外的研究运用了制度变迁理论或组织理论对教师发展以及教师发展中心进行了分析，但都浅尝辄止。国内研究者则没有运用特定的学科视角分析此主题。

总的来说，国内外的研究内容都较为全面，但皆缺乏全局性的研究，没有对教师发展中心这一组织机构运行机制以及对组织各要素之间互动关系的研究。研究方法也丰富多样，包括文献分析法、问卷调查法、个案研究、深度访谈以及针对专家的德尔菲法的使用。但是，这些调查是对全国性的教师发展中心的运行情况进行调查，抑或对某一个个案进行基于文本资料的描述性分析，缺乏依靠访谈、档案搜集以及现场观察所开展的深度多维个案分析。现有的研究学科基础较为薄弱，缺乏利用某种理论对教师发展中心这一组织运行开展研究，更缺乏从组织理论视角出发对教师发展中心组织产生与组织变革的分析。

基于文献分析，本研究选取美国历史最为悠久的密歇根大学学习与教学研究中心作为个案，以开放系统视角作为分析视角，通过访谈法、观察法和档案分析法搜集和分析第一手的资料，结合近 60 年来 CRLT 组织环境的变化对其组织的产生和转型的过程进行阐述，对其原因进行分析，考察教师发展中心这样一种特殊大学学术单元面对制度环境变化时组织各要素之间的互动关系以及运行机制的转变。

第二章 研究设计

第一节 CRLT 组织概况

一、历史发展

1961 年，密歇根大学董事会成员尤金·鲍威尔（Eugene Power）提出建议，应在学校教学中运用教学机器以及程序教学。为此，大学成立了由本校教师组成的教学改进评议委员会对这一提议的必要性和可行性进行调查。调查结果指出，应在密歇根大学创建一个研究有效教学的中心，而不仅仅是推广教育技术。[①] 1962 年，密歇根大学董事会正式宣布成立学习与教学研究中心（The Center for Reasearch on Learning and Teaching，以下简称 CRLT）。20 世纪 80 年代早期，由于经济不景气，加上密歇根大学“小而精”的学校发展战略的实施，CRLT 在 1981 年的财政预算减少 30%，后面几年每年再减少 5%，CRLT 陷入困境。1985 年后，随着财政五年计划的结束，CRLT 开始复苏，组织活动蓬勃发展。CRLT 的使命是致力于提升密歇根大学 19 所学院的教学，支持教学实践，帮助所有教学队伍成员进行专业发展，创造和宣传密歇根大学的教学文化。

① Cook, C. E., Kaplan, M. Advancing the Culture of Teaching on Campus: How a Teaching Center Can Make a Difference[M]. Sterling: Stylus Publishing, 2011: 3.

相比全美其他研究型大学的教师发展中心，CRLT 有以下几个特点：更加关注教师，一半以上的工作是针对教师开展的；针对学科设计的教师发展服务，一半以上的项目是与专门院系合作；关注工程学院，建立分部；为所有有需求的教师和研究生助教提供个人咨询服务与中期评估服务（MSF）；关注跨文化教学与学习；开创性地把戏剧表演添加到教师发展中来；进行了大量基于院系课程设置、新技术与新设备使用等的评估工作；管理八个教学改革基金项目；进行较多科学研究，有较多出版物；承担着密歇根大学绝大多数教学奖项的组织与管理工作；为教务长开设副院长与系主任培训项目；为博士后研究人员提供关于就业和教学的短期课程；以密歇根—中国大学领导力论坛为平台，与中国大学以及其教师发展中心开展培训与合作项目。①

二、组织架构

CRLT 在行政结构上向教务长即主管学术的副校长报告。与此同时，负责直接管理 CRLT 的为副教务长。不同时代分管 CRLT 的副教务长的负责领域有所差异，如 2000 年至 2013 年间，分管学术事务的资深副教务长负责的领域为学术与多元文化事务，而 2014 年以来，CRLT 则由负责数字教育的副教务长领导。CRLT 于 2004 年建立 CRLT 工程学院分部。因此，从正式组织结构来看，CRLT 组织结构分为三层：第一层为 CRLT 领导团队，包括主任、工程学院分部主任、副主任、评估主任以及资深助理主任；第二层为助理主任，皆为某个项目或多个项目的负责人；第三层则为项目助理以及戏剧项目的演员。可以看出，CRLT 是较为扁平的组织机构。目前，CRLT 共有全职员工 32 人（工程学院分部 6 人），其中管理人员 4 人，项目主管 10 人，博士后研究人员 5 人，行政员工 5 人，项目助理 8 人。

CRLT 面向密歇根大学的教师、研究生助教以及博士后、学院与系所、学院与系所管理者开展教师发展工作。工作内容包括新教师入职培训、新研究生助教入职培训、工作坊与研讨会、教学改革基金、一对一咨询、院系课程评估、教学与学习研究课题等。

---

① Cook, C. E., Kaplan, M. Advancing the Culture of Teaching on Campus: How a Teaching Center Can Make a Difference[M]. Sterling: Stylus Publishing, 2011: 6 -8.

第二节　研究方法的选择

一、方法论的选择

方法论是对各类研究方法范式所包含的探究对象、探究目标、探究方向、探究思路、探究具体方法运用以及解释模型特征的分析和总结。用二元对立的视角划分方法论，可分为定量研究和定性研究。①

从表 2.1 中可以看出，选择定量研究抑或定性研究关键在于研究的对象是什么、研究的问题是什么。不同的研究问题与研究对象决定了研究者的研究思路和研究过程。

本研究主张回到事物本身，用严密逻辑对研究对象进行解释的定性研究适合作为本研究方法论层面的指导，原因有六点：

表 2.1　定量研究与定性研究辨析

	定量研究	定性研究
探究对象	自然现象、自然世界、预先存在和给定的事实、自然事实	文化现象、生活世界、人造与构建的事实、文物
探究目标	规律、普适和详尽的因果解释定律	含义和价值、主观意义、社会意义、文化意义
探究方向	客观性、价值中立	主观性、价值负载与文化凸显
探究思路	逻辑实证主义、经验主义	移情理解、解释路径
具体方法	科学实验、社会调查	民族志；诠释学、心理分析
解释模型	因果性解释、法理归纳模型、概率演绎模型	意向性解释、理性选择模型、解释目的性模型

资料来源：香港中文大学教育学部曾荣光教授“比较与历史研究法”课程

① quality research 被翻译为定性研究、质性研究以及质化研究。在本研究中统一选用与定量研究相对应的翻译“定性研究”。

课件。

其一，由研究问题所决定。本研究的研究问题是密歇根大学学习与教学研究中心的组织运行机制变迁。研究点包括运行机制是什么以及怎样形成与转变。CRLT 的组织环境是本研究的重点之一，因此，需要研究者进入实地了解组织本身以及环境对组织发展的影响。

其二，由研究工具所决定。要想搞清楚个案组织与环境之间的关系，必须深入现场，进行分析。研究工具即为研究者本身，需在研究的过程中对组织机构以及其环境进行移情理解。研究者的研究能力如进入现场能力、分析资料能力等，对研究质量起决定性作用。

其三，由搜集资料的方法所决定。研究对象是一个成员为 20 人的机构。因此在搜集资料时不适合运用大规模的问卷调查，而适合进行半结构访谈、参与式观察等方法。与此同时，研究 CRLT 组织运行机制的形成与转变过程，需要对其档案材料进行搜集。综上所述，资料搜集的方法应为访谈法、观察法和档案资料搜集法。

其四，由分析方法所决定。本研究预计基于资料进行自下而上的分析，提炼出 CRLT 各个发展阶段组织运行机制的特点。

其五，由理解的视角所决定。研究者从一开始就没有想通过数据分析去证实自己的研究假设，也没有想通过严密的演绎推理去证实 CRLT 组织运行机制中某种因果关系的存在。研究者试图通过与研究对象（CRLT 工作人员、CRLT 项目参与者、与 CRLT 相关的档案资料、CRLT 机构本身）接触，回到研究对象本身，了解研究对象的行为以及意义解释。

其六，由研究者与研究对象的关系所决定。研究者在进行 CRLT 组织运行机制研究时，与研究对象产生互动，随时随地反思研究伦理以及研究权限的问题，做到在研究伦理范围内尽可能多地搜集有效资料并对资料进行深描（thick description）。①

定性研究是很多具体研究方法的总称。具体研究方法包括实地研究法、观察法、访谈法、口述史研究法、历史分析法、内容分析法、档案文件分析法等。当然，在研究过程中，也会涉及定量研究，比如通过统计各个阶段 CRLT 员工出版物的主题来判断 CRLT 组织目标的转向。但

① 陈向明. 质的研究方法与社会科学研究[M]. 北京：教育科学出版社，2011：12.

这只是简单的描述分析，是为整个研究服务的，并不是研究的主体研究方法。

二、具体方法的运用

此节第一部分阐述了为什么在方法论层面选择定性研究，基于研究对象所处环境找出研究解释路径。第二部分则根据具体的研究问题选择操作性的研究方法。罗伯特·殷（Robter Yin）认为具体研究方法的选择取决于三个方面：首先，研究所要回答的问题类型是什么；其次，研究者对研究对象及事件的控制程度如何；最后，研究的重心是当前发生的事情或过去发生的事情。① 表 2.2 是罗伯特·殷基于以上三个维度对五种研究方法适切性的分析。

表 2.2　不同研究方法的适用环境

研究方法	研究问题的类型	是否需要对研究过程进行控制	研究焦点是否集中在当前问题
实验法	怎么样、为什么	需要	是
调查法	什么人、什么事、在哪里、有多少	不需要	是
档案分析法	什么人、什么事、在哪里、有多少	不需要	是/否
历史分析法	怎么样、为什么	不需要	否
案例研究法	怎么样、为什么	不需要	是

资料来源：罗伯特·K. 殷. 案例研究设计与方法［M］. 重庆：重庆大学出版社，2010：10.

本研究对象是密歇根大学学习与教学研究中心。研究问题则是学习与教学研究中心的运行机制是怎样发展的、为什么会有这些发展。因此，本研究涉及“怎么样”和“为什么”两类研究问题。同时，本研究将会对 CRLT 的组织人员以及服务对象进行分析，所以势必会牵扯到“什么人”以及“在哪里”的问题。本研究并不是精确的因果推理，因此不需要设置实验组与对照组进行控制。研究焦点方面，是否为当下问

① 罗伯特·K. 殷. 案例研究设计与方法[M]. 重庆:重庆大学出版社,2010:8.

题对于本研究来说较难界定。一方面，本研究描述和解释 CRLT 组织运行机制的产生和转变，是对过去问题的研究，另一方面，研究者意欲对当下组织员工以及学校管理者、院系管理者、教师、研究生进行访谈并参与部分 CRLT 开设的活动，属于对当下 CRLT 组织运行机制的研究。总的来说，本研究是对 CRLT 组织运行机制进行历史延续的分析，因此研究焦点并不全在当前问题上。

通过以上分析，本研究选取历史比较分析法与调查法作为研究方法，其中历史比较分析法为主，调查法为辅。在研究过程中，调查法往往充当寻找研究线索的角色，而历史比较分析法则顺着线索深入下去。正如伽达默尔（Hans-Georg Gadamer）所说：历史意识感兴趣的，不在于了解个体、民族、国家是如何发展的。相反，历史意识是了解个体、民族或国家是如何变成现在这个样子；这些独特个体究竟经历了什么而抵达现阶段。①

研究方法的运用体现在资料获取和问题分析两个方面。笔者于 2013 年至 2014 年前往美国宾夕法尼亚州立大学教育学院教育政策系访学一年。在美期间，笔者积极与密歇根大学学习与教学研究中心的主任以及工作人员联系，于 2014 年 7 月获得实地调研的机会。实地调研期间，笔者获得了大量 CRLT 的档案资料。此外，笔者还对 CRLT 组织相关人员进行访谈，对 CRLT 教师发展项目进行参与和观察。在分析过程中，笔者按照 CRLT 组织发展的历史寻找节点进行分段，对关键性事件进行深入分析。此外，历史分析法非常注重研究对象与外部环境的互动，因此，本研究将会对各个阶段 CRLT 组织外部环境进行描述，对其与 CRLT 之间的互动进行深入分析。笔者还将以 CRLT 运行机制发展的各阶段为比较单位，从外部环境、组织目标、组织结构、组织技术、组织人员乃至组织产出六个方面进行纵向比较。调查法方面，笔者基于大量访谈整理稿和活动观察笔记，对 CRLT 组织内部的非正式结构进行探寻，并亲身感受了教师发展项目的现实意义。

① Gadamer, Hans-Georg. The Problem of Historical Consciousness. In Interpretative Social Science: A Reader, Edited by P. Rabinow and W. Sullivan[M]. Berkeley: University of California Press, 1979: 103 - 160.

第三节　资料搜集与分析

一、进入研究现场

对于定性研究来说，能否进入现场，以何种方式进入现场，进入到何种程度是影响研究质量的重要因素。进入现场通常有两种途径：一种为研究者与被研究者取得联系，征求对方同意；另一种则为置身研究现场，与对方共同生活和劳动，协商从事研究的可能性。进入现场途径的选择取决于具体研究项目的要求以及研究实地的可能性。[①] 作为一名国家公派的联合培养博士研究生，笔者在美国的合作大学并非所要的研究组织即 CRLT 所在大学。基于经费、时间和空间的限制，笔者决定采用第一种途径即先获得对方同意再进入现场。

进入一个研究现场，需找到合适的“守门员”。对于个案组织研究来说，其组织机构管理者是进入研究现场绕不过去的守门员。如果没有取得管理者的同意和帮助，研究者将很难对该组织进行真正意义上的实地调研。因此，笔者从 2014 年 4 月起便开始搜集 CRLT 相关资料，对 CRLT 的历史、组织架构、项目及其与中国教师发展中心项目设立的渊源进行分析。2014 年 6 月，笔者给 CRLT 现任主任发送第一封邮件并抄送给 CRLT 唯一的华裔助理主任。由于是首封邮件，笔者仅阐述了对 CRLT 进行研究的动机，并表达了想要前去做实地调研的愿望。几天之后，CRLT 的华裔助理主任给笔者回了一封简短邮件，称已与现任主任进行协商，同意在某种程度上帮助笔者进行此项研究，具体如何支持将在休假结束后与笔者详细商讨。

这位华裔助理主任假期结束的第一天，笔者写了一封长信发送给她。信的内容包括四个方面：第一个方面是之所以选择 CRLT 作为个案进行研究，是因为 CRLT 拥有悠久的历史、完整的组织机构、丰富多元的教师发展项目以及较高的声誉。第二个方面是想要研究 CRLT 自建立以来组织运行机制的发展。第三个方面是怎样研究。本研究计划通过对 CRLT 前任主任、现任主任、骨干员工，学校主管、CRLT 的资深副教务

---

① 陈向明. 质的研究方法与社会科学研究[M]. 北京：教育科学出版社，2011：149.

长，主要学院副院长，教师，研究生进行访谈。此外，研究还将对CRLT教师发展项目进行观察，对CRLT组织结构图、会议记录等文本资料进行搜集。第四个方面表达了希望的研究时间为8月中旬至10月末。助理主任在收到笔者的邮件后的第二天给笔者回复了一封长信，评价笔者的研究非常有雄心，阐述了可以给笔者提供的帮助和不能提供的帮助，并把这封邮件抄送给现任主任。邮件称可以为笔者联系前任主任、现任主任、两名骨干员工进行访谈，还可以带笔者参观CRLT。学校副教务长、学院副院长、教师、研究生的访谈则需要笔者自己联系，不过可以为笔者提供人员名单。此外，助理主任还在此封邮件中跟笔者提及9月15日前CRLT会举办中国教师发展中心核心成员的培训，因此在这之前没有时间支持笔者的研究。

笔者在收到此封邮件后表达了想旁听此培训以及8月底由CRLT主办的密歇根大学新教师入职培训和研究生助教入职培训的愿望。助理教授回信称征询过主任意见，觉得笔者去旁听中国教师发展中心核心成员培训和新教师入职培训不妥，但可参加研究生助教入职培训。拒绝理由为前两个项目是付费项目，笔者免费参加对付费人员不公。

至此，笔者可以说是获得了进入现场的许可证，并与“守门员”CRLT现任主任以及华裔助理主任就研究范围达成一致。虽说笔者进入现场的过程较为顺利，但是从守门员的态度来看并不想让笔者过多参与CRLT的项目，且CRLT组织以外人员还需笔者自己联系，这些问题为笔者后续的研究带来了一定的不便，迫使笔者改变了搜集资料的主要方式。

二、访谈

（一）前期准备

1．参加访谈同意书

为更简洁明了地告知被访者本研究的研究目的和研究主题，也为了让被访者更加信任本研究所坚持的伦理性，笔者在开始访谈之前起草了参加访谈同意书。访谈同意书包括六部分：第一部分是研究者的姓名；第二部分是研究主题，笔者在此部分阐述了选择CRLT的原因以及研究关注点；第三部分为研究题目即“密歇根大学学习与教学研究中心的组织运行机制研究”；第四部分为访谈过程介绍，介绍访谈问题并给出了访谈时间的范围即 30 分钟到 60 分钟，被访者在任何时候都可以要求停止访谈；第五部分为接受访谈的风险，此部分指出被访者参加访谈没有任何风险，访谈内容仅限学术目的使用；第六部分为被访者同意参加访谈的陈述和签名。

2. 访谈提纲

本研究访谈对象包括四个部分：其一为学校管理人员；其二为学院管理人员；其三为 CRLT 组织内部人员；其四为教师（包括博士后）和研究生助教。由于访谈对象类型比较分散，因此针对不同被访者的访谈提纲设计稍有差异。其中，对学校管理人员的访谈提纲主要围绕对 CRLT 的认可度、学校给予 CRLT 的支持以及 CRLT 所创造的价值等问题设计。对学院管理人员的访谈提纲则是关注 CRLT 与院系合作项目的建立过程、内容以及评估事务。对 CRLT 组织内部人员的访谈提纲主要涉及 CRLT 的组织结构、显性和隐性规章制度、内部分工、机构运行、员工发展以及与学校、学院、教师层面关系的建立。对教师和研究生助教的访谈提纲则更多地关注参加 CRLT 项目的情况、对 CRLT 教师发展项目的评价以及对 CRLT 存在于密歇根大学的必要性的看法。

（二）抽样及样本特征

访谈对象抽样方面，本研究采取分层目的抽样选择访谈对象。本抽样分为两步：第一步是将研究对象按照一定标准分层；第二步则为根据研究需要在各个层面上进行目的性抽样。第一步，分层。本研究把访谈对象分为四个层面，即学校层面、学院层面、CRLT 组织层面以及教师与研究生助教个体层面。第二步，目的性抽样。目的性抽样的标准有三个。第一个标准是样本与 CRLT 组织的相关性。被访者需了解 CRLT 这个组织，并与之或多或少相关联。以学校层面为例，笔者会选择直接管理 CRLT 的资深副教务长进行访谈而不是新上任的教务长或校长。第二个标准则是样本的代表性。访谈对象应该对 CRLT 具有发言权，而不是一个边缘人物。以学院层面为例，笔者会选择对学生和教师数量较多且与 CRLT 合作较多的学院负责人进行访谈。第三个标准则是样本差异化。访谈对象应该涉及 CRLT 组织运行的方方面面。以 CRLT 组织层面为例，笔者在选择访谈对象时会选择管理层和具体操作层的人员，并且具体操作层面不会重复选择一个部门的人员。以教师个体层面为例，笔者按照教师职称选择访谈对象，且会选择一部分仅参加 CRLT 项目的和一部分兼职为 CRLT 服务的教师，尽量做到样本差异化。

基于以上 3 个标准，笔者共选择了 16 名访谈对象。下表是访谈对象的层次分布。

表 2.3 访谈对象层次分部情况

访谈对象分层	职务与数量描述	合计
学校层面	主管 CRLT 近 20 年的前任资深副教务长（1 人）	1
学院层面	文理学院主管本科教学副院长（1 人）、工程学院主管本科教学副院长（1 人）	2
CRLT 层面	前任主任（1 人）、主任（1 人）、助理主任（1 人）、分部主任（1 人）	4
个体层面	教师（3 人）、博士后（1 人）、研究生助教（5 人）	9

（三）访谈过程

本研究共对 16 名被访者进行了 18 次访谈。除 CRLT 现任主任外，所有被访者笔者都通过电子邮件联系并与其预约。访谈历时近两个月，每个访谈时间在 30 分钟到 60 分钟不等。访谈地点和时间都以被访者方便为原则。访谈地点包括被访者办公室、教室或咖啡厅。访谈时间大部分在下午。得益于密歇根大学中校区密集的校区规划以及中校区与北校区之间便利的免费班车，笔者花费在访谈上的额外时间并不多。

三、观察

在本研究中，笔者对 CRLT 所开展的教师发展项目进行观察。观察项目包括 CRLT 为全校研究生助教所开展的新助教培训、为工程学院助教所开展的新助教培训以及 CRLT 教学研讨会。在参加教师发展项目的过程中，笔者对项目开展的环境、项目内容以及参加者的表现进行观察，通过绘图和笔记的方式把项目过程记录下来。项目结束后，笔者再结合自己的感受以田野日记的方式对所观察项目进行完整的记录。此外，利用访谈的机会，笔者对 CRLT 整个组织机构进行观察，包括 CRLT 办公布局、房间使用情况、组织文化、外墙宣传以及组织内部人员所看书籍情况。最后，借助录像带、网络视频等资料，笔者对 CRLT 较多教师发展项目进行了学习和观察，更加全面深刻地体会到 CRLT 项目的初衷、设计理念与具体操作。

四、档案资料

（一）档案资料搜集

对一个组织机构进行组织变迁研究，档案资料是最为重要的分析资料。笔者在与 CRLT 前任主任的访谈过程中获悉，本特利历史图书馆是一所研究型档案馆，在全美乃至世界档案界享有盛誉。该馆成立于 1935 年，位于密歇根大学北校区，收集了大量有关密歇根州以及密歇根大学的档案资料。截至 2006 年，该馆共收藏排列长度超过 3 万英尺的档案和手稿、6 万册图书、150 万张照片、1 万余张地图以及较多的微缩胶片和视听资料。该馆具有极高的开放性，非密歇根大学人员只需用证件登记即可免费使用所有解禁档案。① 该馆除了提供公共服务，还承担着本科生、研究生的档案教学工作以及相关研究工作。

笔者通过密歇根大学图书馆检索系统 MIRLYN②，在搜索栏里输入 CRLT 的全称 Center for Research on Learning and Teaching，系统就会给出所有有关 CRLT 档案资料。资料可分为五个单元。

其一，CRLT 档案资料单元。此单元包括 29 个纸箱，涵盖了 CRLT 从 1955 年至 2008 年的档案资料。③ 其中大部分档案资料集中在 1972 年到 2007 年。档案包括书信、财政预算、主题、奖项、CRLT 教师发展项目材料五大版块。书信档案资料集中于 1964 年至 1993 年，包括 CRLT 历届主任、核心员工、教务长、副教务长、学院管理者、教师以及外校来访者之间的信件。财政预算资料包括 CRLT 历年财政预算以及 CRLT

① 朱江. 研究型档案馆：美国密歇根大学本特利历史图书馆考察记[J]. 档案与建设，2005(2):21—23.

② MIRLYN 是密歇根大学图书馆系统的官方目录搜索系统。读者可通过此搜索目录查找密歇根大学所有图书馆藏书，也可以指定查找本特利历史图书馆的档案资料。

③ CRLT 建立于 1962 年。但是密歇根大学在 1961 年就建立专门小组研究是否需要建立一个专注于教学发展的机构。此外，CRLT 所负责部分任务在其建立之前已经存在。因此，本特利历史图书馆在进行档案分类时把以上 1962 年之前的与 CRLT 相关资料都归为 CRLT。故 CRLT 档案记录起始年早于其建立年。

与学校之间就预算问题达成一致的沟通记录，主要集中于 1962 年至 1993 年。主题是五大版块中最为繁杂的一个，其档案资料包罗万象，比较有代表性的档案资料有 CRLT 的历史、CRLT 整体内部评估与外部评估、CRLT 项目建立书、CRLT 项目评估、CRLT 员工选择与发展、CRLT 年度报告、CRLT 组织机构建立计划及会议记录等。主题档案资料集中于 1962 年至 2004 年。奖项档案资料分为三部分：第一部分为教师发展基金；第二部分为教学发展基金；第三部分为混合奖项。教师发展基金和教学发展基金是 CRLT 设立时间最长的两个奖项。混合奖项则包括吉尔伯特促进教学奖、跨学科教师联合项目奖、讲师专业发展奖、跨文化学习与教学行动奖等。奖项档案资料包括申报人评奖资料、评审流程、评审委员会意见。CRLT 教师发展项目材料包括 CRLT 历年的项目宣传手册、CRLT 独立开展的教学发展项目材料以及 CRLT 赞助或与其他机构协作开展的项目材料。CRLT 档案资料单元是本研究进行历史比较分析的核心材料。

其二，CRLT 出版单元。此单元共 2 个纸箱，包含了 CRLT 自建立以来所有的正式出版物与非正式出版物，包括 CRLT 成员主持或参与的教学评估报告、大学政策委员会报告、学术论文、会议论文、大学教师发展书籍、新教师手册、研究生助教手册等。

其三，教务长办公室单元。密歇根大学教务长办公室档案资料包含所有向下属院系、研究机构历年汇报材料。CRLT 向教务处汇报的材料始于 1967 年，终于 1995 年，后续报告材料目前仍处于保密状态。汇报材料包括 CRLT 历年年度报告，当年的大事记譬如新项目设立、外部评估、中心主任换届、预算变换、CRLT 核心工作人员与教务长、副教务长之间的信件记录等。此单元还包含教务长办公室颁布的重大政策和策划的改革行动。笔者对涉及 CRLT 的此类资料进行了搜集，如教务长办公室 1981 年颁布的财政预算五年计划，1967 年教务长办公室促成的丹佛斯基金五年项目。此单元有部分档案资料非常有价值，但仍处于保密状态，如 1993 年 CRLT 第四届主任的评选过程。第四届主任是 CRLT 历史上非常重要的人物，因此这份资料显得颇为宝贵。教务长办公室单元档案材料与 CRLT 档案资料单元材料有重复。

其四，院系单元。与 CRLT 合作的院系众多，合作较早和最多的两个学院是文理学院和工程学院。因此，在院系单元里，笔者查看了文理学院与工程学院的档案材料，搜集了部分 CRLT 与两学院的合作记录。文理学院和工程学院档案材料开放度较低，较多材料需等到 2025 年才能解禁。此单元材料与 CRLT 档案资料单元材料亦有重复。

其五，校长办公室单元。在此单元里，笔者主要搜集了有关 CRLT 运行环境的档案材料。譬如 1988 年密歇根大学时任校长詹姆斯·杜德斯特（James J. Duderstad）发布的密歇根命令。此份官方大学发展计划主要针对 21 世纪密歇根大学所面临的挑战而起草，提出了未来密歇根大学学生培养发展的方向。

总的来说，档案资料较为多元化，涉及主题较为全面。CRLT 档案资料单元是档案资料搜集的主体。其他单元材料存在开放度低、更新慢等问题。

（二）建立档案资料数据库

笔者基于三个维度对搜集的档案资料进行分类，建立档案资料数据库，以便后续分析。第一个维度为主题维度。主题维度依据本特利历史图书馆对 CRLT 档案资料的分类而建立。笔者把 29 个纸箱的五大版块进一步细化，主要是对主题版块进行细化，把其细化为评估、会议记录、项目创建、人事等几个部分。第二个维度为单元维度。单元维度维持在搜集档案资料时所进行的分类，仍为 CRLT 档案资料单元、CRLT 出版单元、教务长办公室单元、院系单元以及校长办公室单元。第三个维度为时间维度。笔者在对 CRLT 现任主任进行访谈时获得了 CRLT 在 1962 年至 2012 年的大事记时间表。因此，笔者依据此时间线对档案资料进行归整。

档案资料数据库综合以上三个维度，在电脑里以文件夹的形式保存。文件夹名包含以上三个维度信息及主题、所属单元以及时间。因此，笔者在研究过程中只需对档案资料数据库进行关键词搜索即可找到相关材料。当然，在档案资料搜集过程中，笔者撰写了档案资料分析记录，把与研究主题相关的档案按照年份归纳成电子文本，便于后续档案分析。

第四节　理论基础与研究思路

本研究基于研究问题、研究假设以及所搜集资料情况选择研究理论框架。研究理论框架由一种理论与一个模型合并而成。理论为组织社会学视角的制度理论，模型则为管理学中的组织一致性分析模型。

一、组织社会学中的制度理论及其适切性

（一）制度理论的历史梳理

制度主义作为一种思潮产生于19世纪后半期，对社会科学产生了较大影响，随即产生了经济学制度理论、政治学制度理论以及社会学制度理论。社会科学家很早就对制度进行了界定与分析，但是作为一种独特的社会形式的组织，直到20世纪中期才成为社会科学研究的焦点。[①] 20世纪40年代，随着以默顿（Robert King Merton）为代表的哥伦比亚组织社会学派兴起，组织研究成为社会学的重要领域。组织社会学中的制度理论并非某一种具体的理论，而是由多个理论和假设组成。发展至今，组织社会学中的制度理论以1970年后期为界，可分为两个阶段。

第一阶段为旧制度理论。默顿基于结构功能主义建立组织分析理论框架，探讨自迪尔凯姆（Emile Durkheim）以来社会学关心的“有意图的无意识后果”这一主题，完善社会学功能分析法，提出要研究制度的多重后果，也就是正功能、负功能、显功能、潜功能和反功能等，强调对潜功能的考察才是社会学研究旨趣所在。旧制度理论代表人物塞尔兹尼克（Philip Selznick）在其《田纳西河流域管理局与草根组织》一书中明确提出把纯粹追求技术效率的组织与受到内部成员或外部环境因素影响的组织区分开来，强调组织目标如何在现实过程中被替代。组织的制度分析就是分析组织的制度化过程以及制度化对组织特征、组织专有能力和组织领导的影响。该理论的基本假设为组织的制度化过程是组织的自然适应过程，组织的变迁则是有目的但却无预料后果的，组织是演化而非设计的结果；组织在自然演化的过程中形成组织特征，同时也使组织具有独特能力；组织的特征与独特能力对自身发展起重要作用，也对组织的领导有较强约束；组织领导是组织长期发展过程中所形成的价值的集中体现，领导必须维护组织价值，尤其是在关键时刻的重要决策要

① Scott, W. R. Institutions and Organizations Ideas and Interests (3rd ed) [M]. Los Angeles: SAGE Publications, 2007: 19.

体现组织价值。① 伯顿·克拉克（Burton R. Clark）将塞尔兹尼克的研究范式转移到高等教育组织机构研究中，主要体现在对高等教育组织特征的提炼、组织特征对组织结构影响的分析以及教育组织演变的观念上。克拉克发现成人学校服务性特征所带来的反功能——组织不同合法性来源与运作逻辑之间存在冲突、服务意识与公立学校所遵循的规范和价值不一致等。② 此外，克拉克还对美国文理学院进行研究，认为组织传奇（organizational saga）是学校核心成分，分析了组织创建者和领导者在组织传奇创建过程中的作用以及组织传奇维持的条件与过程。③

此阶段理论有几个基本特点：其一，把组织作为一种特殊制度进行定义，认为其组织行为与组织结构受到组织外部价值和内部价值影响。其二，发展出一套制度理论的概念与分析框架，概念包括目的行动的无预料后果、制度化、组织合法性、自然社区、自然历史、组织特征、组织独特能力、领导、组织传奇等。分析框架则细化了功能分析法。基于以上概念和分析框架，制度理论着重研究组织与环境关系、组织领导力以及组织的制度化过程。其三，组织与环境的关系是制度理论的逻辑起点和分析线路，组织运行的核心问题根植于组织的创建、运行过程与外部环境的互动。组织面临的环境压力是制度变迁的首要因素。在处理组织与环境的关系过程中，组织领导起着重要作用。组织领导的过程具有目的性与适应性的双重特点，领导的主要责任和持续面对的问题是在组织与环境之间做出满意的调试，使得这种调试产生长远影响。④ 其四，重视组织个体价值。制度理论认为组织成员的价值取向以及行为与组织机构同样重要。其五，组织制度化过程是研究重点。制度理论强调组织规范和价值对组织结构和组织领导的影响，重视组织权利分析，重视组织与环境之间的张力、组织内部的冲突以及组织策略研究。其六，制度

---

① 郭建如. 社会学组织分析中的新老制度主义与教育研究[J]. 北京大学教育评论，2008(3)：136—151.

② Clark, B. R. Adult Education in Transtion[M]. New York: Arno Press Inc, 1980: 123-130.

③ Clark, B. R. The Distinctive College[M]. New Jersey: Transaction Publishers, 1992: 233-262.

④ Clark, B. R. Adult Education in Transtion[M]. New York: Arno Press Inc, 1980: 44.

理论多运用于案例研究，并在案例研究基础上进行发展。①

旧制度理论仍以结构功能论为基础，探索制度的多种功能。此种理论描述具体组织的自然历史，以及形成其独特机构、能力和责任的历史过程，尤其专注于组织结构和组织目标在组织参与者的价值观与组织外部环境的双重压力下产生改变的过程。② 旧制度学派倾向于对组织进行“曝光”，指出组织并非自称的绝对理性动物，而是潜在体现某种价值观的工具。③

第二阶段为新制度理论。组织社会学的新制度理论借鉴了心理学、人类学等学科知识以及现象学、常人方法学关于认知与文化的研究，产生了新的研究范式转变。相比旧制度理论基于社会结构功能对组织进行分析，新制度理论有以下几个特点。其一，扩大了制度的含义。在新制度理论中，制度包含三个要素，即在组织规范性要素的基础上增加了组织规制性要素和文化认知性要素。制度构成的三个要素共存与某一制度之中，共存于组织环境中。其二，明确制度环境的重要性。新制度理论认为制度环境对组织结构的影响至关重要。新制度理论的分析核心即为制度影响组织机构的机制。基于三要素框架，新制度理论研究者研究了制度对组织结构影响的若干形式，如组织的强迫接受、组织结构合法授权、组织结构融合等。④ 其三，扩大了组织环境的内涵。旧制度理论主要关注组织的社区环境。而新制度理论在定义组织环境时则打破地域限制并认为组本身就是所处环境的一部分。制度环境本身具有结构性且不同制度环境对组织机构影响存在差异。在新制度理论中，研究者对全球化的环境、国家主导环境、专业团体主导环境和市场环境等制度环境关注较多。其四，丰富了组织的分析层面。从分析层面来看，旧制度理论与新制度理论都处于生态层面。⑤ 但是新制度理论扩展了生态层面，使

---

① 郭建如. 社会学组织分析中的新老制度主义与教育研究[J]. 北京大学教育评论,2008(3):136—151.

② Scott, W. R. Institutions and Organizations Ideas and Interests(3rd ed)[M]. Los Angeles: SAGE Publications, 2007: 23.

③ Perrow, C. Complex Organizations: A Critical Essay(3rd ed)[M]. New York: Random House, 1986: 159.

④ 郭建如. 社会学组织分析中的新老制度主义与教育研究[J]. 北京大学教育评论,2008(3):136—151.

⑤ 本研究采用开放系统视角进行分析。开发系统视角包括社会心理、结构和生态三个分析层面。

其包含组织集（organizational sets）、组织群（organizational populations）与组织域（organizational fields）三个亚层。[①] 其五，强调和关注认知机构与文化框架而非规范系统是组织社会学新制度理论的显著特征。[②]

总的来说，新制度理论扩大了制度的定义，对组织环境进行了分层和延伸，把更多因素如文化认知因素加入组织分析的过程中。在新制度理论的发展过程中，很多原有假设发生了改变，如技术环境与制度环境的二元对立、组织同形的唯一性、对文化认知层面制度的过度诠释等假设都在新制度理论支持者的后续研究中得到了矫正。

（二）制度理论运用的适切性

本研究是一项归纳性研究。因此选择分析理论的目的主要在于提供研究视角和研究思路，以便有效地对现有资料进行诠释。选择制度理论，原因有三：

首先，制度理论强调环境因素对组织运行的影响。高等教育机构本身具有目标模糊、技术模糊等特点，与商业组织一味追求技术效率不同，高等教育组织更多地关心其存在的合法性即与组织外部环境的契合程度。因此组织环境在组织产生与发展的过程中起着重要作用。制度理论认为组织环境为组织目标、组织结构、组织特征等形成与发展的重要因素，并展开一系列研究得出了较多理论。本研究的研究对象 CRLT 位于大学场域之中，具备高等教育组织的特征，因此制度理论可充分运用于本研究。

其次，制度理论主要从生态层面分析组织。自组织理论产生以来，其对组织的分析可分为三个层面，即社会心理层面、结构层面与生态层面。[③] 社会心理层面着重研究组织中的人际关系等。结构层面则更多分析技术对组织发展的影响。而生态层面则是基于组织制度环境对组织运行机制进行分析。因此，制度理论应用于 CRLT 运行机制变迁分析，适切性好。

最后，制度理论发展较为完善。从旧制度理论到新制度理论，关注

① Scott, W. R., Davis, G. F. Organizations and Organizing Rational, Natural, and Open System Perspectives[M]. Upper Saddle River: Pearson Education, 2007: 115 – 118.

② DiMaggio, P. J., and Powell, W. W. In The New Institutionalism in Organizational Analysis [M]. Chicago: University of Chicago Press, 1991: 15 – 18.

③ Scott, W. R., Davis, G. F. Organizations and Organizing Rational, Natural, and Open System Perspectives[M]. Upper Saddle River: Pearson Education, 2007: 112.

面更广，解释力更强。本研究是对 CRLT 组织运行机制的研究，在研究内容上涉及组织环境、组织目标、组织特征、组织结构、组织员工等多个方面，在研究时间跨度上则包含了 CRLT 自 1962 年建立至今近 60 年的时间。因此，本研究需要一个解释对象多、解释维度丰富且可解释组织变迁的理论。组织社会学中的制度理论经历了 70 余年的发展，日趋完善。旧制度理论适合进行描述性分析，探索 CRLT 组织的产生、组织功能转变、组织特征的形成。而新制度理论则适合结合多层级组织环境剖析 CRLT 组织要素的变迁过程，解释 CRLT 组织运行机制的变迁原因。

在制度理论的具体使用方面，本研究从制度环境出发分析 CRLT 运行机制发展的动力。斯科特（W. Richard Scott）给予了制度操作性定义，而当把制度作为组织发展背景来看待时即为制度环境，因此制度环境同样由规制性要素、规范性要素、文化—认知要素三大要素组成。表 2.4 是斯科特在综合新旧制度理论后给出的制度操作性定义。本研究在运用制度理论对 CRLT 进行组织分析时，将采用此分析框架。依据表中给出的制度三大要素的定义，我们可以看出制度环境的规制性要素即是规则、法律以及制裁类的事物，以法律制裁、潜在契约、奖惩等范式对组织运行产生作用。规范性要素则是指认可或认证的事物，传递给组织价值观以及运行方向，通过期望和规范对组织产生作用。文化—认知要素则是整个制度环境中个体理所当然的共同理解，具体表现为共同信念和行动的共享逻辑。CRLT 的运行机制的各个部分受组织制度环境的影响而产生变化，或者组织运行机制的发展过程就是对制度环境不断适应的过程。

表 2.4　制度三大要素

	规制	规范	文化—认知
服从基础	权利	社会责任	理所当然、共同理解
秩序基础	规则	期望	建构式图式
扩散机制	强制	规范	模仿
逻辑类型	工具性	适当性	正统性
指标	规则、法律、制裁	认可、认证	共同信念、行动共享逻辑
合法性基础	法律制裁	道德治理	可理解、承认、文化支持

资料来源：Scott, W. Richard. Institutions and Organizations Ideas and Interests(3rd ed)[M]. Los Angeles: SAGE Publications,2007: 51.

二、组织一致性分析模型及其适切性

（一）组织一致性分析模型概述

纳德勒与塔史曼（Nadler,Tushman）在较多组织运行实证研究的基础上提出了组织一致性分析模型。此模型对组织运行要素进行分类，并给出了较为清晰的运行路径。组织一致性分析模型是以开放系统视角为基础的组织分析框架。因此，此模型的关键词包括系统、开放系统以及组织一致性。作为系统的组织有五个基本特性：第一个特性是内部相互依赖性，即组织内部各要素之间会互相影响和依赖。第二个特性是反馈能力。组织产出会对整个组织系统产生反馈，从而影响组织下一步的发展环境、资源以及工作。第三个特性是组织平衡。组织应该在输入与输出之间保持一种平衡，不需要过多的投入，亦不需要超出组织目标太多的产出。第四个特性是同质性。系统论认为不同的系统结构最终的组织产出或投入产出的转化过程是相似的。因此，组织没有一个所谓的普适的最佳路径。第五个特性是适应。组织在运行时需要不断地适应改变的环境，这是组织生存与发展的关键之一。① 开放系统范式在前面已有阐述，在此仅阐述其核心思想，即把组织置身于开放的社会环境中，而不仅仅是局限于组织内部去分析。

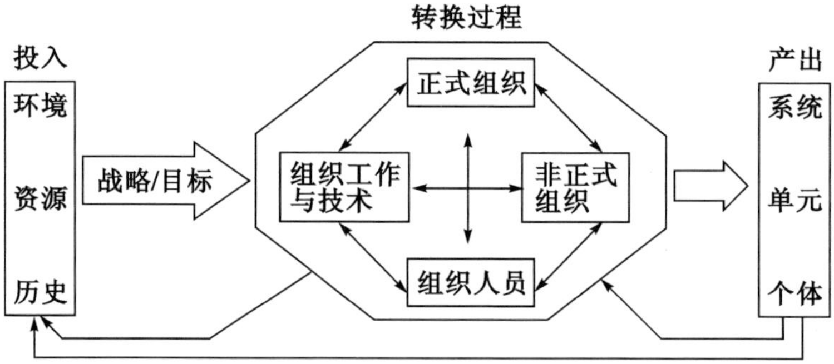

图 2.1. 组织一致性分析模型

① Nadler, D. A., Tushman, M. L. A Model for Diagnosing Organizational Behavior: Appling a Congruence Perspective[J]. Organizational Dynamics, 1980(2): 35 –51.

资料来源：Nadler, David A., Tushman, Michael L. Competing by Design: The Power of Organizational Architecture [M]. New York: Oxford University Press, 1997: 38.

所谓的组织一致性，抑或称匹配，是指组织投入、组织运转诸要素以及组织产出两两之间的匹配程度。匹配内容包括组织内部要素的需求、目标以及结构等。两组织要素匹配性强，可以互相协作，则视为组织一致。组织一致性理论的基本假设就是组织内部要素间、组织内部要素集合体与组织投入的匹配程度越高，则组织运转越有效，组织实际产出越能接近或达到预计产出。①

从图 2.1 中可以看到，组织的运转共包含三部分。第一部分为投入部分，包括组织环境、组织资源与组织历史。这一部分的特征以组织战略与目标的形式展现出来，直接对组织本身产生作用。第二部分为组织转换，即正式组织、非正式组织、工作与技术以及组织人员四项因素彼此产生影响并对组织产出产生综合作用。第三部分为组织产出，体现在系统、单元以及个体三个层面，组织产出对组织投入以及组织转化进行反馈。

（二）研究分析框架的构建

此模型实质上是一个组织问题诊断模型，通过考察组织投入、组织内部要素以及组织产出的一致性程度，判断组织运行的健康状况，分析产生问题的影响因素。组织一致性分析模型给出了组织运行机制的操作性定义，提供了组织运行机制三大部分以及组织内部要素之间的分析路径。基于此模型，笔者对所搜集的密歇根大学学习与教学研究中心的资料进行分类，按照模型搭建分析框架，从环境、战略与目标、工作与技术、正式与非正式组织、人员以及产出六方面对 CRLT 运行机制进行分析。以下是分析框架六要素的操作性定义：

其一为环境。每个组织都处于特定物理、技术、文化和社会环境中，并需与之相适应。所有组织的生存都取决于该组织与其所在更大系统建立的关系。环境即为组织之外所有影响组织生存和组织目标实现的因素。环境是资源的汇集，是机会与约束以及需求与威胁的来源。环境

① Tushman, M. L., Nadler, D. A. Processing as an Integrating Concept in Organizational Design[J]. The Academy of Management Review, 1978(3): 613 - 624.

包括组织的客户以及为组织提供所需资源的人或集团。① 在高等教育组织中则体现为组织为谁服务、资源来源于谁。以 CRLT 为例，CRLT 的组织运行肯定会受密歇根大学、地方政府、联邦政府与科研机构、非营利组织以及其他高等教育机构的影响。②

其二为战略与目标。组织战略指组织进行的一系列选择，包括想要服务的市场或客户。组织通过分析市场情况制定战略与目标，简而言之，即什么是组织想要的、如何实现目标。相对于一般组织来说，高等教育组织有着更多责任和约束。如 CRLT 可以接受校外科研项目从而获取更多经费，但是 CRLT 的使命之一是服务本校，过多开展校外科研项目将受到学校问责。因此，在约束条件下目标实现最大化是高等教育组织成功的特征。

其三为工作与技术。组织中的工作与技术就是实现组织目标和执行组织策略的过程。工作可理解为组织为达成目标而需完成的任务。③ 在大学的组织工作可理解为各个独立单元如何互相作用。组织的工作同样可以分析为组织参与者所需具备的知识和技能的互助。技术则是组织把投入转化为产出的路径。CRLT 有许多产出，教师发展活动是其中之一。因此，在这个例子里，CRLT 的技术可以被看成怎样成功举办教师发展活动。这个技术的关注点主要在活动设计、活动组织与宣传、活动评估等。

其四为组织结构。所有组织都是由正式组织和非正式组织组成。正式组织通常包括组织内部机构、组织规则以及人力资源等相关事务。非正式组织同样是组织的重要组成部分，有时发挥的作用甚至超过正式组织。非正式组织包括组织文化、非官方权力结构、社会关系网络关系以及内部人际关系圈等。

其五为人员。组织人员包括组织管理者以及各级各类员工。组织员工的很多属性，如其知识、技能、专业、学历、年龄等人口统计学特征，对组织结构与运行都有重要影响。此外，组织管理者对组织发展影

---

① Scott, W. R., Davis, G. F. Organizations and Organizing Rational, Natural, and Open System Perspectives[M]. Upper Saddle River: Pearson Education, 2007: 20.

② Hendrickson, R. M., Lane, J. E., Harris, J. T., Dorman, R. H. Academic Leadership and Governance of Higher Education[M]. Sterling: Stylus Publishing, 2012: 24 - 25.

③ Scott, W. R., Davis, G. F. Organizations and Organizing Rational, Natural, and Open System Perspectives[M]. Upper Saddle River: Pearson Education, 2007: 21.

响较大。在 CRLT 中，主任、副主任、专业员工、行政员工、博士后研究员、兼职员工都是组织人员。①

其六为产出。组织产出体现为组织对系统、单元和个体的效用。CRLT 作为高等教育组织的一种，其组织产出具有模糊性，主要表现为对学校、院系以及教学者个体三个层面提供的服务以及自身的科研成果。

本书都将围绕这六个组织要素展开，对 CRLT 不同阶段的运行机制的组织要素进行描述和分析，总结各要素的特点。依照模型的一致性假设以及分析路径，笔者分析了 CRLT 不同阶段的组织运行机制，考察了运行机制的形成、重构的原因以及过程。

三、研究思路

美国研究型大学教师发展中心运行机制的构建和发展是一个动态、持续的过程，因此，本研究在进行实地调研的过程中对 CRLT 各个时期的资料进行了搜集，研究的整体思路则是对所搜集资料的一种归纳式分析，是对历史档案资料以及访谈资料“解码”和“再编码”的过程。

整个研究是以开放系统视角为基础进行的，基于组织运行的社会环境对其运行机制的影响进行的分析。在研究理论框架上，本研究以组织一致性模型为分析框架，把组织运行机制分为组织投入、组织转化和组织产出三个部分，而组织转化部分则又包括组织工作、正式组织、非正式组织以及组织人员四个要素。此模型组织一致性的理论假设以及各个部分之间的路径关系也是整个研究的分析思路之一。此外，组织社会学中的制度理论在很大程度上也影响着研究的分析思路。研究将运用制度环境、组织合法性等概念对 CRLT 的运行机制的产生、建构和变迁过程进行分析。

分析 CRLT 的组织产生过程是探寻组织合法性以及组织初步特征的必要研究步骤。研究将以密歇根大学为边界，分析 1962 年 CRLT 诞生的外部环境与内部环境，考察推动、阻碍 CRLT 建立的各方力量，分析 CRLT 建立的整个过程，从而得出组织建立所对应的制度环境中的规范、

① Hendrickson, R. M., Lane, J. E., Harris, J. T., Dorman, R. H. Academic Leadership and Governance of Higher Education[M]. Sterling: Stylus Publishing, 2012: 2.5 -27.

价值观和信念系统。此外，本研究试图发现学校、各个学院乃至教师评议会等组织建立的参与者在建立过程中所赋予 CRLT 的组织特征，以及 CRLT 诞生时所确立的组织特征，从而作为后续运行机制形成与变迁的原始依据和参照。

CRLT 运行机制的建立与重构情况是本研究的重点。基于对所搜集资料的初步筛选，本研究以 1962 年、1993 年为历史节点，认为 1962 年至 1992 年是 CRLT 运行机制的形成阶段，而 1993 年至今则是 CRLT 运行机制的重构阶段。研究从组织环境与资源、组织目标与战略、组织工作、正式组织、非正式组织以及组织员工几个部分出发，归纳 CRLT 两阶段运行机制的内容，得出其特征。其中，组织环境与资源主要分析 CRLT 学校范围内的发展环境以及组织运行财政预算的来源；组织目标与战略则是分析组织的整体目标、具体目标以及目标实施战略；组织工作主要分析组织的工作内容、工作形式以及工作所需要的技术；正式组织则是对 CRLT 的组织内部结构、人力资源事务进行分析；非正式组织主要分析 CRLT 所形成的组织文化以及社会网络；组织人员是对 CRLT 的员工以及主任的个体特征与需求进行分析。每个阶段的组织要素若有重复将一带而过，研究主要对各个阶段的不同点进行重点分析。

最后，研究对两阶段运行机制的各个要素的特征进行归纳，形成 CRLT 运行机制变迁模型，从两种角度对变迁模型进行剖析。第一种角度以制度理论为基础，从制度环境的规制性要素、规范性要素以及文化认知三个维度出发，分析 CRLT 两阶段的制度环境对其运行机制建立与重构的影响。第二种角度以组织一致性分析模型为基础，利用组织一致性分析模型的分析路径和理论假设对 CRLT 两阶段组织的内部要素一致性情况进行分析，探寻运行机制各要素的形成原因以及重构原因。

第三章 CRLT 运行机制的萌芽

组织的产生过程对于组织运行机制萌芽有着深远影响。组织为何而产生决定组织的使命和目标，组织在何种环境下产生并由谁推动产生决定了组织合法性的程度、组织工作内容以及组织结构、人事岗位设置、员工特征等。二战以来，美国高等教育高速发展，发展过程中所面临的困难与机遇在一定程度上推动了部分新兴高等教育组织的产生，以 CRLT 为代表的教师发展中心就是此类的代表。CRLT 作为全美第一个教师发展中心，有着更为特殊的产生背景。此外，美国的大学治理有着显著的分权特点，实行董事会领导下校长和评议会分工负责的“联合治理”模式。[①] 其中以教师评议会为组织形式的教师参与力量在大学发展过程中发挥着极其重要的作用，这一点在 CRLT 建立的过程中表现得淋漓尽致。在这一时期，CRLT 运行机制中的各要素特征初现。

第一节　组织产生的环境

一、外部环境：美国高等教育的高速发展

（一）高等教育规模的扩张

1944 年，美国颁布了《退伍军人权利法案》，旨在帮助退伍军人战

① 郭卉，唐巍华. 美国大学治理中的评议会：组织制度与功能分析[J]. 高等工程教育研究，2009(4)：89—95.

后能够适应正常生活。《退伍军人权利法案》的实行大大增加了高校在校生人数，1945 年就有 100 万退伍军人进入大学学习。1947 年，美国各高等院校注册的退伍军人人数为 115 万人，占当年美国高等院校在校学生总数（233 万人）的 49%。[①] 退伍军人大学生在 20 世纪 50 年代中期基本都结束了本科学习，随之而来的是“婴儿潮”时期出生的学生群体。20 世纪 60 年代初“婴儿潮”时期出生的学生正式进入大学。[②] 美国大学入学人数进一步增长，这一时期，高中毕业生进入大学的比例达到 50%。[③] 退伍军人与“婴儿潮”时期出生的学生相继进入大学学习，使得高等教育规模迅速扩大。

学生数量的增加促使美国高等教育规模迅速发展，其中受益最大的是公立大学，主要体现在办学经费、教师发展和硬件设施配备上。办学经费方面，《退伍军人权利法案》颁布之初，部分私立研究型大学因不愿招收学业基础较差的退伍军人而没能获得政府针对退伍军人学费的巨额补助。公立大学则积极地接纳了大批退伍军人，获得了较多的政府拨款，为学校当前和未来办学获得了有力的财政保障。教师发展方面，学生数量的激增促使各个大学四处聘请具有大学教学资质的教师。20 世纪 50 年代，美国大学教师奇缺，具有博士学位的大学教师一时变得很抢手。因此，研究型大学积极发展研究生教育，为大学发展储备人才。这一期间，美国各大学的师资都得到了有效补充和提升。硬件设施配备方面，美国很多大学尤其是公立大学在这段时间大规模修建实验室、教学楼、院系大楼、图书馆等基础设施，并且在教学设备上也进行了更新，以满足高等教育规模扩大的需要。

当然，高等教育飞速发展也带来了一系列问题，如学生人数增加的同时教师和设备配置没有及时跟上，使得本科生教育质量受到社会的质疑。这一系列问题是时代特质导致的，也是美国高等教育发展过程中所必须经历和面对的。

（二）程序教学的兴起

程序教学的思想产生于 20 世纪初，理论依据是美国实验心理学家

---

① 续润华，宁贵星. 美国“退伍军人权利法案”的颁布及其历史意义[J]. 河南师范大学学报（哲学社会科学版），2001(1)：104—107.

② 罗杰·盖格. 美国高等教育的十个时代[J]. 北京大学教育评论，2006(2)：126—145.

③ 亚瑟·科恩. 美国高等教育通史[M]. 李子江，译. 北京：北京大学出版社，2010：177.

斯金纳的操作性条件反射理论。程序教学的核心思想是通过对学生的及时强化使得学生掌握知识和技能，而强化的载体则是程序教学教材和教学机器。

19 世纪中期开始，美国大学陆续把自然科学课程纳入学生必选课程。至 20 世纪初，绝大多数美国大学中的本科生教育普遍以科学为基础，古典传统课程在本科生教育中所占的份额越来越少。二战后，美国全面振兴科学教育。20 世纪 50 年代后期，科学主义教育思潮在美国大学颇为流行。科学的成功使得人们对科学普遍信任和尊重，也使得人们在思想上对教育进行了再认识。[①] 人们相信大学教育可以科学化和程序化。与此同时，二战后美国大学人数的增长使得教师很难依靠个人的力量进行较大规模的教学。教师需要配备教学辅助设置给予学生及时反馈，而理工类学科的发展也需要程序性的教学方法和设备进行课堂教学与实验室操作教学。

程序教学机器的产生与发展是程序教学兴起至关重要的条件。美国教育心理学家普莱西于 1924 年美国心理学年会上展示了第一架程序教学机器。1952 年斯金纳发表了《学习的科学和教学的艺术》一文。文章指出当前的课堂教学缺乏教师对学生正确反应的及时肯定，即没有及时“强化”。斯金纳强调“强化”在教学中的重要性，建议用教学机器的方法为学生提高学习做必要强化。因此他提出了把学习材料程序化，结合程序教材和教学机器进行学习。1958 年斯金纳又发表了《教学机器》一文，进一步提高了程序教学的可操作性，并设计出了后来在欧美发达国家产生了巨大影响的教学机器。[②] 斯金纳对程序教学坚持不懈的努力大大推动了程序教学运动的发展。

基于信念、需求与设备的齐聚，程序教学具备了实行的必要性和可能性。从 20 世纪 50 年代末 60 年代初开始，美国大学教学迎来了程序教学时代。程序教学在一定程度上解决了当时大学教育师资不足的问题。视听教学、计算机辅助教学等教学辅助形式也相继在大学教学活动中风靡起来。无论是大学管理层还是一线教师都对程序教学、视听教学以及计算机辅助教学抱有较高的期望。教学材料的开发是开展上述教学的关

① 李艺，单美贤．“教师”的智慧：谈程序教学思想的兴起与归宿［J］．电化教育研究，2013（7）：11—16．

② 龚维瑶．程序教学简介［J］．心理科学通讯，1965（2）：17—22．

键，也是后续研究的重点。与此同时，对这些新的教学方法和教学辅助设备进行效果评估也成为一个新的研究领域。

二、内部环境：密歇根大学面临的挑战与机遇

作为公立研究型大学翘楚的密歇根大学在20世纪50年代迎来了大扩张，在扩张过程中遇到了很多挑战与机遇。挑战包括学校学生人数的激增带来的一系列问题，如教学方式的转变、教学资源的不足等。此外，学校教师教学资质薄弱也是学校所需解决的问题。机遇则是这一时期密歇根大学接受了来自联邦政府、州政府、私人基金会的大量财政投入。这些挑战和机遇与美国高等教育发展的时代大背景有关，更与密歇根大学的自身特征有关。

（一）学生人数上升

1944年，美国颁布《退伍军人权利法案》。作为密歇根州最具声望的公立大学，密歇根大学积极配合联邦政府工作，接受了大量退伍军人入学。1944年，密歇根大学接受了近百名退伍军人学生。1946年春季学期，密歇根大学入学人数激增至14500人，其中退伍军人6350人。1947年，该大学入学人数达到20000人，其中退伍军人11000人。1948年秋季，密歇根大学入学人数为21360人，达到20世纪40年代的顶峰。20世纪50年代开始，退伍军人入学人数减少。以1951年为例，当年入学人数为21000人，其中退伍军人为7700人，相比40年代已呈下降趋势。[①] 但是，随之而来的“婴儿潮”学生流进一步扩大了密歇根大学的学生数量。1957年，学生入学人数又回升到22180人，且后面几年持续增长。学生人数的激增给大学带来了教学、管理方面的诸多挑战。以大学教学为例，由于教师人数、教室数量不足以按小班设置给学生授课，越来越多的教学以大班讲授的形式开展。如何保证大班乃至超大班教学的质量是密歇根大学面临的新挑战。

（二）高等教育财政预算增加

20世纪50年代是密歇根大学高速发展的十年。1951年，时任校长鲁斯文（Alexander G. Ruuthven）即将退休，学校董事会（Board of Re-

① Peckham, H. H. The Making of the University of Michigian: 1817－1992[M]. Ann Arbor: Bentley Historical Library, 1994: 236－243.

gents）选定了原俄亥俄州立大学副校长哈彻（Harlan H. Hatcher）担任新任校长。哈彻上任后重塑了学校的管理层，并向州议会递交了密歇根大学的发展规划，阐述了学生人数增加后学校在师资、房屋、设备等诸多方面遇到的挑战，指出了学校所需要的财政支持和履行的职责。发展规划指出，如果没有足够的资源，教学质量将会下降。在师资、设备、房屋充足，且学生足够优质的情况下，密歇根大学不惧怕成为一个巨型大学，学校领导者有能力管理好巨型大学并提供给本州学生有质量的本科生教育。① 发展规划得到了州议会的认可，其财政预算也得以通过。州议会给予了密歇根大学更多的财政拨款。1951 年至 1956 年，密歇根大学接受的州政府拨款为原来的两倍，并且拨款持续增加。1951 年，州政府给密歇根大学的拨款近 1500 万美元，这个数字在 1957 年增长到 3000 万美元。此外，州政府额外拨款 2600 万美元专门用于密歇根大学的房屋建设、修理和暖气设备扩建。② 州政府财政拨款的增加有利于学校在实验楼、教学楼等硬件设施方面增加投入，也有助于聘请更多优质教师。同时，学校在接受拨款后将承担更多的责任，这种责任最直接的体现即是为本州学生提供优质的本科教育。

除州政府拨款增加外，20 世纪 50 年代密歇根大学还接受了较多的私人捐赠、联邦政府科研拨款以及学生学费。私人捐赠方面，菲尼克斯项目针对原子能工程捐赠 730 万美元。查尔斯·莫特基金会捐赠了密歇根大学费林特高级学院的所有学校建筑。福特汽车公司则捐赠 100 万美元用于核反应堆研究，捐赠 650 万元用于密歇根大学迪尔博恩高级学院的新建。克雷斯基基金会则捐赠 300 万美元建立医药研究大楼和医学院图书馆。联邦政府基于军用和民用两部分需要与密歇根大学签订了很多研究项目合同。1951 年科研经费为 500 万美元，1957 年则上升到 1000 万美元。1962 年，密歇根大学获得美国航天局的项目经费数量为全美第一。而且，密歇根大学的本科生学费也一直处于上升趋势。③

---

① Peckham, H. H. The Making of the University of Michigian: 1817 - 1992[M]. Ann Arbor: Bentley Historical Library, 1994: 245 - 246.

② Peckham, H. H. The Making of the University of Michigian: 1817 - 1992[M]. Ann Arbor: Bentley Historical Library, 1994: 245 - 248.

③ Peckham, H. H. The Making of the University of Michigian: 1817 - 1992[M]. Ann Arbor: Bentley Historical Library, 1994: 248 - 249.

（三）师资问题突出

20世纪40年代中期起，密歇根大学就面临着严重的师资问题，问题主要表现为教师数量不足、教师来源缺乏和教师教学资质薄弱。由于学生人数持续增加，原有的教师已远远不能满足现有学生的教学需要。20世纪50年代以来，密歇根大学每年都新增一定数量教师。1953年至1956年，密歇根大学共增加新教师360名。但是，增加教师的数量远不能满足学校需要的教师数量，教师来源相对缺乏。二战后，美国本科生教育迅速扩张，研究生教育虽在发展但相对本科教育具有一定的滞后性。当时全美大学毕业的博士研究生数量完全不能满足各个大学因本科生扩招而产生的教师需求。因此，密歇根大学虽想大量招聘具有博士学位的教师却没有教师来源。

为缓解师资问题所带来的教学压力，学校增加教学人员岗数量，让众多还没有毕业的博士学位候选人承担本科生的教学任务。1939年，这一群体占教师总人数的9%。到1957年，教学人员岗占教师岗位的比例猛增到20%。这时，问题就突显出来了，兼任教学任务的博士学位候选人缺乏教学经验，没有习得相关的教学技巧，其教学质量的好坏完全依靠自身天赋和院系的有限监督。① 此外，新进教师人数也越来越多，而这些教师同样缺乏教学经验。这两大缺乏教学经验的教师群体承担着大部分的本科生教学任务，其教学效果直接影响着本科生的培养质量。

总而言之，密歇根大学学习与教学研究中心的产生具有特殊的组织环境。从国家层面来说，二战以来，随着退伍军人和“婴儿潮”学生两大群体相继进入大学，美国大学本科生数量增长迅速。本科生人数的剧增对学校房屋、设备以及师资提出更高的要求，也给原有的本科教学带来了挑战。与此同时，大学的管理者开始在学校推行程序教学，程序教学能够有效地缓解大学教师不足的压力，促进学生的能动学习。从学校层面来说，密歇根大学在1950年至1960年获得大量联邦政府、州政府的财政拨款以及私人捐赠，而这些拨款和捐赠旨在提高大学运行效率，保证教学质量。因此，大学需要高质量地完成大学培养人才的办学目标。从个体层面来说，承担本科生教学任务的教师大多为新教师或博士研究生候选人。这两大群体是本科生教育的主力军，其匮乏的教学资质

① Peckham, H. H. The Making of the University of Michigian: 1817 - 1992[M]. Ann Arbor: Bentley Historical Library, 1994: 246.

将直接影响本科生教育质量。因此，学校应该为缺乏教学经验的教学人员提供培训和支持。

这三个层面是一个相互影响的有机体，都反映了一个共同需求，即本科生教育质量的提高。而程序教学带来的机遇以及教师教学资质匮乏带来的挑战告诉大家，对教学进行支持是提高本科生教育质量的有效方式。因此，孵育密歇根学习与教学研究中心的环境已经形成，专门致力提高教学质量的组织机构具备了产生的必要性。

第二节 组织的产生过程

如本章第一节所述，产生 CRLT 的组织环境已经具备。因此，从 1961 年起，密歇根大学教师评议会就开始提交建立大学教师发展中心的提议。在组织产生的过程中，学校教师评议会、校级行政管理者、学院院长、院执委会等力量进行了沟通和角逐，使得 CRLT 组织使命与目标、组织结构等特征日益明朗，最终构建了组织实体。

一、教学促进委员会的建立

（一）密歇根大学教师评议会的历史发展

1837 年 3 月 18 日，密歇根大学颁布了学校法案，确定了董事会是学校管理与决策的最高机构。密歇根大学在管理方面秉承分权治理的原则，教师是大学管理的重要力量。法案认为所有教师个体的权利与职责需要独立表达出来，只有这样才能保证教师拥有较强的工作动力、较高的工作责任感，充分发挥自己的聪明才智。随后的近一个世纪里，密歇根大学的教师积极发挥学校管理的权力，形成了若干教师联盟以表达自己的诉求，成为教师与大学董事会之间沟通的桥梁。但是，这一阶段教师联盟没有严格意义上的组织架构和组织条例，是一种非正式的教师评议会。1928 年，董事会通过了组建密歇根大学教师评议会的提议。密歇根大学教师评议会正式成立。20 世纪 30 年代以来，随着学校教师人数增多和院系增加，教师评议会队伍日渐庞大，组织机构庞大的教师评议会在进行事务决策时障碍也越来越大。在这种情况下，教师评议会产生了执行委员会，即大学事务评议委员会。大学事务评议委员会由 9 名教师组成，为校长、教务长以及大学相关事务的执行办公室的政策制定提供建议与咨询。大学事务评议委员会同时还协助大学议会进行大学管理。教师评议会常设学术咨询委员会、管理评估委员会、财政预算研究委员会、教师专业发展与职称晋升委员会、大学本科生奖学金委员会等，包含了大学行政管理、财政预算、教师发展、学生发展四个方面。与此同时，教师评议会依据大学发展所遇到的问题组建主题性的临时委员会，为学校政策制定提供支持。

（二）教学促进委员会的创建

20 世纪 50 年代以来，密歇根大学本科生人数逐年增长。由于本科生增长速度过快，师资力量和教学设施无法及时跟进，学校董事会、校长等学校的监督者与管理者开始关注密歇根大学的教学情况。此阶段，学校获得来自州政府的大批财政拨款，用来应对日益壮大的学校的运行。与此同时，私人捐赠越来越多，联邦政府财政资助增加，本科生学费日益上涨，社会各界对密歇根大学人才培养质量给予了极高的关注。州议会、学生、学生家长等利益相关者，期待人才培养质量在有保证的基础上进一步提高。随着教育技术的发展，电视教学、程序教学、计算机辅助教学等一系列教学方法进入大学，对密歇根大学教师教学产生了影响。教师产生了自我教学技能提高的需求。此外，大批新教师以及博士候选人进入本科教学队伍中来，其教学能力急需提高。基于学校内部、外部的压力以及学校管理层与个体的共同需求，专门致力于密歇根大学教学质量调查的教师委员会应运而生。

1959 年，密歇根大学事务评议委员会决定创建下属分会即教学促进委员会，专门致力于教学相关事务的研究调查，促进学校教学质量的提高。教学促进委员会由 10 名教师组成，分别来自地质系、工程学院、机械工程系、音乐学院、商学院、教育学院、经济系、卡耐基高等教育研究中心、医学院以及英语系。其中，来自机械工程系的教师为委员会主席。教学促进委员会的职责在于对密歇根大学教学情况进行分析，为提高教学质量提供政策支持。

二、教学促进委员会工作分析

教学促进委员会经过一年半的调查，于 1961 年 4 月出台了三份最为重要的文件:《密歇根大学教学评估报告》《密歇根大学教学促进资源的清单》《建立大学教学中心的提议》。其中前两份为调查报告,第三份则是基于调查报告而产生的建立大学教学中心的提议。

（一）教学促进委员会的调查报告

1.《密歇根大学教学评估报告》

这份报告是教学促进委员会一年半以来的核心工作的呈现。此份评估报告通过问卷调查的方式获取数据,调查对象为各个院系的教师。问卷内容涵盖教学效果评估(谁来评、怎么评),教师教学情况在职称晋升中的权重等方面。调查问卷题目由委员会成员共同商定而成,针对性强,具有较高的效度。调查问卷发放覆盖面非常广,密歇根大学在这一时期共有 69 个教学单元,问卷调查覆盖了其中的 65 个。问卷发放过程得到副校长、各个学院的院长和各系系主任的支持和合作,获得了较高的回收率。样本覆盖面广,包含各个专业和各种职称的教师,且搜集了教师三年的晋升数据,使得数据具有较高的信度。

基于数据分析,调查报告有了一些发现。从教学效果评估方面来看,绝大多数教学单元都有教学效果评估,83% 的教学效果评估由系主任负责。教学效果评估在不同教师群体中开展程度不同,普通教师群体教学效果评估普及率为 80%,系主任群体教学效果评估普及率为 50%,执行委员会成员群体教学效果评估普及率为 30%,院长群体普及率仅为 20%。教学效果评估多数采用非正式的方式进行,主要依据学生评价和同事评价而定,基于学生成绩以及外校教师的同行评议而进行正式教学效果评估较少。从教学在教师职称晋升中的权重方面来看,绝大多数学院在教师职称晋升中把教师教学情况作为评价指标之一。在教师职称晋升评选过程中,不同学院对教学这一指标的重视程度不同。商学院、公共卫生学院等较为看重教师的社会服务情况,而文理学院更看重教学。不同等级职称评选对教学的重视程度不同。较低的职称评比更看重教学,而教授职称评选则较少考虑教师教学指标,更看重学术研究与社会服务两项指标。①

通过分析评估报告我们可以看到,密歇根大学缺乏正式的、校级层面的教师教学质量评估体系。教师教学质量评估普及率有待加强,这一

① Senate Committee on the Improvement of Instruction. Report: Evaluation of Instruction[B]. Ann Arbor: Bentley Historical Library, 1961.

点在有行政职务的教师群体中更为明显。此外，各个学院在教师职称晋升过程中对教师教学情况关注不够，这一点在高级别教师晋升过程中尤为突出。值得一提的是，作为本科生教育的核心载体，文理学院在教师晋升过程中对教学的重视程度太低，大大削弱了教师教学创新的动力和较好完成教学任务的压力。

2.《密歇根大学教学促进资源的清单》

委员会整理此份清单的原因有二：其一，确认现有的教学促进资源，对其进行分类，避免资源浪费；其二，找出现有资源的不足，针对不足进行增补。

全校教学促进资源可分为两大类：一类为通用性教学促进资源，一类为针对性教学促进资源。通用性教学促进资源包括：（1）传媒学院，可提供演讲技能提升支持。（2）视听教育中心，可提供录音带、电影等教学资源。（3）电视教学项目组。（4）教学机器，在语言实验室、工程学院以及教学学院可以获得。（5）评估与考试局，基于心理学科设置，可帮助教师分析课程目标、提供考试评估帮助。（6）不定期的大学教学问题座谈会；（7）暑期教育会议，由教育学院主办，对教学创新进行传播。（8）教师发展课程，由卡耐基高等教育问题研究中心提供，面向所有教师。课程名为“大学教师”“当前高等教育问题”。（9）教育学院开展的一系列有关大学教师教学效果的研究。（10）计算机中心，为教师提供项目设计和计算机使用。（11）调查研究中心，为有关教学效果的研究提供研究设计与支持。针对性教学促进资源包括：（1）英语系教学同行评议项目，帮助新教师进行教学评估。（2）博士候选人教学人员督导项目，督导实施方法包括研讨会、课堂观察以及过程性评价等。（3）文理学院、商学院和教学学院开展的学生评教。（4）由几个学院联合举办的博士候选人教学人员研讨会，使用心理学、数学和英语等专业的器材进行。（5）本科生图书馆的音频室，可播放各种音频。（6）医学院利用闭路电视系统进行试验教学。①

可以看到，全校有较多促进教学的资源可以利用。这些资源大多依托院系专业支持而存在。总的来说，资源形式多样，分布分散，缺乏正式性。以上两份报告都从侧面显示了建立校级教师发展中心的必要性，

① Committee on Improvement of Instruction. An Inventory of Facilities at the University of Michigan for the Improvement of Instruction[B]. Ann Arbor: Bentley Historical Library, 1961.

也正基于此，委员会提出了建立大学教学中心（CRLT）的提议。

（二）关于建立CRLT的提议

基于以上两份报告，教学促进委员会成员们认识到建立一个集支持、研究与评估于一体的教学中心的必要性。为此，委员会撰写了一份《建立大学教学中心的提议》。此提议直接导致了CRLT的产生，对CRLT产生的必要性、组织目标、组织功能（活动）进行了详细阐述，对其组织架构也有分析。

1. 组织产生的必要性

教师需要教学指导与监督。基于教学调查报告我们可以看到，截至1960年10月，教学岗教师人数为649人，占教师总人数（1781人）的36%。这些教师承担了大一、大二学生的大部分课程，需要指导和监督。此外，68%的文理学院大一、大二学生的课程由没有获得终身教职的讲师和助教讲授。这些年轻教师缺乏较丰富的教学经验，同样需要教学支持与教学技能训练。① 此外，随着教育技术、课程等因素的快速变化，大学还需要专门的教学促进机构进行及时反馈。

大学规模日渐扩大，各个院系之间的交流日渐困难。学校需要一个正式的组织机构负责全校各个院系的教学提高工作。从《密歇根大学教学评估报告》我们可以看到，很多学院并没有真正认识到教学的重要性，没有把教学作为教师职称晋升的重要指标。这种现象的存在大大降低了教师的教学积极性。而《密歇根大学促进教学资源的清单》指出密歇根大学教学资源分散且不系统，因此，需要建立中央式的教学中心。此外，大学获取的州政府财政资助、学生学费收入越来越多，无形中也增加了提高教学质量的压力。

2. CRLT的组织架构

委员会给出了CRLT组织架构的初步设想。组织目标方面，在教学促进委员会递交给学校董事会的《建立大学教学中心的提议》中指出，CRLT组织的核心目标为提高大学教学质量。为达成此项目标，提议指出CRLT可从五个方面入手：其一，充当信息集散地的角色；其二，基于教师的求助请求对其进行个别帮助或团体支持，致力于提高教师教学能力；其三，与教师创造有组织的、及时的交流互动机会；其四，鼓励

① Committee on Improvement of Instruction. Proposal for a Center on University Teaching[B]. Ann Arbor: Bentley Historical Library, 1961.

和支持开展提高教学质量的研究；其五，对卓越教学进行奖励。①

此外，学校教师评议会成员之一、教育学院的雷曼教授起草了《建立大学教学研究中心》的提议。提议指出，大学教学研究中心的目的无疑是提高教学质量。大学教学研究中心应该成为一个以提高大学教学质量为目的的信息、合作、研究以及评估中心，应具备四项功能：第一项为负责全校范围内的教学信息的搜集与传播工作；第二项为对有需求的教师提供支持；第三项为招募研究人员，对教学质量、教学评估、教学效能、教学能力培训等教学相关领域进行探索；第四项则是培养员工咨询能力，使其胜任密歇根大学各个院系教师的咨询师角色。②

组织活动方面，《建立大学教学中心的提议》中指出，教学中心应该开展 9 类活动。第一类为举办一系列的研讨会。研讨会面向对象为教学不足一年的新教师。研讨会的主题包括课程规划、任务设计、课堂讨论指导、评分、咨询、考试准备、班级中的行动研究、课堂教学有效性评估。第二类为制作和出版专注教学相关问题的简易手册，提供给密歇根大学所有教师。第三类是为新教师提供入职培训。第四类为举办探讨高等教育问题的座谈会。第五类为建立教学类的参考书图书馆索引。第六类为鼓励教学创新并积极开展对教学创新的评估。第七类为协助院系开展具有学科专业特点的探讨会。第八类为对想要进行教学研究的教师进行支持。第九类是为有需求的教师提供课堂观察服务。③

教学促进委员在报告中给出 CRLT 未来开展组织活动的建议。首先，活动内容专注教学。组织的活动内容取决于其目标，因此，所有活动皆关注大学教学这一主题。活动内容通过研讨会、入职培训、宣传出版物等多种形式进行传播。其次，CRLT 角色主客分明。委员会认为密歇根大学教学中心在活动进行中应该找准自己的位置。对于开展通用性的教学问题研讨会，CRLT 应该做好主办工作。而在各个院系开展的带有其专业特色的研讨会，CRLT 则起协助作用。最后，参加活动以自愿为主。研讨会、入职培训、课堂观察、教学研究等项目皆由教师自愿提出参与。

---

① Committee on Improvement of Instruction. Proposal for a Center on University Teaching[B]. Ann Arbor: Bentley Historical Library, 1961.

② Lehmann. Proposal for a Research Center on University Teaching[B]. Ann Arbor: Bentley Historical Library, 1961.

③ Committee on Improvement of Instruction. Proposal for a Center on University Teaching[B]. Ann Arbor: Bentley Historical Library, 1961.

组织结构方面，教学中心向学校的大学事务评议委员会报告，与副校长办公室以及各个院系的管理者进行合作。密歇根大学的教育政策咨询委员会可作为 CRLT 的咨询机构。而教师评议会下属的促进教学委员会则应对 CRLT 的发展进行全方位的支持。[①]

3. 组织产生的意义

组织产生的意义可划分为实际意义与象征意义。委员会认为，教学是一项艺术与科学的结合，具有可塑性。而专业的教师发展中心能够有效且快速地提高教师尤其是新教师的教学技能。与此同时，专门的教师发展中心能够迅速对高等教育中的变化进行反馈。密歇根大学需要从学校层面建立教学中心，营造学校重视教学的氛围，让加入密歇根大学的新教师能够感受到学校、院系对教学事务的重视。让其认识到在密歇根大学良好的教学会得到管理者与同事的认可。此外，建立大学教学中心也可以作为一个有形的证据向州立法机关以及纳税人证明学校在运用有效手段努力提高学校效能，帮助学校应对逐年增长的大学财政预算。建立大学教学中心也是大学履行其教学使命，追寻大学理念的良好体现。

总而言之，从实际意义上来说，建立大学层面的专业促进教学组织可以有效地支持教师教学，对教师进行相关培训，并进行教学相关研究。从象征意义上来说，学校层面教学中心的建立有利于建立密歇根大学教学文化，使学校内部和学校外部的组织和人员都能感受到学校管理层提高大学生培养质量的决心。

三、CRLT 组织实体的产生

（一）学校层面的反馈

教学促进委员会的《密歇根大学教学评估报告》《建立大学教学中心的提议》两份文稿在密歇根大学学校行政管理层中产生了巨大反响。面对程序教学、自动化教学、教学机器等教育理念与技术迅速流行的现状以及教学促进委员会关于建立大学教学中心的建议，密歇根大学时任副校长聂胡斯组建了程序学习与关联行动委员会，对是否组建大学教学中心进行进一步论证。相比教学促进委员会的报告，程序学习与关联行

① Committee on Improvement of Instruction. Proposal for a Center on University Teaching[B]. Ann Arbor: Bentley Historical Library, 1961.

动委员会的成员更多地从支持程序教学的角度出发，阐释中心建立必要性，并给出了中心的主任选择标准、员工配备数量、财政预算等操作性建议。

与教学促进委员会的提议相同的是，程序学习与关联行动委员会认为，中心应该致力于密歇根大学教学质量的提升，对教师的教学进行有效支持（服务），并且承担着鼓励教师进行卓越教学的象征意义。此委员会特别强调中心应有较强的研究和评估功能，负责对学校教学进行评估。此外，程序教学最基本的载体是程序教学材料（教材），因此中心应该担负程序教学材料的开发工作。中心还应该进行一系列有关密歇根大学教育问题的研究。为实现服务、研究和评估功能，委员会认为中心应在以下方面做出努力：第一，服务方面。中心应该积极为教师提供教学相关信息，如怎样在课堂进行程序教学等，从而提高教师使用新技术的积极性；中心应拥有专业的员工，有能力处理好所有与程序教学相关的事物，能够为教师提供全面支持。第二，研究方面。中心可以以机构或个人的名义获取校外研究资金，鼓励中心员工与学校资深教授进行合作，对教学相关问题进行研究。第三，评估方面。中心应该对程序教学以及其他教育技术的有效性进行追踪评估。此外，委员会还指出，可以考虑把挂靠心理服务局的评估和考试科（Evaluations and Examinations Division）并入中心。①

在组织结构上，学校认为 CRLT 应该向副校长办公室（教务长办公室）汇报工作，由负责学术事务的副校长领导。在人员配置方面，CRLT 应配备 1 名全职主任和 1 名全职的专业员工以及至少 2 名行政人员。选择合适的主任和优质的员工是 CRLT 成功运行的关键。在挑选主任时，学校认为主任应该满足三个条件：首先应该是一名研究者，具备学术研究能力；其次应该是一名教育工作者，对大学教育过程中的问题有较深的体会和独到的见解；最后应该是一名管理者，能够对机构工作进行有效协调和管理，与外界进行良好的沟通与合作。中心主任工资可按最高行政级别标准发放。主任和专业员工皆可从各个学院现有的教师队伍中选拔，可以采用联合聘用的形式进行合同签约。CRLT 专业员工可以兼职，只要总工作量达到一名全职员工的标准即可。专业员工需要

---

① AD HOC Committee on Programmed Learning and Related Activities. The Proposal of Center for Research on Learning and Teaching[B]. Ann Arbor: Bentley Historical Library, 1962.

胜任程序教学材料的编写工作，且其学术背景和技能应该能对全校教师的教学问题进行支持。[①] 此外，中心需承担评估工作，因此按照评估和考试科的配置对这部分的工作所需人员进行预算。基于此，学校给予 CRLT 的财政预算为 11 万美元。

表 3.1　建立 CRLT 的财政预算分析

（单位：美元）

	专业员工工资	行政员工工资	机构运行费用	考试与评估员工工资	总计
财政预算	45000	8000	12000	45000	110000

资料来源：AD HOC Committee on Programmed Learning and Related Activities. The Proposal of Center for Research on Learning and Teaching[B]. Ann Arbor: Bentley Historical Library, 1962.

可以看到，程序学习与关联行动委员会较为重视中心在教学技术运用以及教学质量方面的评估工作，并强调中心应积极获取联邦科研基金、私人基金等校外财政资源，积极进行有关密歇根大学教育问题的研究。学校层面的此次反馈丰富了中心的组织功能，扩展了中心的组织活动，使得中心的运行更加具体化。学校层面认为，CRLT 需具备独一无二的组织功能，基于需要和成就不断发展，其组织影响可以超越大学边界直至全州。

（二）学院层面的反馈

在学院层面对建立大学教学中心达成一致后，主管学术事务的副校长海恩斯（Roger W. Heyns）于 1962 年 2 月 27 日以信件的方式告知密歇根大学 19 个学院的院长学校计划建立中心的决议，并附上程序学习与关联行动委员会所写报告。学校管理人员认为获得各个学院的支持对中心日后的运行至关重要，因此征求各个院系领导人对建立中心的看法。各个学院院长收到来信后把此内容放在学院执行委员会会议上进行讨论，听取学院执行委员会会议成员的意见。此外，各院长还向学院部分教师征求意见。5 月上旬，各个学院院长在综合学院教师意见后给予回信。通过对各个院系回信进行文本分析，学院层面对建立校级教学中

① AD HOC Committee on Programmed Learning and Related Activities. The Proposal of Center for Research on Learning and Teaching[B]. Ann Arbor: Bentley Historical Library, 1962.

心的态度分为三类，即同意、部分同意以及不同意。

大部分学院的院长对建立大学教学中心表示支持，并认为建立学校层面的教学中心能有效缓解当下教师的教学压力，有利于教学质量的提高。同意的学院还针对本院情况给出反馈，为学校建立教学中心提供建议。

> 我院设有教育技术委员会，委员会由卡朗特教授担任主席，共包含5名成员。教育技术委员会从事一些与程序教学相关的事宜，如教材开发。此外，卡朗特教授是“程序教学有效性项目”的主任，与资助者签订了三年45000美元的合同，拥有专门研究团队。1962年夏季学期，教育学院将会支持卡朗特教授开始“教育技术”与“新媒体”两门与教育技术发展相关的课程。我确信第二门课程会涉及程序教育材料的开发与应用。教育学院也有课程和研究是关于视听教学的。此外，教育学院的高等教育研究中心与学校将要建立的教学中心还有一些兴趣点上的重合。我希望我院资源能对大学教学中心的建立与发展提供帮助。①
>
> ——教育学院院长
>
> 我院已在学院执行委员会下建立教学促进委员会。学校教学中心的成立可以进一步加强我院的教学支持工作，期待今后与学校教学中心进行合作，对潜在教学技术进行评估。②
>
> ——工程学院院长
>
> 音乐学院的很多课程由教师与学生一对一在工作室进行，因此，这些教师会较少使用教学中心。但是在教学中使用电子设备的实验研究对于音乐教学有较大帮助。此外，音乐学院有少数没有教学经验的年轻教师，他们需要教学中心。③
>
> ——音乐学院院长

部分学院的院长在肯定建立中心想法的同时对报告中所阐述的中心

① Olson, W. C. For Intra-University Correspondence[B]. Ann Arbor: Bentley Historical Library, 1962.

② Attwood, S. S. For Intra-University Correspondence[B]. Ann Arbor: Bentley Historical Library, 1962.

③ Wallance, J. B. For Intra-University Correspondence[B]. Ann Arbor: Bentley Historical Library, 1962.

组织活动和职能提出了疑问。

> 我不是很赞同程序学习与关联行动委员会报告中所提到的希望中心成员以中心和个人名义积极获取校外研究经费，进行教育研究。我认为中心不应该把精力过多地放在研究经费的申报上，而应该着重促进教学。中心所扮演的角色是鼓励和促进教师的发展，而不是通过控制和集权达到中心的自我发展。①
>
> ——迪尔博高级学院院长

> 基于报告阐述，我认为作为正式校园组织的教学中心预期实现的目标太高。中心太在意所谓的专业员工而忽视了组织建设。中心过于关注程序学习与机器教学，而忽视其他教学领域。此外，中心关注个体较少。②
>
> ——暑期学院院长

以上两位院长对 CRLT 的质疑在 CRLT 发展的早期都有显现，也成为 CRLT 未来发展过程中遇到的重大问题。

在密歇根大学 19 个学院中，有 2 名院长完全否定了学校建立大学教学中心的提议。

> 我认为将这笔每年 10 万美元的预算给教师增加工资更有意义。这笔钱可以给 110 位教师每人增加 1000 美元的收入。③
>
> ——商学院院长

> 教育机构、政府和商业机构在遇到问题时喜欢采用建立委员会或创建中心的方式解决。这种方式主要起到精神上的治疗作用，却很少解决实质问题。我讨厌看到越来越多的行政机构建立起来。此外，从委员会报告来看，中心的组织目标是致力于程序教学、自动教学和学习机器等工作。据我所知密歇根大学已有机构做类似的事情，为什么还要建立一个独立中心去做这些事？每年 10 万美元的

---

① Stirton, W. E. For Intra-University Correspondence[B]. Ann Arbor: Bentley Historical Library, 1962.

② Dorr, H. M. For Intra-University Correspondence[B]. Ann Arbor: Bentley Historical Library, 1962.

③ Bond, F. A. For Intra-University Correspondence[B]. Ann Arbor: Bentley Historical Library, 1962.

预算投入到现有运行工作上去效果会更好。①

——医学院院长

大部分学院认为需要建立一个为全校服务的教学中心。但是，反馈意见中也包含了反对和质疑的声音。这些声音可在以下几方面引起学校管理者的反思。首先，中心应该明确自己的组织功能，避免使其与现有组织机构的功能重合。其次，中心的主要任务应该是为各个院系的教师提供服务。这种服务不仅仅局限于程序教学方面，还应该包含与教学相关的方方面面。最后，学校层面希望中心的部分预算如人员工资可以通过校外研究经费发放，而学院层面则认为学校应投入资金确保中心的有效运转。

（三）董事会的最终决定

董事会是密歇根大学的最高决策机构和立法机构。大学建立一个新的组织机构必须经过董事会的投票和通过。通过对董事会的会议记录分析发现，董事会成员基于两点就建立大学教学中心一事达成一致。其一为密歇根大学创建教学中心的广义目标是最大限度地为密歇根大学教师提供教学支持，帮助教师完成高质量的教学工作；其二则是中心的创建被视为学校鼓励教学卓越的标志。②

1962 年 9 月 1 日，董事会成员会议正式通过了负责学术事务的副校长提出的建立大学教学中心的建议，决定在密歇根大学建立学习与教学研究中心（CRLT）。密歇根大学最高决策机构的决定标志着 CRLT 的正式诞生。

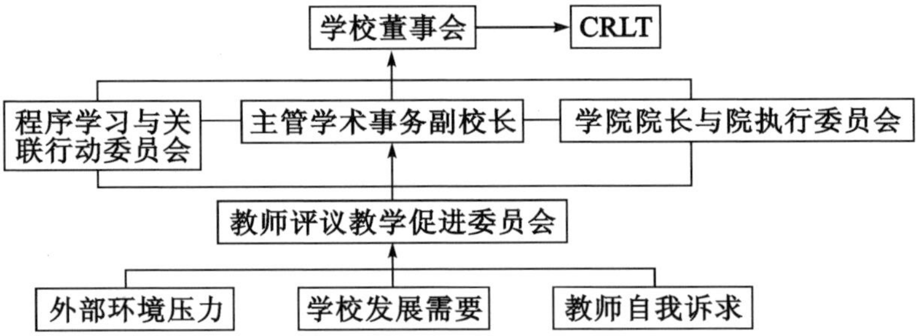

图 3.1　CRLT 组织产生的过程

① Rowe T. D. For Intra-University Correspondence[B]. Ann Arbor: Bentley Historical Library, 1962.

② Board of Regents. Regents meeting memo[B]. Ann Arbor: Bentley Historical Library, 1962.

图3.1概括了CRLT建立的全过程。基于外部的环境压力、学校层面的发展需要、个体层面的自我诉求，密歇根大学教师评议会建立了教学促进委员会，对密歇根大学的教学情况进行调查，得出需建立教学促进专门组织机构的研究报告。此报告作为政策支持文件提交给学校管理者。时任执行副校长鉴于此份报告以及程序教学在哈佛大学、密歇根州立大学等的兴起建立了程序学习与关联行动委员会，对教学中心存在的必要性做了进一步论证。到此为止，学校层面管理者已就建立大学教学中心达成一致。主管学术事务副校长以邮件的形式把建立CRLT的研究报告发放给密歇根大学19个学院的院长。各学院院长在接到报告后和学院执行委员会以及部分教师进行交流。19个学院中的15个学院表示完全同意建立CRLT。有2个学院表示部分同意并给出建议。而余下2个学院则表示反对。由此可见，大部分学院同意建立校级层面的教师发展机构，帮助教师教学能力提升。最后，主管学术事务副校长将建立CRLT的提议上交给学校董事会进行讨论。这一提议在会上得到通过，CRLT正式建立。总的来说，CRLT的建立过程是教师与学校管理者意见达成一致的过程，是自下而上的决策过程。

第三节　CRLT组织特征的初现

CRLT的产生过程充满了正当性，是合法性与理性神话的双重产物。组织产生的制度环境直接决定组织合法性的内容，制度环境中的规制性要素、规范性要素以及文化—认知要素皆对组织合法性的构建产生了影响。此外，CRLT的产生是学校内部各种势力相互博弈的结果。在此过程中，各方势力的意见也影响着CRLT的组织合法性。理性神话是学校成员尤其是学校管理者对CRLT推动程序教学效果的期待，赋予了CRLT作为学校教学促进者的象征意义。基于对组织合法性和理性神话的适应，CRLT的组织目标、组织工作、组织内部结构等要素特征产生。

一、组织合法性的产生

组织运行中主要是两种机制在起作用，一种为效率机制，另一种则为合法性机制。作为高等教育组织的一部分，CRLT具有技术不确定的组织特性，因此分析组织的合法性并查看组织行为与合法性的匹配程度更能深刻理解组织的运行机制。合法性可定义为在环境的规范、价值观和信念系统内对组织行动是否合乎期望及恰当性、合适性的一般认识。组织必须与社会环境、学校环境以及其利益者的认知与情感方面的期望相匹配。萨奇曼（Mark C. Suchman）认为制度环境的三要素（规制、规范与认知）与合法性的三种来源（法律或准法律、规范与认知）存在对应关系，从产生机制上把组织的合法性分为三种，即实效合法性、规范合法性以及认知合法性。实效合法性建立在组织的最直接评价者的利益估计基础之上，评价者根据组织所能带来的利益认可组织的合法性；规范合法性则是查看组织是否符合社会建构的规范、标准和价值系统；认知合法性是基于认知而产生的合法性，强调“理所当然”的合法性，即人们对组织的共同认可。①

CRLT 的实效合法性主要来源于密歇根大学利益相关者对本科生培养质量的一种规制。二战后，全美大学尤其是公立大学本科生入学人数急剧增加，而大学无论是师资还是教学设备都没有及时跟上。社会各界对本科生教育质量产生质疑。这就使得密歇根大学的本科生培养质量受到州政府、捐赠基金会、学生及家长等社会各界的关注。与此同时，联邦政府、州政府此阶段的巨额财政投入也与密歇根大学形成了隐性的契约关系。在这种情况下，密歇根大学把提高本科生教育质量作为学校发展的优先事务。CRLT 正是在这种背景下建立起来的，其担负了支持全校教师教学能力发展，提高本科生教育质量的重任。实效合法性决定了 CRLT 发展的方向是促进密歇根大学教师教学发展，提高本科生学习质量。

CRLT 组织的规范合法性则是学校层面、院系层面以及教学者个体层面在 CRLT 建立过程中规范和价值观的融合。密歇根大学在 20 世纪 50 年代以来的本科教学任务大多由博士候选人和新教师承担，这一群体缺乏教学经验，急需教学技能的提升和教学手段的相关支持。此外，学校管理者急于在密歇根大学推广程序教学，需要有组织地进行程序教学材料的研发，并且对教师进行程序教学的培训。时任执行副校长建立了程序学习与关联行动委员会，积极探寻 CRLT 成立后在推广程序教学方

① Suchman, M. C. Managing Legitimacy: Strategic and Institutional Approaches[J]. Academy of Management Review, 1995(3): 571 -610.

面起到的作用。院系期待与 CRLT 进行合作，并指出该组织应该以服务教师教学为主，而非致力于科学研究。教师个体层面则认为 CRLT 应成为教学信息的集散中心，为教师交流创造平台，对卓越教学进行奖励，为教师教学提供支持。综上所述，学校管理者、学院领导者、普通教师等各个层面的大学组织成员都有提升教学技能的需要。相比实效合法性，规范合法性更加具体和富有操作性，CRLT 的组织工作应落实到教师教学能力的发展和程序教学材料的研发和推广事务上，教师发展服务与教学相关研究并存成为 CRLT 组织合法性的核心标准。

CRLT 组织的认知合法性是学校管理层、学院管理层以及教师对密歇根大学教学中心所应发挥作用和扮演角色的“理所当然”的认识。在 CRLT 建立的过程中，密歇根大学场域内的组织成员就对其有较高的期望，认为教学中心不仅能实质性地促进学校教学质量的提高，也能使得教学文化在学校范围内得到发展。学校组织成员都能意识到教学在这所大学所占据的分量。

合法性是一种经过归纳而形成的认识和假设，是被制度环境建构起来的，不是个人对于组织行为的价值判断，而是社会群体作为一个整体接受或支持组织的行为模式。上述不同来源的合法性构成了 CRLT 的组织合法性，对 CRLT 建立之后的运行起到监督和约束的作用，在很大程度上决定了组织目标、组织功能、组织工作与技术乃至组织产出的情况。与此同时，CRLT 组织的合法性并不是一成不变的，会随着组织的发展情况而产生变化。

二、理性神话的显现

制度化的产品、服务、技术、政策以及规划，如强有力的神话一般发挥着作用，很多组织仪式性地采纳它们。大学对教学使命的追求以及外界的压力使得提高教学质量成为当务之急。程序教学的产生恰逢其时。20 世纪 20 年代，程序教学就具备了理论基础。20 世纪 50 年代，程序教学的载体（程序教学教材和教学机器）也已出现，程序教学完成了由现象向制度的转变，成为一种制度化的技术。20 世纪 60 年代是程序教学最为风靡的时期，各级各类学校都开始在教学中引进程序教学，并表现出了对程序教学教材的渴望，这种表现以本科生教育最为明显。程序教学是学生进行自我学习的有效方式，降低了对大学教师的依赖程度，这一特性被大学管理者认为是解决大学师资紧缺问题的突破口。因此，大学管理者十分认同程序教学并希望在学校全面推广。CRLT 作为专门推动程序教学开展实施的组织机构，肩负起了程序教学材料开发和程序教学效果评估的重任，被赋予了与程序教学相同的理性神话。

本科教育与科研在评价上有着较大差别。教师的科研情况可以基于其出版物数量与质量进行评价，而一所大学教育“输出”质量则很难有可靠方法进行评价。通常情况下，教师和学校管理者，都具备较强的职业责任感，不会对学生培养工作视而不见。但是，无论是普通教师还是院系管理者，都没有致力寻求更好教育方法的压力，也没有感受到提高教育质量的紧迫性。① 建立大学教学中心是大学管理者对理性神话的一种认同形式，大学管理者认为需要有专门的组织机构并配备专门人才进行教师教学发展和教学质量评估的工作。大学教学中心被赋予实际意义和象征意义，实际意义是促进教学，象征意义则是学校对教学的重视。CRLT 的建立昭示着教师教学在密歇根大学是被看重的。这种理性神话体现在 CRLT 产生的制度化过程中，也体现在 CRLT 的组织结构里。大学中的基础组织与其他校内组织之间的关系为一种松散耦合的状态。组织生存与发展并不单纯依靠组织的效率和技术，更多的是查看其合法性。整合了制度化神话的组织，会更具合法性，也更有可能生存下来。②

三、组织要素特征的初现

在 CRLT 的创建过程中，学校内部的各股势力就组织目标、组织功能、组织结构、人力资源事务以及组织工作展开了讨论，指出这些组织要素的应然状态。

其一，CRLT 组织目标模糊。提高教学质量是一种泛化的目标，并没有给出量化的可操作性目标。这是由高等教育组织的特性决定的。代表教师意见的教学促进委员会认为，CRLT 的组织目标就是帮助教师更

---

① Bok, D. Our Underachieving College: A Candid Look at How Much Students Learn and Why They Should Be Learning More[M]. Princeton: Princeton University Press, 2008: 33 – 34.

② DiMaggio, P. J., Walter W. Powell. In the New Institutionalism in Organizational Analysis, [M]. Chicago: University of Chicago Press, 1991: 62.

好地教学，具体则是成为教学信息的集散中心，成为教师交流的公共平台，为提高教育质量提供培训和咨询服务，鼓励教师开展教学研究。而学校层面则期望 CRLT 在服务教师的同时可承担较多的与教学与学习相关的研究任务，具体表现为鼓励 CRLT 获取校外研究基金，积极进行程序教学材料的开发，大力开展程序教学以及其他教育技术应用有效性的评估活动。

其二，组织功能两分化。CRLT 发挥两种功能即显性功能和潜在功能。显性功能是为教师教学提供支持，如测试教学设备、进行教学相关研究。潜在功能则是 CRLT 这样一个对学校管理层负责并和院系管理层面有着较为密切联系的组织机构的存在，所代表的密歇根大学致力提高本科教育质量的决心和为之付出的实践，标志着良好的教学在密歇根大学是被认可和看重的。

其三，组织工作重心不明确。教师层面与学院层面都指出，提供教师发展服务是 CRLT 的工作重心，其不应把过多的精力放到程序教学材料开发等科研工作中。而学校管理层则认为 CRLT 可以兼顾二者，既做好教师发展的培训工作，又有效开展研发与评估工作。因此，CRLT 在建立之初并没有确定自身的优先发展区。尤其是在组织服务方面，CRLT 与各个院系是一种耦合的合作关系，这种关系使得 CRLT 与客户之间合作关系与合作渠道的模糊，合作项目非具体化。活动方面，CRLT 所开设的教师发展活动内容具有变动性，会依据各个院系需要以及教育技术发展而改变。

其四，组织结构非正式。CRLT 虽为全校性的教学中心，但是并没有完整的组织结构。CRLT 内部没有形成层级分明或分工明确的组织机构，建立之初仅有两名正式员工。CRLT 与各个学院之间的对接机制也没有建立。

其五，组织员工为兼职科研员。CRLT 建立之初的人员皆为联合合同，即原单位与 CRLT 共同聘用。主任虽名义上为 CRLT 全职人员，但工资仍由心理学院和 CRLT 各出一半。根据学校层面的意见，CRLT 选择新员工的标准即是其科研能力是否过硬，能否胜任程序教学材料开发、教育技术使用效果评估等工作。因此，组织员工皆为兼职的科研人员，其人事设置为科研岗。

综上所述，CRLT 在建立过程中，其组织要素特征已经初步体现，合法性亦有一个衡量标准。但是，由于学校、学院以及教师三个层面意见的不统一使得组织的特征具有多样性和模糊性，这也为后来 CRLT 的运行与发展带来了挑战。

第四章
CRLT 运行机制的形成

第一节　组织环境分析与组织资源获得

以密歇根大学为边界，CRLT 的组织环境即为密歇根大学的学校环境，密歇根大学学校环境的特殊性影响着 CRLT 的组织发展。在 CRLT 建立之初，其主要的组织资源有三个来源：一是学校的财政预算，二是学校 5500 万美元筹款计划，三是丹佛斯基金会的资助。在随后的发展过程中，联邦政府、州政府、联邦科研机构以及密歇根大学内部学院很多科研项目的资助成为 CRLT 发展的主要资源。

一、密歇根大学的财政预算支持

（一）特殊的公立研究型大学

密歇根大学建立于 1817 年，有着良好的学术声誉，被称为公立研究型大学的旗舰。相比一般公立研究型大学，密歇根大学有以下几个特征：

首先，密歇根大学属于分校较少的公立研究型大学。美国较多的公立研究型大学都包含多个分校，如宾州州立大学有 24 个分校，加州大学有 10 个分校。密歇根大学仅包含 3 个分校，即安娜堡分校、佛林特分校以及迪尔伯恩分校，而且其佛林特分校和迪尔伯恩分校是 20 世纪 60 年代由私人基金会以及企业捐赠的，意在培养当地学院毕业的低年级学生。因此，密歇根大学真正意义上的分校只有安娜堡分校，其办学资源亦非常集中，19 个学院皆分布在安娜堡分校的中校和北校两个校区。其中文理学院、医学院、药学院、教育学院、法学院、罗斯商学院等学院坐落在中校，工程学院和音乐学院则坐落在北校。所以，CRLT 能够集中人力与物力资源，较为便捷地为各个院系的教师以及院系管理者提供教师发展的相关服务。集中的资源与较近的距离使得较多的教师发展项目没有太多空间上的阻碍。

其次，密歇根大学各个院系具有较大的自主权。密歇根大学的19个学院历史悠久，在全国拥有较高的学术声誉。这些学院在管理方面拥有较强的自主权，如果把密歇根大学比作集团公司，各个学院则为子公司。学院利用“总公司”的组织声誉和良好平台而发展。各个学院在财政预算、项目审批、人事事务等方面都有较大的决定权。正如CRLT第五任主任康斯坦斯·库克（Constance E. Cook）说：“密歇根大学是一个非典型公立研究型大学。我们拥有非常多的私人捐助。此外，密歇根大学各个院系的院长和系主任也有较大的权力，他们掌握着大量资源并可以自由支配。从这一点来说，我们的管理和运营方式更像哈佛那样的私立研究型大学。”

最后，密歇根大学拥有充足的资源。作为公立研究型大学，密歇根大学获得了来自密歇根州的巨额学校运行经费。与此同时，密歇根大学工程学院等理工科学院在航天、核动力等领域的研究处于世界领先水平，因此二战后获得巨额联邦科研拨款。密歇根大学也一直积极地募集私人基金。1953年，密歇根大学成立“筹款委员会”，成为第一个建立永久筹款机构的公立大学。此外，1967年，密歇根大学150周年校庆，成功筹款7280万美元，为当时美国公立大学筹款之最。此次筹款聘用了专业咨询顾问，密歇根大学成为第一个采取现代意义上的筹款运动方式的美国公立大学。① 从20世纪40年代的密歇根凤凰纪念筹款运动到60年代的5500万美元筹款运动再到新世纪的25亿美元筹款运动，密歇根大学从组织机构方面将学校筹款事务正式化，设定了专门的筹款部门和人员配备，并设置了专门负责筹款的副校长职务。此外，密歇根大学历次大型筹款计划都专门针对教师发展和本科生教育质量提高而设置。20世纪60年代的5500万美元筹款计划就为CRLT的运行提供了强大保障。

密歇根大学的以上特点直接影响CRLT的运行状况。紧凑的学校布局以及较少的分校设置使得CRLT可以集中资源为各个教学单元提供服

---

① 王亚敏.美国一流公立大学筹款运动考察及启示——来自密歇根大学的经验[J].中国人民大学教育学刊,2013(1):70—80.

务。而学院较大的自主权则使得其拥有选择或不选择与 CRLT 合作的权利，在 CRLT 工作质量被认可的情况下可直接与其签订合同，为其提供运转资源。同样，密歇根大学拥有充足的资源，可以为 CRLT 的组织发展提供充分资源。值得一提的是，密歇根大学学校层面抑或院系层面充足的资源只是 CRLT 运行发展的潜在支撑，只有当 CRLT 的组织工作被资源来源所认可，其组织价值被肯定，这些资源才能真正成为 CRLT 发展的有效保障和推动器。

（二）学校财政预算的支持

在 CRLT 建立之初，组织运行经费全部来自学校的财政预算。以 1962—1963 年度财政预算为例，CRLT 当年 44000 美元的组织机构运行经费全部来自学校。其中员工工资预算为 38500 美元，包括主任 18000 美元的年薪，研究助理的 12000 美元的年薪，研究生助研 4000 美元的年薪以及行政秘书 4500 美元的年薪。日常开销为 2000 美元，差旅费 900 美元，研究材料费为 3000 美元。可以看到，CRLT 初期的财政负担主要为员工工资。后续发展中，经营则主要花费在 CRLT 的日常运行中，比如必要的教师发展活动开展经费、员工薪金、教师发展等奖项的奖金等。此外，CRLT 在新增教学发展项目后，学校还会提供相应的活动经费。如 CRLT 于 1976 年向负责学术事务的副校长提议全校的研究生助教制度化，并承担此项教学发展项目的评估工作。学校在第二年的财政预算中拨给 CRLT 相应经费用于评估人员的聘请。在 CRLT 获得私人基金的捐助以及其组织成员获得联邦科研项目基金后，CRLT 的财政更加自主。随着 20 世纪 70 年代开始与文理学院等教学单位开展新教授培训、研究生助教培训，CRLT 开始从与学院的培训合同中获得经费。

二、5500 万美元筹款计划的支持

（一）5500 万美元筹款计划

20 世纪 60 年代，密歇根大学发起了目标为 5500 万美元的 150 周年校庆筹款运动。此次筹款最终获得 7280 万美元，全部来自私人募捐。此项筹款计划用于密歇根大学的转型，包括研究生院图书馆的修建、本科生宿舍的修建、各种奖学金以及教育质量的提高，旨在通过校友和各种基金会的捐款保持密歇根大学的卓越性。

（二）CRLT 资金的需要

CRLT 发展初期的日常运作经费来自学校财政预算。但是作为全校教学信息的集散地，CRLT 承担着全校程序教学的传播和指导工作。此外，CRLT 还承担着教学评估、教育技术传播等事务，服务对象包括个体教师和学院。1965 年以来，CRLT 更是开始设计密歇根州大学教学发展事务。最为重要的是，CRLT 承担着教师发展基金的发放，需要大笔资金资助教师进行有关教学的项目研究。综上所述，学校财政预算只能作为 CRLT 运行的基本保障，远远不能满足 CRLT 诸多事务开展的需要。① 因此，CRLT 需要私人捐助去开展各种层面的教师发展活动。

（三）资金支持的项目

5500 万美元筹款计划所募集资金对 CRLT 进行了专项支持。资助资金总额为 160 万美元，支持项目包括七个方面：第一个方面是支持教师开展教学创新。此项支持金额为 100 万美元，是私人资金资助 CRLT 组织运行的核心内容，意在帮助 CRLT 建立教师发展基金。教师发展基金每年资助一定数量的教师进行有关所教专业的教学发展研究。第二个方面是用于电脑教学，利用资助资金购买电脑设备。此项资金的资助额为 20 万美元。第三方面是建立个人学习室。个人学习室是学生个体利用教学机器、程序教学教材、电影材料、幻灯片进行自学的封闭空间。此项资金的资助额度为 10 万美元。第四方面是添置教学电子设备，包括在教室和研讨室安装闭路电视、电脑，从而更好地展示教学者的材料，提升教学质量。此项资助金额为 10 万美元。第五方面是学生个体发展相关研究资助。资金支持研究者对学生在课堂以及宿舍两个场域内的发展状况的研究，对学生参与度、宿舍同辈影响等问题进行探讨。此项资助金额为 10 万美元。第六方面是有关本科生教学的教师研讨会。此项资金资助 CRLT 每年面向全校教师开展有关最新本科生教学方法的研讨会。这些研讨会对新的教学材料、教学方法以及教学技术进行评估，促使教师交流和学习，从而达到博采众长的作用。此项资助金额为 5 万美元。第七方面是用于建立影响全州的本科生教学信息集散中心。CRLT 承担为全州社区学院以及大学的教师传播教学相关信息的职责，并以出版物的形式对本科教学问题的解决方案以及教学相关新发现进行传播。此项资助金额为 5 万美元。

---

① CRLT. Concerning the Need for Private Support for the Center for Research on Learning and Teaching[B]. Ann Arbor: Bentley Historical Library, 1967.

三、丹佛斯基金会的资助

（一）丹佛斯教师发展项目

美国丹佛斯基金会成立于 1927 年，基金会成立的目的是促进教育发展，通过项目开展和资金投入帮助各级各类教育机构提高教育质量。丹佛斯基金会于 1967 年向密歇根大学、斯坦福大学、西北大学、哈佛大学等五所大学投入资金，帮助其开展为期五年的教师发展行动。丹佛斯教师发展项目主要为了解决两个问题：第一个问题是如何保证现有大学教师的教学质量，确保本科生能够接受高质量的教育；第二个问题则是如何培养未来的大学教师。随着大学招生人数增长，一大批新的四年制本科学院以及两年制社区学院产生，高等教育机构急需一大批具有良好教学能力的教师。丹佛斯基金会对密歇根大学共计投入 59.4 万美元，投资的教师发展项目共包括两个部分。第一部分是资助文理学院的五个系（植物系、历史系、哲学系、物理系和心理系）培养未来教师。学院设置教学实习职位，按照职位职责大小把未来教师的培养分为三个阶段：第一个阶段是促进教学助理发展教学专业，开展教学相关培训；第二阶段则是加强博士研究生的教学实践工作，使教学实习成为博士学习的一部分，培养好博士研究生教学人员；第三阶段是从优秀的博士教学人员中选取实习教师，对这些实习教师进行更加系统和深入的教学技能培训。第二个部分是建立系统的评估程序，发展有效的评估测量工具，对教学活动的效果以及教师发展项目的效果进行测评。① 丹佛斯基金会认为五年的项目周期可以保证两批博士研究生全程接受教师发展训练，此项目的开展能够为密歇根大学训练教师建立模板，使得此类未来教师发展项目成为密歇根大学的固定活动，成为博士研究生培养的一部分。

（二）CRLT 所扮演的角色

密歇根大学的丹佛斯教师发展项目由文理学院与 CRLT 合作完成。文理学院的五个系负责在本系学生中开展教学人员的选拔，并通过让实习教学人员观察有经验教师的课堂以及参加教学经验丰富教师的传授会

---

① CRLT, College of Literature, Science and the Arts. A Proposal for a Research and Development Program to Develop College Teaching in the College of Literature, Science and the Arts[B]. Ann Arbor: Bentley Historical Library, 1966.

等方式增加其教学技能，最后让其进行正式教学。各个系所开展教师发展项目时专注于自身学科特点和专业发展，教师的传授也都基于亲身经历而来。

CRLT 作为参加此项目唯一的校级组织机构，扮演项目监督员和指导员的角色，承担了五个系教师发展的项目培训、个体咨询、教学评估工作。CRLT 会协助文理学院开展诸如怎样进行课堂教学、测试评分、学生论文评判等主题的工作坊，以及进行一系列教学咨询。CRLT 在此项目中发挥的最核心的功能是教学效果以及教师发展项目的评估。在大学教学的评估方面，CRLT 结合各系学科特征建立一套教学评估标准，结合教师陈述与学生反馈进行教学评估。在教学项目的评估方面，CRLT 负责对丹佛斯教师发展项目总目标的实现程度以及各个阶段分目标的达成情况进行评估。此外，CRLT 对参加教师发展项目的实习生进行参加情况的反馈。

（三）资金的分配

丹佛斯教师发展项目使得 CRLT 获得了更多的经费。一方面，CRLT 与文理学院进行合作，开展提升教学技能的工作坊。因此，文理学院需将一部分项目经费拨给 CRLT。另一方面，CRLT 直接获得丹佛斯教师发展项目给予的大学教学评估以及教师发展项目评估的研究经费。CRLT 可以直接获得的经费有 19.5 万美元，包括基金会的 13.5 万美元和学校配套的 6 万美元。这笔经费主要用于聘请 2 名全职的教学评估员工以及 1 名研究助理。这样，CRLT 便有专门的人员进行大学教学质量评估标准的研究与制定，大学教学质量评估程序的设定研究。在教师发展项目的评估发展方面也有了较为充裕的经费。①

除上述代表性资源外，这一阶段，CRLT 还获得了联邦政府、州政府机关、联邦科研机构以及密歇根大学部分学院很多科研经费。政府机关方面，密歇根州政府于 1965 年投资开发计算机网络教育资源平台，推广计算机辅助教学，全州三所州立大学即密歇根大学、密歇根州立大学以及韦恩州立大学合作完成。CRLT 参与了此项目，获得经费资助。CRLT 于 1974 年接受了美国教育部高等教育促进项目的经费。这笔经费

① CRLT, College of Literature, Science and the Arts. A Proposal for a Research and Development Program to Develop College Teaching in the College of Literature, Science and the Arts[B]. Ann Arbor: Bentley Historical Library, 1966.

用于开展为期两年的教师教学发展项目即教师研究员项目。此项目对获得培训资格的教师进行为期一学年的集中式小组支持，为他们提供各种有关教学技术和设备的工作坊、研讨会以及相关的教学科研经费。项目成员可以用一学年的时间获取新的教学技能，并在课堂运用新技术和新方法。项目旨在使得这些教师成为所在院系的教学创新中坚力量。[①] 此外，美国空军科学研究办公室、美国健康与人类服务部也与 CRLT 合作开展教学与学习研究。联邦科研机构方面，美国国立卫生研究院、美国国家科学基金会等皆向 CRLT 投入了科研资金，委托其进行教学相关研究。学院方面，密歇根大学文理学院、医学院等人才培养单位邀请 CRLT 参与人才培养改革项目，共享项目经费。

综上所述，CRLT 所处的组织环境拥有充足的资源，密歇根大学各个学院拥有较大的自主权。这一时期，大学正处于教学与人才改革的高峰，程序教学、计算机辅助教学硬件与软件的开发、人才培养改革效果评估需求旺盛。因此，CRLT 接受了各级各类机构的科研经费支持，开展教学与学习领域的科学研究。20 世纪 70 年代，校外科研经费占 CRLT 组织运行总经费的比例已超过学校财政预算，如 1976 年的 CRLT 的校外科研经费占总运行经费的 60%。CRLT 运行机制的组织资源呈现固定资源（学校财政预算）为辅，非固定资源（科研基金、筹款计划）为主的状态。这种组织资源构成模式符合这一阶段 CRLT 员工工资分配的需要，也决定了 CRLT 此阶段的工作重心与工作方式。但此种资源构成模式也存在隐患，即不稳定性，非固定资源会随着科研项目的结束而终止。当 CRLT 面临校外科研项目投资中断且学校财政预算不足的情况时，其组织的正常运转将受到威胁。

---

① McKeachie, W. J. Continuation of Faculty Fellowship Program[B]. Ann Arbor: Bentley Historical Library, 1975.

第二节　核心工作的开展

一、组织目标与战略

（一）CRLT 的组织目标

理性系统视角的观点认为组织目标是组织制定与选择行动方案的准则，也是决策与行动的方向与约束。① 自然系统视角的观点则认为组织的目标具有激励属性，是组织参与者获得认同与激励的源泉。开放系统的观点强调目标的象征作用，对组织的成员、服务对象等利益相关者有较大影响，可以帮助组织获得合法性、盟友、资源等。组织目标的制定对组织工作的内容、组织战略、组织结构乃至组织人员的属性都有较大影响。

马奇和科恩把公共、教育类组织的运行状态描述为“有组织的无政府”，相对企业等有着明确投入与产出关系的组织而言，其最大的不同就是组织目标模糊化。高等教育组织缺乏一个非常精确的组织目标，CRLT 也不例外。这类组织的组织目标没有具体阐述组织投入与组织产出之间的关系，缺乏较好的可操作性定义。

CRLT 组织目标的形成经历了三个阶段。首先，教学促进委员会在递交给学校董事会的《建立大学教学中心的提议》中提出 CRLT 的组织目标包括两部分：第一部分是为教师开展高质量的有效教学提供最大程度的帮助；第二部分则是在学校范围内创造一种鼓励卓越教育的氛围。② 其次，程序教学促进委员会所提出的 CRLT 的组织目标，旨在密歇根大学推广程序教学。最后，CRLT 首任主任斯坦福·埃里克森（Stanford C. Ericksen）认为仅仅把 CRLT 的组织目标定义为发展程序教学过于狭隘。全美有几所大学已经建立了和 CRLT 相似的机构，且这些机构都有自己的特点和固定的运行模式。比如其中的一个机构专门推动特殊教学程序和技术的发展，而另外一些则专门致力于收集学校教育管理数据。埃里

① Simons, T., Ingram, Paul. Organization and Ideology: Kibbutzim and Hired Labor, 1951－1965[J]. Administrative Science Quarterly, 1997(4): 784－813.

② Committee on Improvement of Instruction. Proposal for a Center on University Teaching[B]. Ann Arbor: Bentley Historical Library, 1961.

克森认为 CRLT 应把关注点放在学生学习上，探究学生如何获得知识，分析学生如何学、学什么与学生道德以及动机之间的关系。CRLT 并不想直接参与学生的选拔、课程计划、教育与职业的指引等事务，虽然这些事情都很重要且需要恰当的统计和决策。CRLT 计划把资源集中在改善课堂环境上来，怎么样使得课堂更好地成为学生学习和思考的场所是 CRLT 关注的核心问题。① 因此，CRLT 的组织目标就是最大限度地帮助教师开展高质量的教学活动，促进密歇根大学教学质量的提高，基于科学研究促进学生知识的获得，成为密歇根大学全体教师的发展中心。

可以看出，组织目标的制定与组织产生的原因以及谁来制定目标联系最为紧密，不同立场的目标制定者制定的组织目标侧重有所不同。教学促进委员会反映的是教师对教学技能进步的内心诉求，其组织目标是密歇根大学的教师代表基于调查报告所制定的。而推广程序教学的组织目标则是由致力于推广程序教学的调查小组所给出。CRLT 首任主任是一名心理学家，长期从事与学习有关的研究，因此他所提出的 CRLT 的组织目标关注科学研究，看重学生知识的获得过程。与此同时，作为学校唯一的教师发展组织机构的管理者，他理所应当地认为 CRLT 应成为密歇根大学教师自己的机构，成为教师发展的中心。

（二）目标的具体化

CRLT 的组织目标具体体现为其致力成为几个领域的中心。其一，CRLT 将发挥信息传播功能，致力成为密歇根大学教学相关信息的交流中心。其二，CRLT 将发挥教师教学技能促进功能，成为全校通用性的教学方法或技术工作坊、研讨会的主办者，并协助各个院系开展基于学科的教学活动，成为全校的教师发展中心。其三，CRLT 将充分发挥其教育评估功能，对教学活动以及教师发展项目进行评估，成为教育评估中心。其四，CRLT 致力开展有关大学教学与学生学习的研究，成为全美有影响的教学促进与学生发展研究中心。其五，CRLT 积极在大学里推动计算机辅助教学、程序教学、视听多媒体教学等新教学技术的使用，确定自身在大学教学领域的权威地位，致力成为教学技术推广中心。

在目标具体化的过程中，组织成员的个人目标即工作动机与组织目

① CRLT. An Introductory Statement about Our Origin, Expectations, and Anchoring Concept [J]. Memo to Faculty, 1963(1): 1-6.

标产生了一定的偏差。CRLT 建立以来，专业员工由院系与 CRLT 联合聘用，岗位性质为专职科研岗，部分员工拥有终身教职或正在努力获得终身教职，因此他们的工作动机很大程度上源于职称的晋升以及学术领域声誉的提高。这种工作动机使得员工专注于科学研究而忽视为密歇根大学的教师发展服务。此外，员工选取研究问题时也多从专业发展的角度出发，而不是从为促进教学实践出发。

（三）实现组织目标的战略

大学是一个松散耦合组织，学校各个单元之间没有正式或紧密的联系，而是处于似有似无的弱连接状态。相对政府或企业而言，大学是一个科层制较弱的组织机构，学院是大学最有权力的组织集群，学校层面只能通过模糊的组织目标对学院层面产生影响。因此，学校建立 CRLT 并不能强制要求各个学院去使用它或与它合作，各个学院和教学者个体有自由选择使用 CRLT 的权利。CRLT 的管理者清晰地认识到这一问题。如何让学院和教师信任 CRLT？如何让组织的利益相关者认为 CRLT 的工作是有效的？CRLT 的管理者认为卓越的科学研究成果是解决这两个问题的答案。因此，CRLT 自建立之初就大力开展大学教学与学习方面的研究，并积极参与学校的课程改革、本科生培养模式改革等行动，努力建立其在学校的组织声誉。CRLT 的管理者认为 CRLT 所做工作不应仅仅是对教师的疑问进行回应，扮演一个反应者的角色，而应该积极开展一系列有关大学教学与学习的研究，通过研究成果去刺激教师进行教学改革。领导性的教学研究必然会提高 CRLT 服务类项目的质量，高质量的科研成果同样能够获得教师的信任。①

CRLT 管理者意欲通过良好的科研工作展现 CRLT 较强的专业能力，从而让更多教学者了解 CRLT，参加 CRLT 开展的教师发展活动。然而此组织发展战略过多强调了 CRLT 的科研功能，从而使得组织内部各要素的设置皆偏科研，忽视了组织服务功能的建设。

二、教师发展服务活动

教师发展服务是 CRLT 最基础的功能。从建立之日起，CRLT 就陆

---

① Ericksen, S. C. Service and Research for Teachers[J]. Memo to Faculty, 1977(3): 1 -6.

续建立了各式各样的教师发展项目，意在对密歇根大学教师、研究生助教的教学技能提高、职业发展产生帮助。

（一）教师备忘录

《教师备忘录》是由CRLT出版，由首任主任埃里克森担任主编的大学教学期刊。该期刊1963年创刊，1982年停办，每年四期，共办刊71期。出版《教师备忘录》是由教学促进委员会提出来的，初衷是为了提高CRLT在密歇根大学的可视性，起到宣传教学相关信息以及宣传CRLT的作用。正如埃里克森刚上任时所担心的，如此小的一个机构怎么才能对密歇根大学数量庞大的教师队伍的教学实践产生影响，《教师备忘录》较好地解决了这个问题，它定期在教师手中出现，起到信息传播作用，同时也宣传了CRLT。

《教师备忘录》每期都关注一个主题，期刊篇幅不长，固定为六页，但六页的内容都是结合当时比较热门的教学问题和理论而展开的。这本期刊的大部分文章是由学习研究领域的专家即主编埃里克森所写，部分文章则依据主题由CRLT相关领域的研究人员撰写，《教师备忘录》也会向其他机构的专业人士约稿。

该期刊内容可以分为以下几类：

第一类是对CRLT的宣传。《教师备忘录》第1期主题为“我们的初衷、期望和核心概念的阐述”，即对CRLT的组织目标、组织架构、组织工作的阐述，明确表示欢迎任何有需要的教师和教学单元前来参加教师发展活动或一起进行教学相关的研究和培训合作。《教师备忘录》第3期主题为“大学场域中的CRLT”，阐述了CRLT产生的原因，对CRLT服务的功能尤其是研究的领域如教育技术、教学过程、学生发展等进行详细阐述，并对CRLT所有员工的教育背景、研究领域进行介绍。此外，第6期主题为“中心是做什么的”，第49期主题为“CRLT的十年”，第59期主题为“为了教师而进行的服务与研究”，这些皆是对CRLT所开展的项目的动机、内容以及效果的分析。

第二类是对密歇根大学本科生培养模式改革项目的概括和评估。主题为“试点项目——破解大型学院的学术隔离”（第20期）的《教师备忘录》对文理学院所开展的本科生培养模式改革进行阐述，并从住宿学院和课程两方面分析了此项目是如何达成打破本科生专业隔离，促进不同专业本科生融合的目标。主题为“试点项目——本科生的住宿实验”（第47期）的《教师备忘录》对文理学院于1966年开展的专门应对住宿学院挑战的新改革的五个阶段的情况、特点进行分析，并从投入、学生主观反馈、学生学业成绩三个维度对此次改革的效果进行评估。此外，主题为“教室情况：教学改革的例子”（第54期）的《教师备忘录》也对CRLT所参与的密歇根大学的本科生培养模式改革项目进行了阐述和评估。

第三类是对学习与教学理论的分析。《教师备忘录》的这部分文章皆由兼职于CRLT的相关研究领域的教授所撰写。如主题为“学习的动机”（第7期）的《教师备忘录》对学习动机与成绩、学习动机与环境之间关系的最新研究成果进行分析；主题为“个体、环境与学业成绩”（第9期）的《教师备忘录》则分析了学生成绩与学生个人特征以及就读环境之间的关系。此外，主题为“仿真”（第19期）、“视觉想象”（第25期）、“学习理论和教师：记忆”（第33期）、“高等教育相关研究”（第39期）、“新的教学游戏理论”（第42期）、“学习理论和教师：定义教学目标”（第43期）、“大学教学研究”（第44期）、“学习理论与教师：强化原则”（第48期）等多期《教师备忘录》皆对学习与教学理论展开深入分析，对当前的相关研究成果进行阐述。

第四类是对大学教学相关主题的阐述。此部分内容在第71期《教师备忘录》中所占比例最高，主要是对大学教学过程中面临的情况、问题以及各种教学人员的职责的系统阐述。如第14期主题为“小组讨论”，分析了课堂讲授与小组谈论的关系，阐述了教师在小组讨论中所扮演的角色以及小组讨论中所应具备的技巧，如设置问题，时间把握等。第13期主题为“博士研究生助教”，对博士研究生助教的教学培训内容、模式进行介绍，再具体讲述了密歇根大学的博士研究生助教岗前培训、院系的教师督导制度和助教评估制度。此外，还有较多关于大学教学的相关主题，如第17期的“班级规模与教学”、第23期的“新教学者手册”、第28期的“教学超时”、第30期的“讲师”、第45期的“教师与学生如何互动”、第46期的“评分不等于评估”等。

第五类是对新的教育技术与教学方法的介绍。《教师备忘录》第2期主题为“电视与大学课堂”，叙述了电视在密歇根大学部分院系教学中的使用情况，并给出学校现有的电视教学设备以及咨询人员的信息。第8期则详细地介绍了什么是程序教学、程序教学的多样性以及程序教学如何进行。第16期的主题为“计算机辅助教学”，介绍了计算机在教学实践中的运用，指出了此种教学方式系统性与公平性的优点。此外，诸如主题为“教师与学生的教育技术资源”的多期《教师备忘录》也对学校现有的教育技术资源以及具体实践进行了介绍。

《教师备忘录》经常推出一些有关学习的基础研究的文章以及对教学事务、教学新方法、新技术进行分析的文章，而不仅仅是对新的教育技术或方法的罗列、介绍。文章对相关概念、逻辑进行分析，并用数据进行支撑。埃里克森认为以研究报告的形式对教学进行分析远比对某种教学方法进行介绍更有效果，可以使教师获得经过科学检验的教学信息。密歇根大学存在这样一本关注大学教学的期刊有助于学校建立良好的教学文化。校长、教务长、院系管理者、教师乃至研究者助教都会阅读它，大学里的教师通过期刊能够感觉到教学是受到重视的，认识到自己应该在教学上花费精力，更为重要的是他们可从这本专注大学教学的期刊上获得知识。教师们通常更容易理解和接受自己学科领域的教学问题研究，而《教师备忘录》对教学中的具体成就进行了传播，减少了各个院系间的门派之见，打破了教师间的隔离。①

《教师备忘录》试图以内容的多元化、学术化去纠正人们对CRLT仅仅是一个教育技术支持机构的偏见。值得一提的是，《教师备忘录》的影响不仅仅局限于密歇根大学内部，其在全美大学教学领域都有较大影响。截至1977年，《教师备忘录》出版1.5万份，其中四分之三的期刊被全美其他高校的教师和管理者购买。② 《教师备忘录》可谓“墙里开花墙外香”，这与其期刊内容不无关系。期刊内容较多地涉及通用性的教学与学习理论，研究和教学知识，并没有刻意关注密歇根大学环境内的教学与学习问题。

（二）教师发展训练项目

1. 教学工作坊与研讨会

教师工作坊与研讨会自CRLT建立以来就是其开展教师发展活动的主要形式。20世纪60年代，CRLT的教师工作坊与研讨会的内容主要是程序教学、多媒体以及计算机辅助教学，也涉及教学测试、大班教学等主题。研讨会内容和时间会以信件的方式发放给院系负责人以及普通教

① Ericksen, S. C. Service and Research for Teachers[J]. Memo to Faculty, 1977(3): 1-6.

② Ericksen, S. C. Service and Research for Teachers[J]. Memo to Faculty, 1977(3): 1-6.

师，教师根据自己的兴趣自愿参加。工作坊与研讨会的主持人多为CRLT的员工，有时也会请活动主题设计领域的专家前来给大家讲解，并带大家一起讨论。以1964年春季的程序教学工作坊为例，这一工作坊为期五天。CRLT在工作坊开始的一周前给所有参加者发放活动材料，材料包括活动工作坊预计目标、时间与地点的安排、每天的活动主题、阅读材料清单以及每次活动提前需要准备的事项。最后一天会有参加教师对项目的评估。

而20世纪70年代则更集中在教学过程中的问题探讨，主题相对20世纪60年代也更丰富一些。以下是1978—1979年度CRLT教师发展工作坊所涉及领域、内容以及主讲人的情况。

表4.1　1978—1979年度CRLT教师发展工作坊与研讨会开展情况

领域	题目	主讲人
教学创新	大学教学和发展的理由	适应项目组，内布拉斯加大学
	引导设计	查尔斯·威尔斯，西弗吉尼亚大学
	个性化教学系统	吉姆·库里克，CRLT
	课堂中的游戏与模拟活动	乔·哈塞尔，城市规划系
多媒体教学（与媒体中心合办）	35毫米幻灯片在教学中的使用	乔治·威廉姆斯，媒体中心
	投影胶片在教学中的使用	乔治·威廉姆斯，媒体中心
	如何建立含声音和幻灯片的演示	乔治·威廉姆斯，媒体中心
	视频在教学中的使用	乔治·威廉姆斯，媒体中心
	如何制作幻灯片	乔治·威廉姆斯，媒体中心

（续表）

领域	题目	主讲人
课堂教学	课堂讲授的技巧	H. W. 希尔德布兰特，企业管理系
	动态小组教学	哈维·里德，心理系
	分组教学的方法：讲授与讨论	维尔伯特·麦基奇，CRLT
	课堂讲授中的创新	H. W. 希尔德布兰特，企业管理系
计算机教学	个人计算机在教学中的使用	卡尔·基恩，CRLT
	计算机辅助教学（研讨会系列）	卡尔·基恩，CRLT
	电子书目数据库	安妮·波比安，研究生图书馆
	计算机辅助教学的装备与材料选择	卡尔·基恩，CRLT
	密歇根大学计算机教学设备介绍	鲍勃·帕尼斯，CRLT
	教学工具CONFER的使用	鲍勃·帕尼斯，CRLT
评估	学生过程评价	吉姆·库里克，CRLT
	学生评估的设计	吉姆·库里克，CRLT
	客观性测试的构成和使用	本诺·弗里克，评估与考试办公室

资料来源：CRLT. A Biennial Report：1978 – 1979[B]. Ann Arbor：Bentley Historical Library，1979.

CRLT的教师发展工作坊与研讨会涉及领域丰富，包括教学创新、多媒体教学、课堂教学、计算机教学以及评估五个部分。活动内容既有对教学理论的介绍，也有具体应用的阐述。主讲人有来自各个院系的一线教师，也有CRLT的工作人员以及其他学校服务机构的工作人员。从这个阶段起，CRLT的教师发展工作已经出现了与学校其他组织机构的合作。在 CRLT 的后续发展中，与其他组织机构共同开展活动的形式越来越多，范围越来越大，合作深度增加。

2. 新教师入职培训

新教师入职培训是由 CRLT 与学校学术事务副校长办公室（后变更为教务长办公室）一起承办的教师发展活动。CRLT 为此项活动的具体组织者与联络人。每年秋季，CRLT 以邮件形式给新教师发送邮件，新教师自愿选择参加。新教师入职培训时长一天，除新教师外，还有学校校长、教务长出席。入职培训通常包括校长致欢迎词，教务长强调教学在大学教师考核中的重要性，CRLT 主任会对 CRLT 所开展的研究与提供的教师发展服务进行阐述，文理学院、图书馆、人事办公室、教师评议会等组织机构的负责人也会进行发言。

此项活动的开展为 CRLT 增加自身文化资本和社会资本提供了便利途径，使得参训教师自进入密歇根大学起就发现校长、教务长以及院系领导都很关心教学事务，意识到教学在这所公立研究型大学里的重要性。

3. 个体咨询

CRLT 向教师个人提供的咨询服务分为即时咨询服务与预约咨询服务两种。即时咨询服务是指教师向 CRLT 索要教师发展的书籍以及《教师备忘录》等期刊，或索要学校其他机构的联系方式等，CRLT 员工可以即时提供相应服务，满足教师需求。预约咨询服务则是指教师向 CRLT 求助，要求 CRLT 工作人员对其教学工作进行评估和支持。通常情况下，CRLT 会派出一到两名员工与求助教师进行面谈，针对具体情况进行支持，提供教学评估、教学技术咨询的一对一辅助。但是从当时 CRLT 的人员配备情况来说（员工多为兼职且都为学术轨教师，员工人数较少），这个服务没有普及的可行性。

（三）研究生助教训练项目

CRLT 此阶段的研究生助教服务分为间接服务与直接服务。间接服务是推动全校建立制度化的研究生助教培训体系，为各个系的研究生助教培训提供咨询与评估。直接服务则表现在 CRLT 开展了一系列的研究生助教工作坊与研讨会，并承担新研究生助教的入职培训。

1. 制度化的研究生助教培训体系

早在 1967 年，CRLT 就受丹佛斯基金会资助，帮助文理学院五个试点系创建了制度化的研究生助教培训体系。CRLT 对研究生助教培训项目进行评估，效果较为理想。1976 年，CRLT 向主管学术事务的副校长戴维斯（Carolyne Davis）提交了加强全校研究生助教培训的建议。建议指出，在植物、历史等五系开展的研究生助教培训取得良好效果，鉴于经验，建议全校建立制度化的研究生助教培训体系。制度化的研究生助教培训体系需注意三点：首先，培训应以系为基础开展。每个专业的教学内容差异较大，最基础的培训基于系里的实际情况开展更为有效，教师和资深研究生助教可以领导和监督培训项目的开展。其次，把参加研究生助教培训作为获得研究生助教资格的条件，从而保证所有上岗的研究生助教都接受系统教学训练，这也为博士研究生未来能胜任教学工作打下良好基础。最后，系内的研究生培训项目必须包括几项活动，即新研究生助教入职培训、教学相关的工作坊和研讨会、旁听资深教师课程、教学表现反馈、导师制。① CRLT 为各个院系提供学习理论、教学理论、教育技术等方面培训的支持（专业人员支持与材料支持），并承担起各个院系助教培训项目的评估工作。本次提议大大推动了全校各个院系建立制度化研究生培训体系，较好实现了丹佛斯基金会资助密歇根大学开展助教培训项目的初衷。

2. 研究生助教工作坊与研讨会

20 世纪 70 年代，埃里克森与时任主任维尔伯特·麦基奇（Wilbert J. Mckeachie）为研究生助教举办了有关教学的研讨会。此外，CRLT 开展了主题为“测试”“电视教学”“投影使用”的工作坊。此阶段，参加 CRLT 工作坊与研讨会的研究生助教人数较少。以 1977—1978 年度为例，只有 15 名研究生助教参加了以上活动。②

3. 研究生助教入职培训

1976 年，CRLT 承担了全校新研究生助教的入职培训。主管学术的副校长致欢迎词，CRLT 主任向研究生助教阐述了 CRLT 的角色与功能。此阶段的研究生助教入职培训有一天时间，学校图书馆、计算机中心、研究生院等机构参加此活动并解答研究生助教有关设备使用、员工福利等方面的疑问。CRLT 的员工则组织大家就“如何上好第一次课”等教学问题展开讨论，并发放给参加活动的研究生助教有关教学的丰富的指导资料。

---

① CRLT. Training Programs for Teaching Assistants: Recommendations from the Center for Research on Learning and Teaching [B]. Ann Arbor: Bentley Historical Library, 1975.

② CRLT. A Biennial Report: 1976 - 1978 [B]. Ann Arbor: Bentley Historical Library, 1978.

（四）教师发展基金

1. 教师发展基金

1976年，学校董事会决定建立校级的教师发展基金，旨在帮助教师进行教学改革和教学研究，使得教师的兴趣和特长与所在院系的需要相结合。[①] 教师发展基金由 CRLT 进行管理，负责基金的宣传、教师教学奖申报材料的搜集、组织评选以及组织课题评估等工作。教师发展基金资助教师教学研究项目的金额最高为5000美元，项目通常包括两类：一类为教师成长项目，这类项目帮助教师提高自己的专业技能；另一类为教学促进项目，这类项目致力于新的教学材料的编写以及新教改的实践。教师发展基金每学期评选一次，面向学术轨[②]教师展开，由 CRLT 咨询委员会进行评选。教师申报材料包括申请人简历、研究目的、研究设计、研究成果预计表、院长推荐书等几部分。1976—1978年，CRLT 共组织了4次评选，共收到由257名教师所提交的187份申请材料。来自17个学院的57个教师教学研究项目受到资助，资助总金额为14万美元。

表4.2 1976年秋季学期—1978年冬季学期教师发展基金资助项目分类情况

项目目标分类	数量	百分比（%）
Ⅰ．教学材料发展		
视听教学材料	12	21.05
实验室教学材料	7	12.28
计算机教学材料	6	10.53
个案研究教学材料	5	9.00
打印模块材料	2	3.51
总计	32	56.37

① CRLT. Faculty Development Fund Teaching Award Program Progress Report for 1976 - 1978 [B]. Ann Arbor: Bentley Historical Library, 1978.

② 密歇根大学教师发展基金所评选的教学奖针对可晋升终身教职（tenure track）的终身轨教师展开，意在鼓励终身轨教师致力于新教学媒介的使用，积极进行教学创新。终身轨教师包括助理教授、副教授和教授几个级别。

（续表）

项目目标分类	数量	百分比（%）
Ⅱ. 课程内容提升		
置换或更新课程内容	11	19.30
置换或更新课程顺序	2	3.51
新的跨学科课程	1	1.75
总计	14	24.56
Ⅲ. 教师发展		
提升教师的跨学科专业能力	8	14.04
提升教师的教学方法论能力	3	5.26
总计	11	19.30

资料来源：CRLT. Faculty Development Fund Teaching Award Program Progress Report for 1976 – 1978[B]. Ann Arbor: Bentley Historical Library, 1978.

通过上表可以看出，新教学材料的开发是教师发展基金项目资助的重点。此外，在 57 个资助项目中，文理学院的教师获得了 23 个。

2. 教学发展基金

教学发展基金也是为资助密歇根大学教师更好地开展教学活动而设计的。相比教师发展基金，教学发展基金的资助额度较小，为 200—500 美元。CRLT 负责教学发展基金的管理工作，负责对申请材料进行筛选。由于资助金额较小，资助对象直接由 CRLT 的工作人员决定。相比教师发展基金资助大学的教学研究项目和课程开发项目，教学发展基金致力支持教师的小型教学研究或课程的局部开发。与此同时，较多教师没有申请到教师发展基金，也可申请教学发展基金开展前期研究。

三、教学与学生发展研究

虽然 CRLT 自建立之日起就以服务全校教师，帮助其进行教学发展为宗旨，但是在 1993 年以前，CRLT 承担了大量的研究工作。表 4.2 中的研究经费来自政府、私人基金会以及学校内部机构的资助。以 1976 年为例，CRLT 当年的财政预算的校外资金与学校财政预算资金的比例达到了 6:4，而校外资金皆为各种研究项目经费，可见 CRLT 在这一时期接受了较多的校外研究项目。CRLT 所进行的研究项目大致可以分为三类：第一类为学生发展研究，第二类为教学过程研究，第三类为教育技术研究。

（一）研究项目的来源

1. 联邦层面机构

由于密歇根大学各个学院强大的学科实力和较高的人才培养声誉，美国国立卫生研究院，美国国家科学基金会，美国心理学协会等联邦科研机构或专业协会支持密歇根大学相应学院开展本科教学改革项目。基于 CRLT 员工良好的业界学术声誉，CRLT 获得了参与或主持这些政府资助项目的机会。20 世纪 70 年代以来，随着 CRLT 专业员工数量的增多以及组织的学术声誉的不断提高，越来越多的联邦科研机构给予 CRLT 研究项目，支持其进行教学与学习方面的研究。与 CRLT 合作较多的联邦层面机构包括美国全国教育办公室①、美国国立卫生研究院、美国国家科学基金会、美国健康与人类服务部、美国空军科学研究办公室等。研究的主题则跟资助的研究机构有较大关系，全国教育办公室较为关注教学材料、计算机辅助教学以及程序教学方面的问题。而国家科学基金会、健康与人类服务部以及空军科学研究办公室所关注的则是各自涉及专业的本科生的培养情况。以空军科学研究办公室为例，统计学、地理学、物理学等专业的本科毕业生是空军队伍招募的潜在对象，空军现役军人也急需学习这些专业的知识，因此美国空军投入资金聘请 CRLT 进行统计学、地理学、物理学等专业的程序教学教材和计算机辅助教学教材的开发，在提高本科生培养质量的同时也方便现役军人自学。②

2. 私人基金会与企业

CRLT 的研究项目有相当一部分来自私人基金会与企业，主要来源有丹佛斯基金会、卡耐基基金会、福特基金会、Exxon 教育基金会。其中，丹佛斯基金会、卡耐基基金会、Exxon 教育基金会是专门致力于大学教学发展的非政府组织。此外，IBM 与 3M 公司也是 CRLT 科研项目

---

① 全国教育办公室，成立于 1867 年，撤销于 1972 年，是美国联邦政府内部主管教育的机构，后成为美国教育部的一部分。

② CRLT. Activities Inventories, 1968 - 1974 [B]. Ann Arbor: Bentley Historical Library, 1974.

的资助方。丹佛斯基金于 1967 年资助密歇根大学以及其他四所研究型大学的博士生教学能力培养项目，此项目由 CRLT 与文理学院一起开展。卡耐基基金会与福特基金会则关注于大学生的就读经验问题。Exxon 教育基金会专注于大学教学效能研究。IBM、3M 等企业则资助 CRLT 进行多媒体设备在大学教学中的运用效果评估。

3．学校内部机构

CRLT 建立之初，其核心功能之一即为教学评估。随后，CRLT 把校本研究扩展到学校各个教学单元的人才培养模式改革、课程改革等方面。其中与 CRLT 合作较多的教学单元包括文理学院、工程学院、医学院等。这些合作项目部分是由 CRLT 主持开展，但更多的是各个教学单元邀请 CRLT 成员作为委员会成员或专家帮助其进行研究。此外，密歇根大学开设本科生住宿学院项目，也邀请 CRLT 成员作为委员会专家开展项目建设的政策建议以及项目进行的效果评估工作。密歇根大学电视中心、媒体中心以及电脑中心等机构在开展与教学和学生发展相关的研究时也会与 CRLT 展开合作。

（二）研究项目的内容

从表 4.3 可以看到，CRLT 的科研项目可分为三类：第一类是大学生发展研究；第二类是教学过程研究；第三类则是教育技术研究。

1．大学生发展研究

CRLT 进行的此类研究以学校本科生为样本，旨在探寻学生发展过程中的影响因素。

第一类研究是关注学校人才培养改革项目对学生产出的影响，代表性研究为 CRLT 对密歇根大学住宿学院项目的研究。1962 年，文理学院建立住宿学院项目，从学院本科生中挑选优秀学生参加此项目。参加住宿学院项目的学生的课程与普通的本科生有所不同，且有文理学院的教师担任住宿学院的主任，高年级学生担任低年级学生的同辈指导，打破学生与教师课堂外的隔离以及不同年级不同专业学生间的隔离。CRLT 自 1966 年起对住宿学院的本科生以及文理学院的普通本科生开展了为期五年的数据追踪调查，意在比较两个本科生群体价值观与态度转变的情况以及转变的影响因素。此外，CRLT 基于追踪数据还对参加英特菲尼克斯项目[①]的学生的学业情况进行了分析。

第二类研究是对不同本科生群体的就读经验研究。此类研究依据专业、年级、种族、性别等因素，对某些特殊本科生群体的学习产出情况进行分析，考察个人特质与学习、活动参与度以及学习产出之间的关系，如：1966 年，CRLT 对护理专业学生表现的影响因素进行了研究；1968 年，CRLT 的唐·布朗（Donald R. Brown）教授对全校大一新生的就读期望与就读表现直接的相关性进行了分析；1969 年，CRLT 对密歇根大学“第一代移民”身份的本科生在校的学习活动、社会活动参与情况进行了研究。

第三类研究则是对大学生就读经验中的某个特定问题的研究。此类研究分析学生遇到的某种问题或某项技能发展的影响因素，如：1966 年，CRLT 对学生的求知欲和学术压力分别展开了研究；1970 年，CRLT 对大学生辍学问题进行了研究，基于追踪数据对大学生的辍学原因开展纵向分析，查看个人特质、学生的就读经历等对辍学产生的影响；1975 年，CRLT 则对大学生的社会化过程与学术专业化过程进行了分析；1976 年，时任主任麦基奇教授对大学生就读期间的考试焦虑问题进行了研究，探索焦虑对考试成绩的影响以及焦虑产生的路径；1978 年，CRLT 研究员吉姆·库里克（Jim A. Kulik）基于科学课程，从学生个人特征、教学方法等维度出发对学生科学能力的获得进行了分析。

2. 教学过程研究

教学过程研究包含两方面内容。一方面是对教育过程中的相关主题展开研究。研究的主题包括教师发展、教学方法使用、人才培养、教学材料开发、课程目标的制定等。1966 年，CRLT 对教学助理群体的发展进行了研究；1968 年，CRLT 接受 ESSO 教育基金的资助，从发展大学教学材料、解决教师教学过程中所遇到的问题以及设计出更为有效的教学程序三个方面出发提高大学教学的有效性。此外，CRLT 还对全国大学心理学本科专业的人才培养情况进行了调查，并对学术高产的教师与

① 英特佛莱克斯项目（Inteflex program）建立于 1972 年，是密歇根大学医学院和文理学院共同创办的本科生跨学科人才培养项目。项目意在通过融合人文、社会科学以及医学培养学生，鼓励两个学院的学生共同追求人文社科教育和医学教育，从而建立由文学学士（AB）到医学博士（MD）的人才培养新模式。此次融合可以使得更多想要学医的学生能够提前接受医学的学科训练，较早地积累临床诊断等从医经验。

教学优秀的教师进行了比较研究。1975 年，CRLT 获得了教育部的高等教育促进基金项目，对大学的学生评教、院校教学支持以及教师专业发展情况进行了分析。1975 年，CRLT 开发了密歇根大学的学生评教系统，即教师设计问卷项目。此问卷搜集的信息包括学生的课程收获自评以及其对教师教学风格、方法、能力的看法。CRLT 基于学生反馈的信息对教师教学展开评估，并形成教学评估报告，使得教师迅速了解自己教学的薄弱之处。在密歇根大学，每年有近 4000 名学生学习基础化学课程，CRLT 联合电视中心开展基础化学课程教学材料的开发工作，使学生能够用一半的时间完成学习任务。1975 年，CRLT 接受国家科学基金支持，开发了本科生同辈导师指导材料，增加同辈指导的效力。

另一方面则是教育评估研究。教育评估是 CRLT 科研工作中非常重要的一块，既包括对教师教学、课程改革、人才培养模式转变等的效果评估，又包括对众多教学创新项目以及教师发展项目的评估。1967 年，CRLT 接受丹佛斯基金会的巨额资助，开展了对密歇根大学文理学院五个试点系的研究生助教等教师发展项目的评估工作。此评估工作历时五年，包括过程性评价即项目各个阶段目标的评价，亦包括完成性评价即项目预计总目标的评价。CRLT 对本科生同辈指导项目进行了效果评估，发现增强同辈导师的训练、减少对同辈导师的管理、及时给予同辈导师反馈等对此项目有着显著影响。诸如此类的教师发展项目评估还包括对教学研究员项目的效果评估，对 CRLT 教师教学一对一咨询以及学生评教两大项目的效果分析，对 CRLT 开展的教学发展项目的效果研究以及对学校少数族裔女教师发展项目的评估。此外，CRLT 还主持了一系列人才培养项目的评估工作，如 CRLT 对药学院与文理学院的英特菲尼克斯项目的课程与教学效果进行了追踪调查，分析了新的培养模式、教学设计以及课程设置对学生学习成绩、满意度等方面的影响。最后，CRLT 对课程进行了评估，如 1976 年开展的大学地方课程的评估与大学科学课程的评估。

3. 教育技术研究

CRLT 建立的目的之一就是在密歇根大学推广程序教学。20 世纪 60 年代后，视听教学、计算机辅助教学等相继发展起来，CRLT 承担了越来越多教育技术方面的研究工作。

此部分研究可分为两类：一类是教育技术使用的开发。1968 年，

CRLT 试图把计算机辅助教学材料融入学生的自学过程中。同年，CRLT 受美国空军科学研究办公室资助，开展了本科生自我学习材料的开发工作，主要集中在统计学、地理学、政治科学、经济学、物理学等专业的计算机辅助教学材料以及程序教学教材的开发上。1976 年，CRLT 帮助新闻专业建立了写作教学计算机平台。此外，1978 年，CRLT 开展试点项目，基于计算机技术建立了密歇根大学、密歇根州立大学以及韦恩州立大学之间的信息分享平台，使得三所大学的教师可以进行经验交流和信息分享。CRLT 还与计算机中心一起建立了全校范围的教学评价系统，发展全校教师电子邮箱系统。

另一类则是对教学中教育技术使用的效果评估。教学仪器评估方面，CRLT 对 3M 公司、IBM 公司的学习机器与学习软件进行了评估。此外，CRLT 着重对计算机辅助教学的效果进行了全面的评估。如 1966 年，CRLT 帮助大学物理委员会对适用于物理教学的 ELIZA 系统进行评估等。

表 4.3　CRLT 20 世纪 60 年代中期至 70 年代末所开展的科研项目

时间（年）	研究项目情况（领域、题目、来源）	数量（项）
1966—1967	学生发展：1. 住宿学院项目与常规文理学院项目学生价值观与态度转变的追踪研究。CRLT。2. 学术压力的知觉研究。CRLT。3. 求知欲研究，测量与验证。CRLT。4. 护士专业学生表现的影响因素研究。美国健康与人类服务部。 教学过程：1. 对文理学院五院系的教师培训项目的评估与发展。丹佛斯基金会。2. 全国教学助理调查研究。全国教育办公室。 教育技术：1. 读、写机器的效果评估。3M 公司。2. “课程写手”系统的评估。IBM 公司。3. ELIZA 系统的评估。大学物理委员会。4. 教学材料如何更好地融入电脑的独立学习中。全国教育办公室。5. 作者语言与计算机教学系统。匹兹堡大学。	11

（续表）

时间（年）	研究项目情况（领域、题目、来源）	数量
1968—1969	学生发展：1.（同上1）。2. 大一学生的期望与表现。卡耐基基金会。3. “第一代移民”学生的大学就读经验研究。CRLT。 教学过程：1.（同上1）。2. 设计更多的有效大学教学。ESSO教育基金。3. 全国大学心理学本科专业的人才培养情况调查。美国国家自然基金会，美国心理学协会。4. 高产研究者与高效能教师之间的关系。CRLT。 教育技术：1. 本科生自我学习材料的开发。美国空军科学研究办公室。2. 计算机教学的使用效果评估。美国教育办公室。3. 计算机环境下的问题解决设计。未知。4.（同上4）。5.（同上5）。	12
1969—1970	学生发展：1.（同上1）。2.（同上2）。3. 教育目标、教育方法与教育投入之间的关系。福特基金会。 教学过程：1.（同上1）。2.（同上2）。3.（同上3）。4.（同上4）。 教育技术：1.（同上1）。2.（同上2）。3.（同上3）。	10
1970—1971	学生发展：1.（同上1）。2. 大学生辍学——基于追踪数据的纵向研究。CRLT。 教学过程：1.（同上1）。2.（同上2）。3. 学生对课程评估与教师评教的研究。CRLT。 教育技术：1.（同上1）。2.（同上2）。3. 信息过程系统与学习环境的关系，ESSO教育基金。4. 计算机辅助教学在图书馆科学课程中的运用。全国教育办公室。5. 计算机辅助教学中的图像与语言系统设计。CRLT。6. 化学教学中的图像设计。CRLT。7. 图形显示终端的教学用途。美国空军科学研究办公室。	12

（续表）

时间（年）	研究项目情况（领域、题目、来源）	数量
1975—1976	学生发展：大学生社会化与专业化进程研究。CRLT。 教学过程：1. 基于PSI系统平台的本科生同辈导师项目的教学材料开发与评估。美国国家科学基金。2. 院校教学相关研究（包含国家项目、学生评教、院校教学支持、教师专业发展四部分）。美国教育部高等教育促进基金。3. 大学教师晋升与教学关系研究，美国教育部高等教育促进基金。4. 教学研究员项目的效果评估，美国教育部高等教育促进基金。5. 课程目标的制定与评价研究，卡耐基基金会。6. 教学促进，学生视角。CRLT。7. 药学院与文理学院的英特菲尼克斯项目评估。CRLT。8. 教学咨询与学生评教两大项目对教师教学的影响。CRLT。9. 学生评教——教师设计问卷（IDQ）的开发。CRLT。 教育技术：1. 高等教育中的计算机媒介沟通。美国国家科学基金。2. 基于计算机的写作实践。Exxon 教育基金。	12
1976—1977	学生发展：学生考试焦虑问题研究。CRLT。 教学过程：1.（同上1）。2.（同上2）。3.（同上3）。4.（同上4）。5.（同上5）。6.（同上7）。7. 大学地方课程项目评估。美国国家科学基金。8. 大学科学课程的教学技术使用效果研究。美国国家科学基金。 教育技术：（同上2）。	10

（续表）

时间（年）	研究项目情况（领域、题目、来源）	数量
1978—1979	学生发展：1. 学生学习产出与教学方法、学生特质的关系，以科学课程为例，美国国家科学基金。2.（同上 1）。 教学过程：1. 基础化学课程教学材料的发展。Exxon 教育基金。2.（同上 5）。3. 密歇根大学基础物理课程教学效果评估。CRLT。4.（同上 7）。5.（同上 8）。6. 教学发展项目评估。Exxon 教育基金。7. 少数族裔女教师培训项目评估。CRLT。 教育技术：1. 基于计算机平台的技术信息分享平台的建立，美国国家科学基金。	10

资料来源：CRLT. Activities Inventories, 1965 – 1974[B]. Ann Arbor: Bentley Historical Library, 1974; CRLT. Annual Report: 1975 – 1976[B]. Ann Arbor: Bentley Historical Library, 1976; CRLT. Biennial Report: 1976 – 1978[B]. Ann Arbor: Bentley Historical Library, 1978; CRLT. Biennial Report: 1978 – 1979[B]. Ann Arbor: Bentley Historical Library, 1979; CRLT,Minutes of Staff Meeting, 1975 – 1982[B]. Ann Arbor: Bentley Historical Library, 1982.

（三）研究项目的特点

1. 重视学生发展研究

大学生发展一直是 CRLT 重点关注的研究领域。CRLT 的专业员工布朗教授是大学生发展问题研究的专家，而 CRLT 的员工大多有心理学专业背景，有着较强的问卷编制、数据采集、数据处理与分析能力，具备了开展基于数据的大学生发展研究的能力基础。此外，20 世纪 70 年代是美国院校研究的转折点，随着社会问责压力的增大以及 1965 年《高等教育法》的颁布，美国大学的院校研究得到了巨大发展。CRLT 在密歇根大学较好地承担了院校研究中学生发展这一领域的研究任务。从研究内容可以看到，CRLT 从心理学、社会学等多个学科视角对大学生发展的过程和结果进行了研究和分析。

2. 评估功能显著

在 CRLT 的研究项目中，教育评估占了很大的比例。CRLT 的教育评估分为两类：一类是对人才培养改革项目、课程改革项目、某种专门课程以及某种新的教学技术的效果评估；另一类则是对已有的教师发展项目如丹佛斯基金会的五年项目以及 CRLT 建立的教学研究员项目的评估。CRLT 所进行的评估经常借用心理学的实验法，使用实验组与控制组的比较研究，代表性研究即为对住宿学院本科生与普通文理学院的本科生的学生发展情况的研究。

3. 项目数量多、持续时间长

CRLT 所承担的科研项目数量较多，通过表 4.3 可以看到，CRLT 每年的科研项目数在 10 个左右，其中不乏联邦政府或联邦科研机构的大型课题。这对于一个以兼职研究人员为主体，总员工人数不足 20 人的小型组织机构来说，工作量很大。此外，CRLT 所承担的课题中有部分持续时间较长，如丹佛斯教师发展项目的评估研究，需要在项目开展的五年里对每年的项目效果进行评估。而且，CRLT 开展的学生发展研究也需要对学生实施追踪调查，进行纵向分析。

4. 项目涉及学科繁多

CRLT 的科研项目涉及学科繁多，主要包括心理学、统计学、计算机学、教育学、教育技术学等。因此，研究项目经常以团队形式进行跨学科合作。通常，CRLT 派出研究人员作为主任主持项目，团队成员则由电视中心、媒体中心、计算机中心以及项目所研究教学单元的人员组成。

（四）研究成果的展示

CRLT 所进行的大量研究主要以三种方式呈现：

第一种是研究报告。此处的研究报告泛指除正式学术期刊和学术会议论文外的所有出版物。评估类的研究项目或者是联邦政府和私人基金会的项目结束后，CRLT 都会撰写一份研究报告。此外，CRLT 还会将组织内部研究人员所写的研究报告发表到《CRLT 报告》。《CRLT 报告》是专门刊发 CRLT 员工研究成果的不定期刊物，其研究成果主要是对学校各种教学改革的研究。研究报告还包括 CRLT 负责编写的一些组织联盟的年度会刊，如 1980 年院校合作委员会有关大学教学的发展与实验的研究成果。最后，《教师备忘录》一直是 CRLT 研究人员展示最新研究成果的平台。

第二种为学术会议论文。CRLT 的研究人员多为心理学系、教育技术系等教学单元的专任教师，他们以其所负责的 CRLT 的项目研究成果作为学术会议参会论文。CRLT员工的学术成果呈现在美国心理协会年会、美国教育学研究协会等专业领域学术会议上。此外，CRLT的学术成果也会出现在如大学化学教育年会等学科教育年会上。

第三种则是学术期刊和著作。CRLT的研究人员将项目的研究成果或基于项目研究成果所进行的延伸研究发表在学术期刊上，如学科研究领域的顶级期刊——APA会刊《心理科学》、美国高等教育协会会刊《高等教育研究》等，或大学学科教育的期刊《医学教育》等。此外，一些有关大学教学的书籍的章节也由CRLT员工根据研究成果编写。

可以看出，这一时期CRLT承接了大量的来自密歇根大学、联邦政府、联邦科研机构、私人基金会所投资的科研项目。周雪光指出组织可以按照强意义与弱意义来追求合法性：强意义的合法性追求就是组织行为、组织形式皆被制度环境所塑造，组织本身没有自主选择权；而弱意义的合法性追求，则是组织为了追求资源分配而采取的理性行为。[①] CRLT此阶段承接大量科研项目的重要原因之一即为追求资源的分配，学校有限资源以及专业员工工资来源的不稳定都促使CRLT努力获取学校财政预算以外的经费，从而保证组织的正常运转。

第三节　准正式组织的建立

从结构层面来说，组织包括正式组织和非正式组织两部分。而正式组织的结构包括组织内部结构设置、组织人力资源的实践以及工作岗位的设计。非正式组织的结构则包括组织的文化、行为准则、价值取向、社会网络、权力与政治以及领导者行为等。正如CRLT首任主任埃里克森在1973年指出CRLT是一个研究领域模糊、结构非正式的教育研究与发展组织机构。CRLT在此阶段并不能算作完全正式的组织，而只能被看作准正式组织，其与学校管理层有着较为明确的从属关系，且内部的分工格局初步形成，但是其组织人力资源管理十分松散和不正式。

一、组织的结构

（一）CRLT与学校层面的隶属关系

CRLT是一个独立的校级组织机构，不属于任何教学单元。从1962

---

① 周雪光. 组织社会学十讲[M]. 北京：社会科学文献出版社，2006：78－85.

年 CRLT 建立之日起，就直接向学校的教务长[①]报告，由教务长直接管理。教务长与 CRLT 的联系也经常由教务长办公室的副教务长代劳。

1. 教务长

密歇根大学的教务长也是学校负责学术事务的副校长。教务长主管学校的学术事务与财政事务，管理着密歇根大学 19 所学院、研究生院、图书馆、CRLT 等与学术事务有关的组织机构。在密歇根大学，教务长的职责包括学术相关事务发展的战略与政策制定，保障学生的受教育质量的前提下，对学校的财政预算进行管理，分配财政资源与空间资源，监督教师和学术人员的发展以及推动教授治校。

教务长办公室是教务长履行职责、开展行动的核心机构。教务长办公室的成员主要为副教务长、教务长助理，以及助理副教务长。副教务长人数较多且各有分管事务，如负责学术与财政事务的副教务长、负责数字教育的副教务长、负责学术与教师事务的副教务长等。部分副教务长由诸如图书馆馆长等机构的负责人兼任，助理副教务长也由密歇根大学的组织机构的一些管理者兼任。

可以看出，教务长是密歇根大学学术事务以及财政事务的最高决策者，有着较大的政策决策权与资源分配权。此外，教务长的职责所在即是保证学生拥有高质量的受教育经历，推动教师职业能力发展。因此，CRLT 向教务长直接报告具有强烈的必要性与正当性。此外，CRLT 是一个集科研与服务功能于一体的校级教师发展机构，在工作的开展过程中需要各个教学单元的配合和参与。CRLT 与教务长这种直接的隶属关联使得 CRLT 在工作的开展过程中拥有更多的社会资本，尤其是在建立初期能更好地开展工作。CRLT 与教务长事无巨细的直接沟通势必增加其在教务长心中的地位，对获取更多资源以及工作支持亦有帮助。

2. 报告事务

CRLT 向教务长报告的事务主要分为四类：

第一类是运行经费。财政预算方面，CRLT 每年都会将上一年的财政支出进行统计，并对下一年的财政进行预算，上报给教务长。此外，CRLT 如有需要增加财政预算也会跟教务长或主管学术事务的副教务长汇报。如 CRLT 建立之初只有两名员工，随着业务的增长，CRLT 的员

---

① 密歇根大学的教务长也是主管学术事务的副校长。

工数量已经无法满足组织机构的正常运转，在这种情况下，CRLT 主任向教务长提出增加财政预算用来雇用新的员工。外部资助方面，如 CRLT 获得政府、企业或私人基金会的科研资助，必须跟教务长进行沟通。

第二类是新的教师发展项目。CRLT 每创建一个新的教师发展项目都需提交一份项目建议书给教务长，从而使此项目获得合法性，并得到经费支持。以 1977 年关于开展学生教学助理培养的建议书为例，CRLT 基于对教师的访谈提出需要加强学生助教培养的建议。CRLT 列出学生助教培养应包含入职培训、大学教学模块化课程、教学研讨会，并给出具体的执行步骤、预算以及项目内容。此外，CRLT 与其他学院合作进行教师培训或加强现有项目也会向教务长汇报。①

第三类是工作成果。1975 年之前，CRLT 主任以邮件的形式向教务长报告一年的工作成果，并在邮件中阐述自己对 CRLT 未来发展的想法。1963 年，时任主任埃里克森在给时任主管学术事务的副校长海耶斯的年度汇报中阐述了当年对 19 个学院进行的教师发展调研情况，并提出通过有效利用学校资源以及增加专业员工等方法扩展 CRLT 的项目。② 1975 年，CRLT 开始出版年度报告，年度报告是 CRLT 向教务长汇报当年工作的最佳载体。报告对组织的工作情况进行了详细划分，包括服务、研究、出版、社会领导等多个维度，并提供员工的基本情况。

第四类是其他 CRLT 的运行事务。这一类事务包括 CRLT 邀请教务长或教务长办公室其他人员出席 CRLT 组织的活动，对 CRLT 的工作进行评估等。CRLT 主任还会就咨询委员会的人选向教务长寻求意见。此外，这一时期，CRLT 新教师培训、教师发展基金评奖等活动的通知也是由教务长发送给全校教师的。

当然，教务长也会经常与 CRLT 的主任进行沟通，就开展新的教师发展项目或者协助教务处开展其他项目进行商讨。

---

① CRLT. Teaching Assistant Training-Proposal for 1877 – 1978[B]. Ann Arbor: Bentley Historical Library, 1986.

② Ericken, S. C. Recent Activities and Recommendations for the Immedite Future[B]. Ann Arbor: Bentley Historical Library, 1963.

（二）CRLT 的组织内部结构

1. 扁平化的组织结构

CRLT 的组织内部结构是扁平化的。1962 年，CRLT 建立之初只有两名员工，包括首任主任埃里克森以及 1 名兼职员工。1963 年，埃里克森基于 CRLT 的组织目标开始了组织内部的建构，计划从电视教学、程序教学、测试和评估、信息搜集与传播四个方面搭建构架。从图 4.1 可以看到，CRLT 在这一阶段的组织内部结构包括三个层面。第一个层面为主任，对组织的各项事务负责，负责内部协调事务和外部洽谈合作事务。第二个层面包括副主任和行政助理。第三个层面则为 CRLT 现有的 7 个部门，分别为评估与考试部门、教育技术部门、教师发展部门、学生发展部门，课程与项目评估部门、工作坊以及教学助理（TA）培训办公室。

2. 各个部门的职责与联系

评估与考试部门由 3 名科研人员组成，研究员、副研究员及研究助理各 1 名。其前身即为原来单独存在的考试与评估办公室，负责全校学生的考试成绩等评估事务，后又开始肩负起 CRLT 自创的 IDQ 学生评教系统的运行。

教育技术部门由 4 名科研人员组成，包括 CRLT 的 1 名研究员和 1 名副研究员以及媒体中心的 2 名工作人员。教育技术部门负责电视教学、程序教学、视听教学以及计算机辅助教学等在密歇根大学的推广工作，为密歇根大学教师教育技术的使用提供技术支持。此外，此部门还承担程序教学材料的开发工作以及教学管理网络平台的创建。

教师发展部门由 2 名科研人员组成，包括 2 名研究员。CRLT 自创立之初起就把自己定位为密歇根大学场域内教师发展的中心。因此，教师发展是 CRLT 非常重要的业务模块。以 1980 年 CRLT 的教师发展部门人员组成为例，两名研究员为时任主任麦基奇和时任副主任劳伦斯，重视程度可见一斑。① 教师发展部门负责教师入职培训、工作坊、研讨会、咨询、教师发展基金等教师发展项目的组织、联络与执行工作。主任与副主任是与学校层面以及院系层面就教师发展项目进行联络的最佳人选。

学生发展部门由两名科研人员组成，包括 1 名研究员和 1 名助理研

① CRLT. Triennial Report: 1980 – 1982[B]. Ann Arbor: Bentley Historical Library, 1982.

究员。此部门负责与大学生发展有关的研究事务，如密歇根大学众多人才培养改革试点项目的政策建议与项目督导工作。与此同时，学生发展部门还承担了有关大学生发展的校内外科研项目，对诸如大学生辍学等问题进行研究，也承担了全国性学生就读经验调查密歇根大学部分的数据搜集与分析工作。

课程与项目评估部门由 4 名科研人员组成，研究员、副研究员、助理研究员以及研究助理各 1 名。此部门负责密歇根大学各个院系课程改革或新的教学技术使用等教学创新行为的效果评估。此外，课程与项目评估部门还对 CRLT 以及其他院系所开展的教师发展项目进行评估，代表性的评估即为丹佛斯基金会所资助的为期五年的教师发展项目。

工作坊部门由 1 名工作人员组成。该部门主要负责教学工作坊的组织与协调工作。

助教培养办公室亦由 1 名工作人员组成，负责 CRLT 所开展的助教的入职培训以及其他培训工作。此外，该办公室也负责与院系进行有关助教培训的沟通工作。

各个部门并非正式的行政划分，而仅仅是依据 CRLT 的业务发展需要以及员工的专业背景和工作兴趣而组建的 7 个工作小组。因此，这些部门没有所谓的部门领导人，也不存在科层意义上的上下级关系，员工彼此之间仅仅是平级的同事关系。此外，各个部门间没有绝对的界限，很多活动都是共同协作完成的，如举行计算机辅助教学的工作坊和研讨会就需要教师发展部门进行宣传和组织工作，需要教育技术部门提供技术支持。

3. 员工会议

CRLT 这一阶段的员工会议没有固定周期，一般为两周一次，有时一个月一次，全体 CRLT 员工皆需参加。会议通常对组织的前段时间的工作进行总结，对未来一段时间所要开展的工作进行规划和商讨。与此同时，CRLT 员工会就自己最新的研究进展以及科研项目获得情况与大家分享。这个会议是全中心所有员工相聚和讨论的平台。以 1978 年 4 月 19 日的会议记录为例，本次会议包括五个部分：第一部分是负责评估与考试工作的库里克就教师评教问卷 IDQ 的回收与数据分析情况向大家报告；第二部分是助教培训负责人鲍勃对前期的培训项目进行总结，分享经验；第三部分是员工们就 CRLT 访问学者的问题进行讨论；第四部分是负责计算机辅助教学的基恩对前几个项目报告进行汇报，并发表了对后续项目的发展看法；第五部分则是商讨下次会议的时间与主题。①

4. 组织内部结构特点

从 CRLT 结构图以及内部单元的设置、人员配置及职能可以很清晰地看出 CRLT 的结构特点。

首先，CRLT 是一个扁平化组织机构，不存在复杂的科层制。CRLT 的主任是拥有终身教职的教授，在进行教学研究以及负责教师发展工作之余更多扮演着与外界沟通以及内部协调的角色，而不是专门的行政管理者。

其次，CRLT 的结构简单。从图 4.1 中可以看出，CRLT 的内部单元只有主任、副主任与行政助理以及 7 个工作单元，并没有设置基本的行政支持机构比如财务预算部门等。因此，CRLT 的组织内部结构是简单的或者说是非正式的。

最后，CRLT 的机构发展有所侧重。从对 CRLT 各个工作单元的人员配置以及工作内容可以看出，在这一阶段，CRLT 重点发展教师发展、课程与项目评估两个单元。其中，教师发展单元的成员皆为 CRLT 的领导者，可以广泛地与外界进行沟通与协作，获得外部资源，也可较为方便地协调 CRLT 内部的资源为教师发展项目所用。而课程与项目评估部门则拥有较为强大的人力资本，数量与质量兼备的研究人员使得该部门有人力应对密歇根大学诸多院系和教师的课程评估工作以及日渐增多的教师发展项目的评估工作。

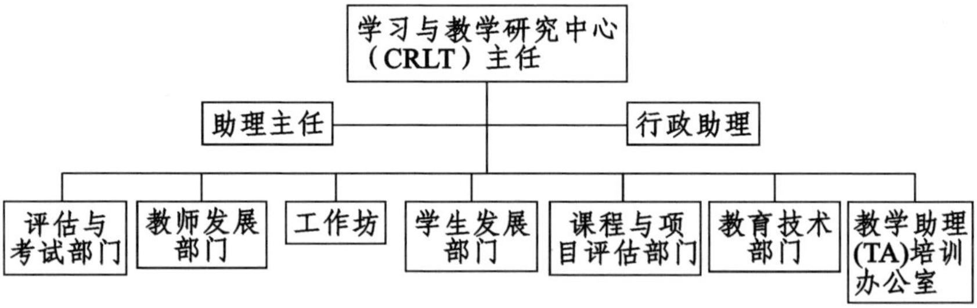

图 4.1 CRLT 组织内部结构图

资料来源：CRLT. The Response for the Evaluation of CRLT, 1982[B]. Ann Arbor: Bentley Historical Library, 1982.

① CRLT. Minutes of Staff Meeting, 1975 – 1982[B]. Ann Arbor: Bentley Historical Library, 1982.

（三）咨询委员会的产生

CRLT建立之初，学校教师评议会下属的教学促进委员会暂时承担了为CRLT组织发展提供政策建议与咨询的职能。后由于教学促进委员会的解散，CRLT日渐意识到建立一个由学校各个院系的教师组成的咨询委员会对组织自身发展至关重要。CRLT希望通过建立咨询委员会听取更多来自教师层面以及各个专业领域的声音，帮助CRLT发展。此外，CRLT也希望通过咨询委员会建立起与各个学院、学校行政管理者以及教师评议会之间的沟通渠道。

此阶段，CRLT咨询委员会的成员数量为7人，一般有2名来自文理学院，另4名从其他学院中选出。此外，较长一段时间内，学校媒体中心的主任一直作为特聘委员参加咨询委员会活动。咨询委员会每学期至少举行两次会议。CRLT主任负责会议日程安排和准备工作。咨询委员会的成员由CRLT主任在各个院系寻找或由密歇根大学教师评议会推荐，在和想要聘请的教师达成一致后，由教务长即主管学术事务的副校长颁发聘书。当然，担任CRLT咨询委员会成员是教师的一个额外职责，对部分教师来说是一份负担。因此，有些时候CRLT咨询委员会的成员来源并不能如预计的那样，以1980年的咨询委员会为例，7名委员分别来自护理学院（主席）、工程学院、文理学院数学系、药学院、教育学院、法学院、密歇根媒体中心。从名单可以看出只有1名成员来自文理学院。

咨询委员会的职责是帮助CRLT更好地发展，对CRLT的政策与行动进行监督，从而使CRLT更好地完成组织使命。CRLT咨询委员会对教师发展项目、研究课题、人员雇用和职位晋升、资源获取和调配以及大学间的合作等事务进行讨论和决议。此外，咨询委员会同样扮演着桥梁的角色，向学校为CRLT争取利益，并阐述CRLT的工作情况。最后，咨询委员会成员也是CRLT所管理的教师发展基金、教学发展基金等教学奖项的评审者。咨询委员会建立之初一年召开4至6次会议，后增加为每月1次。除咨询委员会成员，部分CRLT员工也会参加会议，并就最近的工作向咨询委员会汇报。由于咨询委员会成员同样是职称评定委员会成员，因此员工的工作汇报情况是考核员工的重要参考物。

值得一提的是咨询委员会并不具有执行功能。正如主管学术事务的副校长史密斯（Allan F. Smith）在咨询委员会成员的聘任信里所述，咨询委员会是一个为 CRLT 提供政策指导和行动建议的单元，旨在加强 CRLT 的影响和效力，而非制定 CRLT 发展策略以及对其进行管理的执行委员会。①

（四）考试与评估办公室的并入

考试与评估办公室（Office of Evaluation and Examinations，OEE）创建于 20 世纪 40 年代，隶属于心理服务局（Bureau of Psychological Services），建立之初即负责全校各个学院课程考试的考试卡计分以及考试成绩统计事务。1972 年，学校抽取教师成立委员会对考试与评估办公室进行了评估，认为考试与评估办公室在现有工作之余应增加教育研究功能。②

早在 1962 年 CRLT 建立时，学校领导就意识到新建的学校教师发展中心需要与学校考试与评估办公室合作，预计这两个机构的合作可以解决学校所面临的教学问题。③ 随着这两个机构的发展，CRLT 与考试与评估办公室的业务重合度越来越高，学校于 1976 年决定把规模小的考试与评估办公室并入 CRLT，作为 CRLT 的一个分支机构。并入后的考试与评估办公室仍由之前的主任弗里克（Benno G. Fricke）负责。不久，弗里克退休，由 CRLT 研究员也是学术界公认的教育评估权威库里克负责考试与评估办公室的工作。至此，考试与评估办公室实质性地成为 CRLT 的一部分。

考试与评估办公室的主要职能是服务，主要提供四类服务：

第一类是课堂考试计分服务。为教师的课程考试提供评分服务，包括答题卡的读写以及分数统计等，且使用此项服务的教师越来越多。1969—1970 年度，共有 213 场考试使用考试与评估办公室的服务，而这个数字到 1981—1982 年度变成了 582 场。第二类是新生入学考试测试。考试与评估办公室对新生入学考试以及专业考试进行测试和评分，并根据学生测试的成绩推荐符合其需要的课程。第三类为研究生外语能力测试。第四类则是 CRLT 自行开发的学生评教系统 IDQ 的管理与分析工

① Smith，A. F. The Correspond for the Committee Assignment[B]. Ann Arbor：Bentley Historical Library，1971.

② Committee. Report of Committee to Review the Functions of the Office of Evaluation and Examinations[B]. Ann Arbor：Bentley Historical Library，1971.

③ Regents' Communication. Recommendation for the Establishment of a Center[B]. Ann Arbor：Bentley Historical Library，1962.

作。随着 IDQ 学生评教系统对教师教学质量提升的显现，越来越多的教师使用此系统。以 1981 年为例，评估与考试办公室收到 10 万份学生评教问卷。①

1976 年，考试与评估办公室的并入增加了 CRLT 的服务功能，使得 CRLT 承担起全校各门课程的考试评分与存档任务。从某种意义上来说，学生考试成绩是教师教学质量的一种反应，而 CRLT 作为一个教师发展中心被赋予了权衡教师质量的职责。此时，CRLT 与教师之间已不是纯粹的服务提供者与服务接受者的关系，更多了一层评价者与被评价者的关系。

二、人力资源

（一）专职科研岗

1．岗位的要求

密歇根大学的教师人员由教学人员、专职科研人员以及其他人员构成。教学人员包括终身教职轨道的教授、副教授、助理教授，也包括讲师轨道的教学教师。专职科研人员则分为两类：一类是研究教授系列，包括研究教授、研究副教授以及研究助理教授。这一类教授以研究为主，兼任少量教学与服务职能。另一类则是研究员系列，密歇根大学大部分专职科研人员属于这一类，其中就包括 CRLT 的专业员工。研究员系列的职称包括研究员、副研究员以及助理研究员。研究员系列没有任何的教学与社会服务要求，以研究为主即可。但研究员、副研究员以及助理研究员对员工的学术能力以及研究经费的独立性皆有一定的要求，CRLT 的管理人员则把学校的规定具体到组织层面。

研究员的学术要求是其需具备较高的国际和国内学术声誉，并有大量的高水平学术论文发表。此外，研究员还需经常参加相关的学术会议。在经费独立性方面，研究员需要有独立的科研基金。从 CRLT 层面来说，研究员需具备主持项目的能力，对全校的教学提升有帮助并且能为 CRLT 获得研究经费。研究员应该是有经验的研究者，是本领域全国范围内公认的权威。同样，研究员也应该在密歇根大学场域内获得认

① CRLT. Triennial Report：1980－1982［B］. Ann Arbor：Bentley Historical Library，1982.

同，其研究应被认为能够有效地促进教学质量提高。此外，研究员需具备一定的组织能力和领导能力，能够获得校外的研究项目并且主持项目。

副研究员的学术要求是其学术潜力应与终身教职序列的助理教授相当，拥有以第一作者身份发表的高水平出版物，参加相关的学术会议。经费独立性方面，学校没有对副研究员做出必须有研究经费的硬性要求，如有则为佳。在 CRLT，副研究员应该可以主持具体的研究项目，对学院层面的教学质量提高提供帮助。副研究员可以执行中心的项目并发表研究成果，并具备一定的管理和领导能力。

助理研究员的学术要求是其应有良好的学术发展潜力，有承担大型研究项目子项目的能力，能发表同行评议的学术论文，参加相关的学术会议。此外，助理研究员同样没有获取独立研究经费的要求。CRLT 层面，助理研究员被要求能够独立开展科学研究以及教学促进项目。最初，助理研究员可跟着其他项目积累经验，随后即可自己寻找项目资金开展研究，研究结果需呈现为学术出版物。成为 CRLT 的助理研究员的先决条件是需获得与 CRLT 组织目标相关学科的博士学位，且接受过一定的教育技术培训，个人能力较为优秀。①

总而言之，1993 年以前，CRLT 专业员工岗位性质皆为研究员系列，其主要任务即是科学研究，岗位职责对教学与学校服务没有要求。研究员系列岗位的设置直接影响 CRLT 的科研导向。值得一提的是，CRLT 层面的岗位职责特意强调了科研专业人员为学校、院系教学促进服务的职责。

2. 职称晋升

研究员系列职称的晋升主要看科研项目的完成情况和科研成果的发表情况。从晋升间隔时间上来说，CRLT 认为助理研究员在工作四至五年后即可被推荐晋升副研究员。副研究员任职四至五年后，如个人科研成果突出，即可晋升研究员。具体晋升条件方面，学校认为晋升副研究员及研究员的候选人应在自己所研究领域拥有一定的知名度，享有较高的学术声誉。此外，副研究员与研究员候选人应申请到国家级的课题，如美国国立卫生研究院、美国自然基金等联邦科研机构的课题。CRLT

① CRLT. Minutes of Staff Meeting, 1975[B]. Ann Arbor: Bentley Historical Library, 1975.

员工的职称评定委员会由其咨询委员会成员组成。

（二）岗位的工资分配

CRLT 的专业员工拿到的是专职科研人员合同。专职科研人员合同与终身教职轨合同相比，不用经受非升即走、不出版便出局的压力。但是，专职科研人员也没有获得终身教职的机会，不能享受终身教职政策带来的保障。CRLT 的助理研究员虽没有必须在四到五年内晋升到副研究员的压力，但是，如果 CRLT 运行经费不足且某些专业员工自身没有获得研究经费的情况发生时，这些专业员工将面临被裁退的危机。当然，某些具有不可替代能力的员工不受此政策限制，比如项目评估是 CRLT 非常重要的活动之一，而只有库里克研究员一个人可以独立主持此研究，那么，即使库里克没有研究经费也不能裁退他。从某种意义上来说，在 CRLT 没有足够运行经费的情况下，能否继续工作和获得工资取决于组织内的专业员工自身，如果这些专业员工能够寻找到学校或政府、私人基金会的项目资助，即可通过项目经费聘用自己和同事。

表 4.4　1975 年 CRLT 专业员工工资分配情况

专业员工姓名	职称	CRLT 负责薪金比例
维尔伯特·麦基奇	研究员	9 个月 50%，3 个月 100%
斯坦福·埃里克森	研究员	9 个月 25%，3 个月 100%
唐·布朗	研究员	9 个月 50%，3 个月 100%
卡尔·基恩	研究员	12 个月 50%
吉姆·库里克	研究员	9 个月 75%，3 个月 100%
林一光	副研究员	12 个月 50%
鲍勃·科兹玛	助理研究员	12 个月 100%
简·劳伦斯	助理研究员	9 个月 66%，3 个月 100%

资料来源：CRLT. Minutes of Staff Meeting, 1975[B]. Ann Arbor: Bentley Historical Library, 1975.

这一阶段，CRLT 的大多数员工签的是联合合同。拿取联合合同的员工的工资由 CRLT 和其他聘用机构一起承担，各用人单位的支付比例按照员工的工作时间和工作量确定。如其他机构经费短缺而不再聘用，CRLT 在原则上仍付给员工原有合同比例上的工资。员工可通过获取额外科研经费补齐总工资的差额。

从表4.4中我们可以看到，1975年CRLT大部分专业员工的薪金皆只有部分来自CRLT的财政预算，其余差额将由联合聘用的用人单位提供。如CRLT是唯一的用人单位，则此员工需要自己争取科研项目，从项目经费中补齐余下工资。

（三）员工的招聘与培训

1. 员工招聘

CRLT此阶段的员工招聘经历了由非正式化向准正式化发展的过程。招聘人员既来自校园内部，也来自校园外部。非正式化招聘的过程中，CRLT主任搜寻人才并进行考核，起着决定性作用。准正式化招聘过程中，则由主任与咨询委员会一起决议人选。

非正式化招聘阶段，CRLT的很多专业员工都是从密歇根大学现有教师队伍中吸收过来的，招聘的方式则是CRLT管理者与职位候选人的会面和谈话。1962年CRLT成立之初只有两名全职员工。1963年，首任主任埃里克森对CRLT未来组织结构进行规划，便开启了专业员工的招聘历程。以1963年为例，埃里克森基于校内现有的资源状况以及中心未来的发展方向开始招纳人才。首先，埃里克森与时任电视中心助理主任舒马赫（Hazen Schumacher）达成一致，聘请其为CRLT兼职工作人员，从而展开电视教学推广工作。[①] 其次，埃里克森基于教育技术研究、程序教学推广、测试和评估工作开展的需要，联系了几个合适的人选，并与候选人联系，达成初步共识。比如教育技术研究方面，埃里克森与在哈佛大学做心理语言学博士后的科恩（Frank Koen）博士联系，并确定了雇佣关系。程序教学方面，埃里克森同样与两名候选人见了面，确认了其良好的专业能力后达成了雇佣关系。在测试和评估工作的员工的选择上，埃里克森主要从自己所在的文理学院心理系寻找候选人。测试和评估是心理学研究者的基本工作领域和研究强项，埃里克森在时任心理学系主任麦基奇（Wilbert J. Mckeachie）教授以及另外一名教授的推荐下，与获得教育心理学博士学位的基恩（Carl Zinn）取得联系。基恩的研究方向即为心理测量和评价指标发展，此外他还是一名出色的教师，心理系两位教授的联名推荐更是其学术水平的有力保障。因此，埃

---

① Ericksen, S. C. An Introductory Statement about Our Origin, Expectations, and Anchoring Concept[J]. Memo to Faculty, 1963(1): 1-6.

里克森在与其接触后便做出了签订合同的决定。CRLT 建立的功能之一是进行教学信息集散。因此，埃里克森招聘了一名专门负责出版物等事务的工作人员。当然，埃里克森在寻找每个工作人员时都有着一定的用人标准。以负责出版事务的岗位为例，他制定的用人标准是员工需有博士学位，可以准确判断哪些信息有效，可以较好地把专业知识转化为适合教师阅读的、有助于教学质量提高的信息。[①] 此外，埃里克森通过与学校心理学、教育技术学等相关专业的教师接触，吸纳了较多的在任教师成为 CRLT 的专业员工，比如心理系主任麦基奇教授等。这些招聘决定由埃里克森定夺，最后上报给教务长获得审核同意，财政预算通过即可。可以看出，非正式化的招聘是 CRLT 主任利用私人关系寻找专业员工的过程，整个招聘过程体现着其较浓的主观意愿。

准正式化的招聘与非正式化的招聘最大的差别即是加入了咨询委员会的建议过程。以 1978 年的招聘过程为例，咨询委员会主任麦基奇（同时也是 CRLT 主任）在委员会会议上与委员会成员一起商讨预计招聘岗位的用人标准。麦基奇先向大家阐述了 CRLT 未来一段时间欲加强的项目，又拟定了新员工的工作职责，包括行政管理的帮助，计算机教学、教师教学技能培训与咨询项目的组织与协调工作。委员会成员围绕新员工的职责范围给出了需具备博士学位、拥有教学经验和管理经验等条件。候选人名单确定后，委员会就候选人的情况再进行讨论和决议。相比非正式化的招聘，此阶段招聘有了较为客观的用人标准，参与决议的人员也更为多元化，招聘过程更加透明。然而，这一阶段人员招聘的宣传工作仍未较好地展开，因此应聘员工仍集中在 CRLT 管理者或员工的“熟人社会”里。

2. 员工培训

1993 年以前，CRLT 的员工以专职科研人员为主，工作重心是开展教学与学习相关的科研项目。而做研究的能力是这些取得博士学位的研究人员已经获得和一直不断实践的，很难也不需要通过专门的培训来提高。因此，这一时期的 CRLT 没有开展正式的员工培训，非正式的员工培训则是通过员工会议平台进行的。

基于员工会议评议的员工培训实质上是员工的述职会议。员工总结

---

① Ericksen, S. C. Rencent Activities and Recommendations for the Immdeiate Future[B]. Ann Arbor: Bentley Historical Library, 1963.

开展科研项目与服务项目的经验，并与大家交流与分享。科研项目方面，员工对近期的科研事务进行阐述，内容包括最近获得科研项目的资金来源、研究内容以及研究进度等。服务项目方面，CRLT 各个服务单元的员工对负责项目的开展情况进行阐述，并基于评估报告进行总结。以 1980 年 6 月的员工培训为例，负责工作坊的员工对过去一年教师发展工作坊的场次增长情况、参加人数增长情况以及参加院系多元化情况进行阐述，总结了院系层面和教师个体层面对具体工作坊的反馈意见，最后，规划了未来一年教师发展工作坊项目的工作目标。项目评估单元、教学助理培训单元、教学发展基金单元也就自身工作进行了总结和展望。①

第四节　组织员工的特征与需求

组织员工的知识、技能以及对所承担任务的适应性对组织发展有着至关重要的影响。组织员工的功能划分、职业发展需求则在很大程度上影响了组织核心任务的选择和工作重心的分布。此外，组织领导者的个人特征、管理思想也会对组织发展产生重大影响。本节将结合上节对 CRLT 专业员工科研岗的分析，对组织员工的属性特征进行归纳。此外，本节通过分析 1973 年选择主任去考察 CRLT 的整个过程的价值取向和选择逻辑，从而了解主任的基本特质。

一、组织成员的属性特征

（一）个人特征的划分

CRLT 此阶段的员工分为专业员工与行政员工。其中专业员工是 CRLT 的绝对核心，而行政员工数量很少，仅一至两名，因此这里主要对专业员工的个人特征进行分析。专业员工具有教育背景好、研究领域明确、科研能力强、学术影响力大等特征。

首先，教育背景好。CRLT 的专业员工都有良好的教育背景。除个别员工外，绝大多数员工都有美国顶尖研究型大学的博士学位。如表 4.6 所示，1967 年 CRLT 的 10 名专业员工中有 8 名获得了哲学博士学

① CRLT. Minutes of Staff Meeting, 1975 - 1982[B]. Ann Arbor: Bentley Historical Library, 1963.

位，毕业学校包括芝加哥大学、哥伦比亚大学、范德堡大学、加州大学以及密歇根大学等研究型大学。这些员工的专业背景皆为心理学，具体专业有认知心理学、基础心理学、教育心理学以及心理测量学等。[①] 良好的教育背景以及博士学位的获得证明 CRLT 的专业员工接受过良好的学术训练，具备开展学术研究的能力。

其次，研究领域明确。CRLT 专业员工的研究领域皆与 CRLT 组织目标相关，主要集中在三个方面：其一，是对教学过程的研究。包括对课程改革、教学方法创新等的效果评估，也涉及教学发展项目的评估。这类研究是 CRLT 研究的主体，能有效对教学改革过程进行监督。CRLT 主要研究人员麦基奇、库里克等都致力研究教学过程问题，对各类教学项目进行评估。其二，是对学生发展的研究。这类研究基于追踪调查数据而成，分析学校人才培养项目改革的效果以及对大学生中的特殊群体的就读经验进行研究。研究员布朗教授是这类项目的主持人。其三，则是教育技术的相关研究。以基恩为首的计算机辅助教学团队开展包括建设跨校网络平台在内的一系列研究活动。此外，专业员工还开发了程序教学材料。

再次，科研能力强。CRLT 的专业员工都具有较强的学术能力。科研能力强体现在课题申请和论文及书籍出版上。课题申请方面，CRLT 专业员工成功申请了校内、私人基金会以及政府的较多课题。出版物方面，CRLT 专业员工在心理学领域、高等教育领域以及教育技术领域的学术期刊上发表了较多文章。此外，CRLT 专业员工还参编了较多有关大学教学的书籍。如表 4.5 所示，CRLT 专业员工五年度内共发表论文 205 篇。其中研究员以及副研究员是论文发表的主力军，论文多发表在《教育心理学》《高等教育期刊》《高等教育评论》《教育技术》等期刊上。无论以论文发表的期刊级别，还是以论文发表的数量来评价，CRLT 的专业员工都表现出了较强的科研能力，提高了 CRLT 在全美高等教育教学与学习研究领域的声誉。

---

① Ericksen, S. C. Correspondence for the Summary Statement About the CRLT[B]. Ann Arbor: Bentley Historical Library, 1967.

表 4.5　20 世纪 70 至 80 年代 CRLT 专业员工五年度发表论文数量统计

时间	1975—1976 年度	1976—1977 年度	1978—1979 年度	1980—1981 年度	1981—1982 年度	总计
发表论文（篇）	42	44	45	42	32	205

资料来源：CRLT. Annual Report: 1975 – 1976[B]. Ann Arbor: Bentley Historical Library, 1976; CRLT. Biennial Report: 1976 – 1978[B]. Ann Arbor: Bentley Historical Library, 1978; CRLT. Biennial Report: 1978 – 1979[B]. Ann Arbor: Bentley Historical Library, 1979; CRLT. Triennial Report: 1980 – 1982[B]. Ann Arbor: Bentley Historical Library, 1982.

最后，学术影响力大。CRLT 的专业员工皆为各自研究领域的专家，在全美范围内享有较高的学术声誉，尤其以麦基奇、布朗、库里克以及基恩四位研究员最为突出。麦基奇早在 20 世纪 60 年代便已是大学教学方面的专家，其著作影响了一代又一代刚入职的年轻教师。他还担任过美国心理学会和美国高等教育协会的主席。布朗则在大学生发展研究领域颇有知名度，其有关大学生学术成功指标的研究，对后续研究影响较大。库里克致力高等教育评估，建立了全美较早的教学评估网络平台，他还是美国心理学会的研究员，并获得了《教育研究》期刊颁发的教育贡献奖。基恩作为全美最早致力计算机辅助教学的学者之一，在此领域享有盛名，并主持了美国国家科学基金会等联邦科研机构委托的重大课题。其余的专业员工也积极地通过在专业领域的协会发声，以及发表高水平论文来提高自己的学术声誉。

表 4.6　1967 年 CRLT 专业员工个人属性特征

姓名	教育背景	研究领域	合同状况
莱曼·阿伦	法学学士，1956，耶鲁大学	教学游戏	法学院，CRLT
唐·布朗	哲学博士，1951，加州大学	学生发展，态度转变	心理学系，CRLT
斯坦福·埃里克森	哲学博士，1938，芝加哥大学	学习理论	心理学系，CRLT

（续表）

姓名	教育背景	研究领域	合同状况
乔治·盖斯	哲学博士，1965，哥伦比亚大学	程序教学	心理学系，CRLT
詹姆斯·海德格德	哲学博士，1967，密歇根大学	个体发展，教育标准界定	心理学系，CRLT
佛兰克·科恩	哲学博士，1963，范德堡大学	心理语言学	心理学系，CRLT
帕特里夏·康纳	哲学博士，1959，密歇根大学	动机	心理学系，CRLT
哈森·舒马赫	文学硕士，1951，密歇根大学	电视教学	电视中心，CRLT
大卫·斯塔克斯	哲学博士，1967，普渡大学	计算机辅助教学，研究设计	医学院，CRLT
卡尔·基恩	哲学博士，1964，密歇根大学	计算机信息系统辅助教学	心理学系，CRLT

资料来源：Ericksen, Stanford. Correspondence for the Summary Statement About the CRLT[B]. Ann Arbor: Bentley Historical Library, 1967.

（二）组织成员的需求

基于对专业员工的特征进行分析，不难看出其有以下三个需求：

1. 职称晋升的需求

CRLT的专业员工属于研究员系列，此系列的教职人员最为核心的任务就是研究。在专业员工晋升的过程中，最为重要的晋升指标是科研成果的数量与质量。CRLT员工在晋升副研究员和研究员的过程中都被要求提交具有代表性的、高质量的有关CRLT组织目标的科研成果。因此，CRLT专业员工迫于职称晋升的需求，努力发表学术论文，使得工作重心更加偏向科研。

2. 薪金稳定的需求

这一时期，CRLT大部分员工的工资并不全由CRLT的学校财政预算支付。一部分员工是心理学系等校园单元的联合聘用员工，在自己所在系有教学任务和研究任务，因此可以在CRLT以外的单位获得一部分工资。而另一部分员工则需要由CRLT所掌握的校内外科研项目经费发放财政预算以外的工资。因此，CRLT 的所有员工都肩负着为组织获取外部科研经费的责任。只有获得足够的科研经费才可以保证员工薪金的稳定。

3. 专业发展的需求

CRLT 的专业员工皆为博士学位获得者，就职于 CRLT 之前皆有丰富的研究经验和较好的研究成果。进入 CRLT 后，这些专业员工仍有着强烈的专业发展的需要，积极参加本领域的年会，进行与所学专业相关的研究。每个员工每年都会参加很多的课题研究，既有校本研究又有全国性的课题，致力成为大学教学与学习领域内的专家。

总结上面三点员工需求，我们可以发现，科研是组织成员需求的关键词，无论是职称的晋升、工资的稳定以及专业的发展都离不开科研项目的获得以及科研成果的发表。此外，以上三种需求相辅相成、互相影响。这三种需求的根源，还是员工研究员职称系列的岗位设置，以及员工的个人特征。专业员工的岗位设置、个人特征与需求互相影响，而员工的个人特质和需求也进一步增强了 CRLT 的科研功能。

二、主任的选择

组织管理者的选择对于一个组织的发展起着至关重要的作用，其选拔标准反映了组织未来的发展方向。因此，选择合适的主任是决定 CRLT 运行成功的关键一步。① CRLT 首任主任埃里克森是一名在专业领域内有着较高声望的心理学家，一直致力学习理论的研究。可以看出，学校在 CRLT 建立之初就打算以心理学为学科基础，对教师教学与学生学习的过程进行理论研究，通过理论知识对教学实践产生影响。1973 年，埃里克森在担任了十年主任之后，准备退居二线。CRLT 面临了组织发展过程中的首次主任选拔。通过对主任选拔过程的分析，我们可以管中窥豹，对 CRLT 未来的发展方向、发展战略以及工作重点等有所洞察。

（一）主任选拔的标准

CRLT 于 1973 年成立了主任遴选委员会，开展中心建立以来的首次

① AD HOC Committee on Programmed Learning and Related Activities. The Proposal of Center for Research on Learning and Teaching[B]. Ann Arbor: Bentley Historical Library, 1962.

主任选拔工作。主任遴选委员会由 CRLT 咨询委员会成员组成，设主席 1 人，成员 4 人。委员会向 CRLT 全体员工发出征求意见的信件，希望员工推荐出心目中的合适人选，员工也可以进行自我评价，推荐自己成为主任候选人。员工征求意见信包括几个部分：其一是本人在 CRLT 的工作表现自评；其二是对 CRLT 未来发展方向的认识；其三是对 CRLT 新主任所应具备能力的看法；其四是推荐校内或校外的可管理 CRLT 的人员；其五则是其他与主任选拔有关的事情。①

埃里克森作为 CRLT 首任主任和即将卸任的主任，他的回信可认为是委员会进行新的主任选拔最有效的参考意见。埃里克森认为 CRLT 在未来的发展中应该更多地与文理学院这个本科生大院进行合作，应该进一步加强大学教学领域的研究，保证中心在该领域的领导地位。密歇根大学越来越多的教师对教学中的新知识和新方法感兴趣，CRLT 应更多地参与到研发课题中，比如计算机技术在教学中的运用将会对密歇根大学的教学产生重要影响，CRLT 可以在这方面投入更多精力，从而获得话语权。综上所述，埃里克森认为进行有关教学与学习的研究仍然是 CRLT 今后发展的重点，高质量的科学研究成果有助于教师对 CRLT 产生信赖，是促进教师使用 CRLT 提供教师发展服务的有效保障。在主任所应具备的能力方面，埃里克森认为候选人应有较高的学术地位和较强的学术研究能力，能够从事基础研究并把研究运用到密歇根大学教学质量提高的实践上。未来的主任应该对 CRLT 促进教学的基本使命有着极高的热情，并能对 CRLT 这个研究领域模糊且组织结构并不十分正式的组织机构进行操控。他还强调教育技术工作人员不适合担任主任一职，因为其很难在整个大学内产生影响。②

可以看出，主任候选人的学术地位和科研能力是 CRLT 选拔主任最重要的标准。CRLT 主任遴选委员会认为未来主任应在自己的专业领域有着全国性的学术声望，有较高的学术地位。与此同时，未来主任应有较强的科研能力，自己能够发表高质量的论文，获取全国性课题，并能带动整个教师发展中心的科研水平。其次则是主任候选人所研究领域与

① Search Committee for CRLT Director. For Intra-University Correspondence[B]. Ann Arbor: Bentley Historical Library, 1973.

② Ericksen, S. C. For Intra-University Correspondence[B]. Ann Arbor: Bentley Historical Library, 1973.

中心未来重点关注领域的契合度。主任遴选委员会认为教学、学习以及大学生发展等仍是中心未来重点关注的领域，因此未来主任的专业领域应在此范围内。最后，管理 CRLT 此类组织机构的热情程度也是 CRLT 选拔主任的重要参考指标。

（二）主任候选人的特质

依据首任主任埃里克森以及学校领导等各方的推荐，主任遴选委员确定了主任候选人名单。主任候选人共四名，皆为密歇根大学心理学院的教师或研究人员。

格林诺（James Greeno）是心理学系的教授，是一名优秀的实验心理学家，能够运用当时最前沿的计算机技术开展一系列高级心理过程的研究，比如学习、思考、制定决策以及问题解决等。此外，格林诺热衷于把其研究成果运用到教学实践中，其 1973 年递交给美国心理学年会的论文《认知结构中习得功能的理论与实践》就是例证。埃里克森认为计算机辅助教学将是未来教学发展的方向，也是 CRLT 应该重点关注的领域，而当下 CRLT 在此领域并没有较大的话语权，因此需要加强。此外，计算机技术将对未来教学与学习领域的科学研究产生重要影响。格林诺对计算机技术十分精通，可以领导 CRLT 在未来五到十年内取得此领域的一系列研究成果，进行较多的教学实践。①

麦基奇是一名拥有 25 年大学教学实践和研究工作的心理学教授，其 1961 年至 1971 年曾经担任密歇根大学心理学系的系主任。他是大学教学研究领域的专家，理论研究的贡献体现在对学习策略的分类上，教学实践的贡献则是编写了影响全美一代又一代大学新教师的《教学方法：大学新教授指导手册》一书，其还担任过美国心理学会和美国高等教育学会的主席。麦基奇是密歇根大学公认的教学名师，且积极参与到教师治理的行动中。

布朗（Donald R. Brown）是心理学系的教授，同时也是 CRLT 的研究员，是密歇根大学 20 世纪三大本科生教育改革项目，即试点项目、英特佛莱克斯项目、住宿学院项目的创建者和参与者。布朗热衷于大学生就读经验的研究，曾对本科生学习产出影响因素进行分析，并在此领域有着全国性的影响。

---

① CRLT. Director Search, 1973[B]. Ann Arbor: Bentley Historical Library, 1973.

库里克（Jim A. Kulik）是心理学系和 CRLT 的双聘研究员，其研究兴趣专注于心理与教育评估，亦有大量有关教育评估的学术论文。库里克建立了密歇根大学第一个计算机教学评估系统，并承担了密歇根大学学生评估工作、教师教学工作等，是美国高等教育评估领域的权威。

正如埃里克森所言："我认为 CRLT 的主任应该是某一领域专家而不是通晓多方面事务的多面手。"以上四位主任候选人皆为心理学某一研究领域的专家。

四位主任候选人具有以下几个共同特征：首先，都是心理学背景的学者，且都拥有博士学位，四人所读专业皆为心理学。从这一点可以看出，CRLT 从创立之初至今仍然以心理学为组织发展的学科基础。博士学位的获得意味着四人接受过良好的学术训练，有着较好的学术研究能力。其次，四人皆有教授或研究员职称，都是各自领域的专家，享有良好学术声誉。格林诺在 20 世纪 70 年代就已经用计算机进行心理学研究了，走在学界前沿。麦基奇则已经从事了 25 年的大学教学研究，在认知领域颇有建树，并出版了具有全国性影响力的《教学方法：大学新教师指导手册》。布朗是大学生发展研究的专家，而库里克则一直致力大学教育评估的研究与实践。最后，四人都致力大学教学相关研究。四位候选人的研究领域虽有出入，但都与大学教学相关，聚焦于如何提升大学教学质量的问题上。

四位主任候选人又各有优势。格林诺善于用计算机进行科学研究，这对 CRLT 未来重点发展计算机辅助教学有促进作用。麦基奇则专注于大学教学的研究，直接与 CRLT 的使命即促进大学教学相吻合，且其曾是心理学系的系主任，拥有丰富的组织管理经验。布朗与库里克已经参加了较多的 CRLT 活动，对 CRLT 的整体运行比较了解，与其他 CRLT 员工也更为熟识。

四位候选人在进入 CRLT 之前是拥有教学、研究和社会服务多重使命的教授或研究员，而非大学行政员工或专业员工。因此这些候选人较为关注自己的学术职业发展，即使担任 CRLT 组织的管理者也仍希望自己的学术研究可以继续下去。

（三）主任的最终人选

格林诺较为担心担任主任一职会影响自身专业发展，且较早地离开了密歇根大学，因此没有成为 CRLT 的主任。其他三位候选人即库里克、麦基奇、布朗相继成为CRLT的第二、三、四任主任。其中，库里克为临时主任，管理CRLT的时间为1973—1975年；麦基奇从1975—1983年管理着CRLT；而布朗则任CRLT主任十年（1983—1993年）。

这次主任的选拔确定了CRLT运行机制形成阶段主任选拔的标准，为CRLT未来20多年的发展储备了主任候选人。与此同时，主任的选拔标准也间接显示了CRLT未来组织工作的重心和组织发展策略，专家型的主任巩固了CRLT以科研为导向的运行机制。

总的来说，作为全美首个专注于教师教学发展的组织机构，CRLT在这一时期已经享有了大学教学与学习研究领域较高的组织声誉。CRLT基于组织平台在全校范围内开展了校内教师发展活动，这些教师发展活动无论是在形式上还是在内容上都给20世纪90年代美国大学新建的大批教师发展中心的工作开展提供了最佳榜样。CRLT在20世纪70年代依靠计算机系统与网络平台所建立的学校教务平台以及学校信息分享平台也走在全美高校前列。CRLT员工所编写的《教师发展手册》《研究生助教发展手册》等工具书在全美颇有影响，而麦基奇所编写的《教学方法：大学新教师指导手册》更是影响了众多面对教学无从下手的新大学教师。最重要的是，CRLT依靠其高素质的专业人员完成了众多在学生发展、大学教学、程序教学、计算机辅助教学、教学评估等领域有影响的研究，并发表了一系列高水平论文，提高了CRLT的专业知名度。CRLT员工还在全美教育学以及心理学的学术会议上阐述了自己的研究成果，提高了组织外部声誉。

这一阶段CRLT已经建立起组织工作的常态机制。服务与科研同步展开，相得益彰。教师发展方面，新教师入职培训、教师发展工作坊与研讨会等周期性的教师培训项目已经制度化。培训主题也集中在教学过程问题（打分、课堂互动、讲授课程的控制）和教学技术（程序教学、计算机辅助教学、多媒体教学）等方面，培训主讲人的人选也都固定了下来。此外，CRLT建立了学生教学评教系统IDQ，并且在全校范围内推广开来。此项评教系统成为全校教师查看自己教学效果的重要指标。CRLT管理的教师发展基金、教学发展基金等奖项以学期为周期制度化。最后，CRLT基于丹佛斯教学发展项目在文理学院成功进行了制度化的研究生助教教学培训活动。1976年起，研究生助教培训项目正式推广到全校19个学院，成为CRLT教师发展工作的重要组成部分。

科学研究方面，CRLT最初聚焦于程序教学的研究。随着专业员工的不断扩充以及组织学术声誉的逐步建立，CRLT的科学研究领域扩大到大学生发展、教学过程研究以及教育技术三个部分。这些科学研究多以学校资源（学生、教师、设备）为基础进行，基于对新人才培养方式、新教学方法、新教育技术的尝试展开研究，进行效果评估。与此同时，CRLT的专业人员也基于教学需要开发程序教学教材，建立计算机教学服务平台等。

这一阶段，组织的目标是发展教师教学技能、促进教学质量提高、提高教学在学校的受重视程度。组织目标对组织发展战略、组织的工作与技术、准正式组织的形成以及组织成员属性皆有影响。组织发展战略上，虽然CRLT从一开始建立起的基本组织功能就是服务，但是一直以来，CRLT历届主任都认为研究是CRLT必不可少的功能，研究可以提供更好的服务是CRLT员工达成的共识。CRLT通过两类研究试图提高自己在密歇根大学教学场域内的组织声誉：一类是对教学与学习问题进行直接研究，另一类则是对教师发展项目进行研究。CRLT认为一般性的研究可以增加CRLT这类教师发展中心的可信度，而基于校本的行动研究则可以给学校教师信任感，树立学校内的“教学专家”的形象。[①] 概言之，这一阶段CRLT的工作重心以及内部要素的设置都以科研为导向，与组织建立过程中所强调的服务导向背道而驰。

广义的组织技术概念不仅包括开展工作的硬件，也包括组织成员的技能和知识，是与智力或知识过程相结合的物理过程，并通过此过程把员工的知识、技能以及准备的材料等转换成组织的产出。[②] 对于组织而言，环境不仅是输入的来源和输出的接受者，也是组织技术、工作方法与工具、组织成员的主要来源。大多数组织并不发明它们使用的技术，而是从环境中获取。[③] CRLT的组织战略决定了所选组织员工应具备的个人特征。而组织内部结构则和组织工作的开发互相影响，也在较大程度上影响了对组织人员的选择。组织专业员工所具备的能力就是组织的技

① CRLT. Faculty Development Fund Teaching Award Program Progress Report for 1976 - 1978 [B]. Ann Arbor: Bentley Historical Library, 1978.

② Huilin, C. L., Roznowski, M. Organizational Technologies: Effects on Organizations Characteristics and Individuals Responses[J]. Research in Organizational Behavior, 1985(7): 39 - 85.

③ 理查德·斯科特.组织理论:理性、自然与开放系统的视角[M].北京:中国人民大学出版社,2011:144.

术之一。此外，组织中的岗位设置对组织员工的需求产生直接影响。

综上所述，CRLT 的运行机制已经形成。组织环境方面，这一时期 CRLT 较多运行经费来源于校外，一度达到总运行经费的一半以上。组织的发展战略，是以科研促服务，组织工作则包括教师发展服务、教与学的相关研究。正式组织还处于形成状态，虽已有较为明确的组织分工，但缺乏明确的员工培训、与学校内部单元合作渠道等。组织成员为具有博士学位且科研能力极强的专业研究人员。这些特征汇成四个字则是“科研导向”。

第五章
CRLT 运行机制的重构

第一节　组织环境的改善与组织资源的积聚

一、财政预算的恢复

（一）财政预算的削减

如前所述，二战以后，密歇根大学学生人数一直处于增长状态，学费收入充足。与此同时，州政府给予密歇根大学的财政拨款也一直呈增长态势。二战后的 30 年里，密歇根大学的办学规模得到了飞速发展，新的校区、校舍、大规模的教职员工招聘、设备的购买以及一系列的组织机构都在这一期间产生。20 世纪 70 年代以来，随着“婴儿潮”学生陆续离开学校，密歇根大学的学生人数开始下降，学费收入减少。此外，这一时期美国遭遇了二战后的首次经济危机。80 年代以来，州政府给予密歇根大学的拨款急剧减少。① 随着公共财政投入的减少以及私人募捐未能及时跟进，密歇根大学的财政预算已很难维持规模日益庞大的学校正常运转。为此，刚上任的第十任校长哈罗德·夏皮罗（Harold Tafler Shapiro）开展了“小而精”学校发展计划，确定了学校未来五年内的优先发展区域，集中有限资源进行发展，对于评估后并不重要的项

① Frye, B. A. Plan to Preserve Excellent, Distinctivenenss[N]. The University Record, 1982-3-1.

目或机构实施财政预算削减或停止运行。①

学校成立了财政预算优先委员会（Budget Priorities Committee），对学校进行了整体调查，查看未来五年内学校需要重点发展和加强的事务。与此同时，委员会还对学校各组织机构进行评估，确定各个单位财政预算的合理值。委员会对 CRLT 进行了总体评估，发现 CRLT 的学校服务功能存在较大问题。首先是其教师发展基金没有很好地用于教师教学创新活动，而仅仅是用于教师的课程准备，支持项目的评选和评估也使用了较多的财政预算。其次则是教师发展活动的质量问题。教师工作坊与研讨会主题不明确，且参加教师人数较少，没有对教师发展起到较好的作用。最后是校内服务性研究急剧缺乏。CRLT 90% 的研究经费来自校外项目，并没有很好地通过科学研究为学校课程、教学等方面的改革进行智力支持，而是对一般性的教学与学习问题展开研究。② 基于此，"小而精" 发展计划于 1980 年 11 月对 CRLT、密歇根媒体、推广服务处、娱乐体育处四个学校关键性支持部门的财政预算进行削减，随后对文理学院部分系以及学校女子继续教育中心等机构也进行了财政预算削减。③ CRLT1980—1981 年度财政预算被削减 10 万美元，占其原财政预算的三分之一。

除 "小而精" 发展计划外，密歇根大学 20 世纪 80 年代的财政预算五年计划也削减了 CRLT 的运行经费。1982 年，负责学术事务的副校长比利・弗莱伊（Billy E. Frye）指出学校在 1980—1981 年度有 900 多万美元的财政赤字，而 1981—1982 年度则上升到 1200 万，为此制订了未来五年的财政预算计划（the five years plan），决定对 CRLT 等非教学组织单位的财政预算进行削减。每年分为 3%、5% 与 13% 三个削减挡。④ 学校财政预算部门依据各教学单元与行政机构的具体运行情况确定经费削减百分比。

1980 年学校财政预算骤减，使得 CRLT 的组织规模被迫缩小，部分组织工作无法正常开展，组织成员也被迫离职。在组织工作方面，教师

---

① Frye, B. A. U – M Units: Get Ready, Get Set Plan[N]. The University Record, 1982 – 3 – 1.

② Budget Priorities Committee. The Panel Report of CRLT[B]. Ann Arbor: Bentley Historical Library, 1981.

③ Peckham, H. H. The Making of the University of Michigian: 1817 – 1992[M]. Ann Arbor: Bentley Historical Library, 1994: 329 – 331.

④ Frye, B. A. The Five Years Plan[B]. Ann Arbor: Bentley Historical Library, 1982.

发展基金项目被迫停止。此外，1982 年，随着 CRLT 的诞生而创办的期刊《教师备忘录》被迫停刊。IDQ 学生评教系统的运行以及部分教师发展工作坊与研讨会的举行也受到影响，教师申请的教学咨询服务由于人手不足而不能正常进行，评估与考试办公室暂时关闭。在组织成员方面，《教师备忘录》期刊编辑被解雇，而担任主编的 CRLT 创建主任埃里克森也不得不退休，部分员工的联合聘用合同被终止。①

（二）财政预算得到恢复和增加

20 世纪 80 年代中后期，美国经济逐渐复苏，密歇根大学财政危机得到缓解。学校通过私人募捐资金、与企业合作等方式减少了对政府公共财政投入的依赖性。因此，密歇根大学具备了增加 CRLT 财政预算的能力。1988 年以来，新任校长詹姆斯・杜德斯特越发重视学校教学，学校财政预算开始向教学相关事务倾斜。与此同时，CRLT 在遭遇财政危机之后积极开展全校性的教师发展项目，如加强全校教师与研究生助教入职培训的力度，在全校大力推广 IDQ 学生评教系统，并从 1986 年起开展针对国际研究生助教的教学发展项目。此外，原本停止的教师发展基金以及评估与考试部门重新开展工作。一系列的行动使得 CRLT 需要获得更多财政预算，学校增加 CRLT 的财政预算势在必行。

表 5.1　CRLT1987—1993 年学校财政预算②情况（单位：美元）

年度	1987—1988	1988—1989	1989—1990	1990—1991	1991—1992	1992—1993
财政预算	500 130	536 083	669 720	672 646	743 927	759 409

资料来源：CRLT. Budget,1987—1993[B]. Ann Arbor：Bentley Historical Library, 1993.

CRLT 的学校财政预算从 1987 年起进入了稳定增长状态，1992—1993 年度的学校财政预算为近 76 万美元，相比 1987—1988 年度的 50 万美元增长了 51.8%，相比 1982—1983 年度的 34 万美元增长了 120.5%。逐年增长的学校财政预算使得 CRLT 有了较为充足的组织运行经费，可以较好地开展当时的教师发展工作，也可以较为稳定地支付员工工资。CRLT 所遇到的此次财政危机表明其在学校管理者眼中的价值

① CRLT. Budgets, 1981[B]. Ann Arbor：Bentley Historical Library, 1981.

② 此处所述的财政预算仅指学校财务部门拨给 CRLT 的运行经费，并不包括 CRLT 获得的额外的校内外研究经费以及与院系合作开展教师发展项目而获得的经费。

并非组织目标中所阐述的那样重要，或者说中心并没有完成其组织目标。CRLT 过多地开展校外研究项目，获取校外经费支持而忽略了校内服务与研究活动的开展是价值被否定的主要原因。可以看到，非固定校外研究经费并不能持续地支持 CRLT 的运转，校内资金尤其是学校层面稳定的财政预算才是 CRLT 正常运转的根本经费保障。

二、大学发展规划对教学的重视

（一）密歇根命令

20 世纪 80 年代中期以来，美国研究型大学的少数族裔学生数量逐年增多，这一现象在密歇根大学显现得尤其明显。少数族裔学生的增多势必引发白人学生或教师在学习、教学过程中与少数族裔学生产生文化、种族的冲突。为此，密歇根大学学生与教师个体层面建立了反种族族裔联合会，并组织了一系列的黑人进步运动。学校层面则于 1987 年新设了主管学校少数族裔事务的副教务长职位，旨在开展援助项目，帮助密歇根大学内的少数族裔学生、教职员工更好地发展。同年，密歇根大学建立了少数族裔事务办公室。[①]

在这种背景下，刚上任的第十一任校长詹姆斯·杜德斯特（James J. Duderstadt）于 1989 年发布了《密歇根命令：一项有关学术卓越与社会多样性的战略》，旨在应对 21 世纪密歇根大学所面临的种族多样、文化多元等挑战。《密歇根命令》指出美国的种族、民族以及文化多样性日趋增强。到 2020 年，35% 的美国公民为非裔和西班牙裔，大学生中的少数族裔学生也将急剧增加。面对种族、民族、文化多样性的挑战，密歇根大学应该一如既往地发挥美国高等教育改革的领袖作用，建立多元文化大学发展模式，培养具备多元文化理解力以及国际竞争力的人才。基于此，《密歇根命令》发布的目的在于倡导密歇根大学支持不同种族、信仰、国籍与性别的个体发展，传输最根本的公民和学术价值观，尊重不同的种族、文化、信仰以及国家的人群并获取他们的优点。总的来说，《密歇根命令》旨在建立一个多元文化的校园，打造多元文化的学

① Peckham, H. H. The Making of the University of Michigian：1817 -1992[M]. Ann Arbor：Bentley Historical Library, 1994：346 -350.

术共同体，从而应对 21 世纪的挑战与人才的需求。[①]

《密歇根命令》认为多样性是未来卓越教学、研究以及社会服务取得卓越成绩的基石。因此，密歇根大学预计从教学、研究以及社会服务三方面采取行动，打造多元文化发展模式的大学。其中，多项行动与教师发展以及人才培养有关，且皆由教务长负责。这些行动包括：第一，教师多元文化培训项目。通过学校层面和学院层面联合开展的培训项目。提高教师的多元化文化理解力。第二，少数族裔教师发展项目。有针对性地为少数族裔教师增加教学、科研等方面的支持。第三，少数族裔学生就读经验评估项目。对这些学生在校的学习经历、社会经历进行评估。第四，员工招聘与发展，招聘更多少数族裔教师进入领导岗位，且为所有行政员工进行有关平权法案目标与内容的培训。第五，多元文化教育项目。旨在更好地打造多元文化共同体，开展教师发展项目，鼓励教师在课程教学中融入多元文化材料，在学生入学仪式、教职工入职培训中加入更多有关多元文化的项目。教务长办公室明确指出 CRLT 在这些行动中扮演着核心角色，将担负起密歇根大学教师多元文化项目培训、多元文化融入教学等行动的组织责任，学校也会为 CRLT 提供相应的经费和人员职位。[②]

（二）第三世纪行动

密歇根大学第十三任校长玛丽·科尔曼（Mary S. Coleman）与教务长共同发起了第三世纪行动，在五年内投入 5 千万美元发展密歇根大学跨学科教学、跨学科研究奖学金等项目。第三世纪行动是密歇根大学人才培养改革与科研方面进行的前所未有的尝试，旨在培养更加适合未来社会需要的人才，提高人才培养质量。

密歇根大学建立了两个教师委员会，为校长与教务长分配项目资金提供政策支持。第一个教师委员会是学生学习咨询委员会。该委员会认为不仅应该加强学生的课堂学习，还应该让其在图书馆、实验室、博物馆等场所有所收获。学习的方式除上课外，还有参与学生组织、进行艺术表演、实习以及在住宿学院内服务等。委员会认为 21 世纪的学生除

① Duderstadt, J. J. The Michigan Mandate: A Strategic Linking of Academic Excellence and Social Diversity[B]. Ann Arbor: Bentley Historical Library, 1989.

② Office of Provost. Report Record By CRLT[B]. Ann Arbor: Bentley Historical Library, 1988 - 1990.

了要具有较好的写作能力和批判思维能力外，还应具备创造力与创新能力、跨文化理解力、交流合作与团队协作能力以及企业家般的思考能力。基于此，学生学习咨询委员会发起了很多基金项目，关注本科教育的创新与发展，使学生通过一系列学术项目获取身临其境的、不一样的就读经验。通过参加此类学术项目，学生能够较好地应对进入社会后的各种复杂问题。另一个教师委员会是全球挑战咨询委员会。该委员会旨在利用密歇根大学强有力的学科优势和科研实力解决全球面临的各种问题。委员会发起项目鼓励全校 99 个进入全美排名前十的专业进行科学研究，尝试解决世界性的科研难题。

此外，第三世纪行动还建立了种子基金，对密歇根大学的跨学科教学与科研团队进行资助，帮助其完成教学与科研计划。最后，第三世纪行动基于教师评议会学术事务咨询委员会建立学习情况分析小组，对学生发展、本科生教学等问题进行分析，通过数据分析学生进步的原因，设计新的教学方案，使用新的教育技术与教学方法，从而优化本科生教学。

第三世纪行动对本科生教育模式改革尤其是跨学科教育的重视和投入力度显而易见。CRLT 作为密歇根大学的教师发展中心，在教师教学创新、教师教学科研项目开展、教师发展培训等方面起着重要作用，是第三世纪行动的最佳执行者。第三世纪行动的开展本身也有着强烈的象征意义，体现了学校管理层对教学事务的重视，在一定程度上丰富了 CRLT 的工作内容，指明了服务工作重点发展区。

三、评估报告的出台

（一）内部评估报告

1. 评估的流程

1993 年，原校长办公室成员康斯坦斯·库克被任命为 CRLT 的主任，是 CRLT 首位非心理学背景出身的主任。学校管理者借中心主任换届之际组建校内咨询专门小组对 CRLT 过去的工作进行评估，基于分析，从而得出 CRLT 未来十年的发展目标与方向。咨询专门小组成员包括 CRLT 的专业员工，教育学院、文理学院等教学单位的教师，工程学院、文理学院主管本科生教学的副院长等。咨询专门小组按照教师教学促进基金、教育技术的使用等主题分成6个子委员会，对CRLT员工、主管CRLT的学术与多元文化事务副教务长等人进行了访谈，并撰写了总的评估报告和各个主题的评估报告。

2. 评估报告的结果

咨询专门小组对CRLT在教学评估、教师教学促进奖金、教育技术推广、教师和学生助教培训项目、课程改革评估、多元文化课堂、教师设备等方面的工作情况进行了评估，发现当下工作存在以下五个方面的问题：其一，CRLT的评估功能过于明显。在较多教师眼中，学校学生评教问卷系统IDQ就是CRLT的全部，他们对CRLT所开展的其他项目一无所知。IDQ是基于学生评教情况对教师教学水平的评估，其单一的评价维度限定了教师的教学风格，不利于教学创新。部分院系的管理者把IDQ的评估结果作为判断教师教学好坏的唯一标准。由于IDQ被作为奖惩教师的证据，因此很多教师不愿意参加CRLT开展的诸如教学咨询、教师发展培训等项目。[①] 其二，教师发展基金的资助名额较少，资助对象不都以教师个体为单位，还包括院系，资助项目皆为一年的短期项目，缺乏长期资助项目。[②] 其三，CRLT在教育技术的宣传、研究以及领导方面做得还不够。[③] 其四，CRLT仅仅是学生发展以及教学改革项目效果的评估者，而没有参与到这些项目的建立与设计中去。[④] 其五，CRLT对课堂教学中的多元文化推广工作做得不够。[⑤]

基于所存在的问题以及学校本科生教育的发展趋势，咨询专门小组给出了8条CRLT未来发展的建议。第一，CRLT应该逐步取消对单一的学生评教系统IDQ的管理，减少组织的教师评价功能而增加教师支持与服务功能。CRLT需要与各个学院保持更加紧密的联系，为其提供评估

---

① CRLT Advisory Task Force. Report of the CRLT Task Force Report on Evaluation[B]. Ann Arbor: Bentley Historical Library, 1994.

② CRLT Advisory Task Force. Report of the CRLT Task Force Subcommittee on Grants to Faculty for Improvement of Teaching[B]. Ann Arbor: Bentley Historical Library, 1994.

③ CRLT Advisory Task Force. Report of the CRLT Task Force Subcommittee on Uses of Technology in Teaching[B]. Ann Arbor: Bentley Historical Library, 1994.

④ CRLT Advisory Task Force. Report of the CRLT Task Force Subcommittee on Development of Curricular Reforms, Pedagogical Improvements and Living/Learning Experiments[B]. Ann Arbor: Bentley Historical Library, 1994.

⑤ CRLT Advisory Task Force. Report of the CRLT Task Force Subcommittee on the Multicultural Classroom[B]. Ann Arbor: Bentley Historical Library, 1994.

的标准，建立更为多元的新的评估体系，且确保评估的有效性。第二，教师发展基金应确保资助于主题为“提高本科生教育质量”的项目上，基金的资助对象应为教师个体而非院系。第三，CRLT 应该加大对教师教育技术使用的支持，通过宣传新的教育技术信息以及对新教育技术运用的过程和效果进行评估而实现。CRLT 应与各个院系的信息技术部门合作，保持自身在密歇根大学教育技术推广的领导地位。第四，CRLT 应该增加员工数量，建立更加多元和完善的教师发展项目，有效支持教师的发展。第五，CRLT 应在各个学院的课程改革与教学创新中扮演更加积极的角色，参加和组织更多学校范围内的教师教学与学生学习的活动。第六，CRLT 应帮助教师和研究生助教处理好课堂中的多元文化事务，为教学中的多元文化发展提供支持。第七，CRLT 应对教室硬件设施更新事务进行监督和评估。第八，CRLT 应将现有的两个办公地点合二为一，且地点应靠近中校区。①

（二）外部评估报告

1. 评估的流程

CRLT 的外部评估同样开始于康斯坦斯·库克上任之时。外部评估专家组由 3 位专家组成，分别为美国高等教育协会副主席兼《变革》杂志主编马切塞（Ted Marchese）博士，加州大学圣塔芭芭拉分校教学中心主任尼克尔森（Stan Nicholson）博士以及华盛顿大学教学发展与研究中心主任尼奎斯特（Jody Nyquist）博士。3 位专家对学校成员进行了访谈。被访者包括 CRLT 现任主任，主管 CRLT 的学术与多元文化事务副教务长，CRLT 的员工，CRLT 咨询专门小组成员，文理学院主管本科生教学的副院长以及 8 位系主任，7 位图尔瑙教授②，参加过 CRLT 各种教师发展项目的教师、研究生助教、博士后人员等。③ 外部评估组基于多维度的访谈资料以及 CRLT 的档案资料撰写了评估报告。

2. 评估报告的结果

外部评估专家组认为 CRLT 目前存在以下问题：其一，CRLT 没有

---

① CRLT. CRLT Task Force Report, 1994[B]. Ann Arbor: Bentley Historical Library, 1994.

② 图尔瑙教授(Thurnau Professors)是密歇根大学给予各个学院有着杰出本科生教学经历的教授的荣誉称号,为密歇根大学本科生教学最高荣誉。

③ CRLT. Report of CRLT's Outside Evaluators[B]. Ann Arbor: Bentley Historical Library, 1993.

满足学校、院系以及教师三个层面庞大的服务需求；其二，CRLT 并没有对密歇根大学的教学与学习相关行动提供有效支持，处于学校的边缘地位；其三，CRLT 与院系层面合作太少，缺乏针对具体学科的教师发展项目，院系已经开展了较多本应 CRLT 组织的教师发展活动；其四，CRLT 所进行的评估与研究没有很好地聚焦于密歇根大学，而是进行一些通用性研究；其五，CRLT 组织性不强，没有清晰的组织使命与远景，也没有明确的服务对象以及优先发展领域，组织结构较为松散与混乱，缺乏有效的管理体制；其六，学生评教问卷系统 IDQ 是 CRLT 的“颈上之刃”，像一块磁石般引来各种抱怨。

针对现存问题，专家组认为 CRLT 应该对自身进行重构，主要应从以下几方面入手：第一，CRLT 应该建立明确的组织使命、战略，把服务密歇根大学当前的优先发展事件如本科生教育作为自己的优先发展区。此外，《密歇根命令》的核心思想也应植入 CRLT 所开展的活动中。第二，加强与院系的合作，针对院系的需求提供相应支持。其中文理学院是学校本科生培养的主体单位，CRLT 应视其为主要客户，根据文理学院的发展目标提供相应的支持。第三，CRLT 应该重新审视原有项目的实施质量，有的放矢，取消与组织核心使命关联不强的项目，如教学软件开发等。无论是课程评估、教育技术还是科研项目，都应该致力于密歇根大学本科生教育的发展。此外，CRLT 应该启动教师发展项目的问责机制。第四，CRLT 应开展多元文化方面的活动，设置多元文化项目顾问这一职位。第五，CRLT 应该开展员工培训，指明员工工作的方向，为其提供支持和工作反馈。第六，CRLT 应该提高教师发展基金的额度，延长资助的时间，保证教师发展基金与各个院系所提供的教学基金有所不同。第七，CRLT 应把 IDQ 学生评教问卷系统剥离出去，设计新的多元化和独立的教学评估系统。

值得高兴的是，外部评估专家通过与学校管理者、院系管理者以及教师、研究生助教访谈，发现密歇根大学各个层面都对促进教学的相关服务有着强烈的需求。CRLT 拥有足够大的市场，只要能提供满足客户需求的服务，其在密歇根大学的地位便能够顺利地建立起来。①

1993—1994 年度的两次整体性评估对 CRLT 过去的工作进行了检

① CRLT. Report of CRLT's Outside Evaluators [B]. Ann Arbor: Bentley Historical Library, 1993.

查，并基于密歇根大学发展的现状给出了教师发展中心的未来发展方向。

首先，两份报告都建议 CRLT 在未来的发展中加强服务功能，为密歇根大学的本科生教育提供支持。报告建议 CRLT 积极建立与院系的沟通机制，发展一批有专业针对性的项目。与此同时，CRLT 明确自己作为学校内部服务机构的位置，紧密联系学校的改革与发展动向，结合学校发展的大方向提供服务。

其次，报告还指出 CRLT 的组织化程度亟待提高。CRLT 应该建立明确的组织使命与组织战略，清楚地认识到组织的优先发展区域是哪些。CRLT 应有完整且有效的组织结构，分工明确，有着制度化的员工培训，岗位职责与组织使命相符且清晰。

最后，报告指出 CRLT 所开展的教师发展项目也应改革，去除与组织目标无关的项目，加强核心项目的建设。此外，CRLT 还应多与学校、院系以及教师个体沟通，多听听他们的声音，建立有针对性的、满足需求的项目。

总而言之，内部与外部的评估明确了 CRLT 未来以校本服务为主的组织发展方向，服务的内容主要聚焦于本科生教育与教师发展。

第二节　以服务为本的组织工作

从上述组织环境分析可以看出，密歇根大学从 20 世纪 80 年代末至今一直把本科生教育作为学校关注的重点。随着国际学生和国际教师的增加，密歇根大学更加关注这两个群体的学习情况与教学情况。与此同时，随着学生与教师群体民族、种族、文化多样性日趋发展以及各个专业的交叉与融合，文化多元化、跨学科化成为本科生教育发展的方向。因此，密歇根大学集中财政资源、行政资源以及人力资源，努力把学校打造成一个文化多元化、学科交叉化的共同体。在这个过程中，CRLT 扮演着非常重要的角色。

一、组织目标与战略

（一）组织目标

1. 新的组织目标的提出

1993年评估报告明确指出了CRLT应以服务为导向，以服务校本教学为组织目标。CRLT主任康斯坦斯·库克于1993年底进行了全体员工的培训。CRLT在培训过程中向员工搜集了CRLT组织目标相关问题的看法。问题包括组织为什么存在、组织的愿景是什么、组织的工作是什么、组织为谁服务、组织与学校其他哪些组织的功能有重合、组织的工作应当通过什么途径完成才能更好实现大学的使命等。① 基于员工的看法以及评估报告的建议，库克与负责学术与跨文化事务的副教务长莱斯特·芒茨（Lester P. Monts）② 达成一致，确定了CRLT新的组织目标。

新的组织目标认为，CRLT应致力提升密歇根大学19所学院教学的卓越性与创新性，尤其关注本科生教育。③ CRLT一直致力于学习与教学实践的提升，对密歇根大学教学共同体内的所有成员提供专业发展支持。CRLT与教师、研究生、博士后以及行政管理者合作，保持和发展密歇根大学的教学文化。CRLT尊重和支持每一个学习者个体，致力于创造良好的学习环境。在此环境中，不同类的学生与教学者皆能变得卓越。此组织目标一直沿用至今。

2. 目标的实现途径

组织目标的实现是以组织活动为载体的。CRLT此阶段的组织目标即服务于学校的教学事务。因此，CRLT开展了一系列的组织服务活动实现目标。目标的实现途径包括：

第一，教师、研究生助教以及博士后人员的专业发展。这一条途径又包括八类活动：其一，为教学人员提供基金支持，帮助其进行教学创新的实践；其二，为教师提供课程相关事务发展的咨询与评估服务；其三，专门创建了针对多元化学生群体教学的培训项目；其四，为教师、研究生助教以及博士后提供一对一的教学咨询；其五，为系主任、主管教学副院长、教师、博士后以及研究生助教提供入职培训与主题研讨会；其六，协助院系开展教师与研究生助教的研讨会与培训；其七，协助宣传有效的教学措施；其八，建立创新课程、跨学科课程以及多元文化课程支持项目。

---

① CRLT. The Staff Retreat[B]. Ann Arbor: Bentley Historical Library, 1993.

② CRLT当时在学校层面由负责学术与跨文化事务的副教务长负责监管，CRLT的事务直接向其报告。

③ CRLT. The Mission Statement[B]. Ann Arbor: Bentley Historical Library, 1994.

第二，评估工作。CRLT在这一途径中进行四项活动。其一，协助院系进行项目评估；其二，为教学评估、教育技术评估以及课程评估提供咨询与资源支持；其三，协助院系和学校进行学生学习评估；其四，进行教学改革基金评估。①

第三，多样性与多元文化。CRLT通过此途径开展了五项工作。其一，为教师与研究生助教提供咨询与研讨会，使其能对多元文化学生群体进行有效教学；其二，提供多元文化教学的奖金；其三，促进不同团队进行多元文化教育交流与合作；其四，协助教师在课程中输入多元文化主义；其五，分享和传播密歇根大学学生成功的最佳实践经验。

第四，戏剧。CRLT基于舞台表演的形式对教师教学、教师职业发展、学生发展中遇到的问题进行生动阐释。表演主题包括不同种族的学生与教师的融合、残疾学生的教学、教师的职称晋升、新教师的第一堂课等。

第五，教育技术。CRLT在教育技术方面开展的工作包括：对成功教学中教育技术的使用情况进行支持与评估；对新的教育技术进行宣传；协调各个院系的教学设备的使用，使各个学院互通有无、互惠互利。②

第六，研究与宣传。CRLT对密歇根大学的教学与学习相关问题进行研究，并把有助于促进教学的研究成果传播给密歇根大学的教师、管理者、全美乃至世界范围内的高等教育学术共同体。此外，CRLT还为开展行动研究的教师提供咨询，帮助其发展教学学术。

第七，全校范围内的合作。CRLT与学校以及学院开展合作项目并积极参与到学校和学院的改革行动中。

第八，教学与学习领域内的国家课题。CRLT协助学校开展联邦科研机构项目或私人基金会资助的课题。此外，CRLT雇用学校的教师参加国家科研项目。最后，CRLT的成员积极参加全国性的会议并发言。

CRLT的八条组织目标实现的途径是在组织内外部评估报告的基础上形成的。这些途径涵盖了此阶段CRLT工作的重心，表明了为教学者服务的组织发展导向。与此同时，CRLT的目标实现途径与学校发展的需求紧密契合，较好地支持了院系管理者与学校管理者的教学发展工作。

---

① CRLT. The Mission Statement[B]. Ann Arbor: Bentley Historical Library, 1994.

② CRLT. The Mission Statement[B]. Ann Arbor: Bentley Historical Library, 1994.

（二）组织战略

相比组织运行机制的形成时期，这一时期 CRLT 的组织战略发生了根本性的转变。CRLT 建立以来，组织领导人一直认为卓越的科学研究能够帮助组织建立良好的校内组织声誉。CRLT 通过卓越的科研成果、较多的课题数量以及优秀的研究人员来展现其在教学促进与学习发展领域的实力，使教师信任 CRLT，从而吸引较多的教师参与到 CRLT 开展的活动中来。然而，以科研为主导的组织战略并没有吸引较多的教师参与 CRLT 的发展项目，也没有建立起良好的校内组织声誉。相反，大量的科研工作以及教师评估工作使得教师对 CRLT 的组织功能产生了局限性的认识，并且对 CRLT 产生反感和戒备。基于此，1993 年以后 CRLT 启动了以服务为导向的组织战略。为更好地实现组织目标，更加有效地组织活动，CRLT 将组织战略细化为服务贴近客户、科研辅助服务以及建立良好的关系网络三部分。

1．服务贴近客户

CRLT 此时期的基本组织战略即服务客户，倾听客户的需求和意见，提供客户所需要的支持。正如库克所说，CRLT 并不再一味地去对各种教学问题进行研究，然后通过出版物或教师发展项目告诉教师怎样成为一个合格的授课者，或怎么安排授课时间更加有利于师生互动。此阶段的 CRLT 会积极地去询问其客户诸如教务长、副教务长、各个学院主管本科生教学的副院长、各个系的系主任以及教学人员个体的需求，然后再基于客户的需求策划组织活动。在组织活动的进行过程中，CRLT 不再扮演说教者的角色，而是教师发展项目的组织者、交流平台的搭建者、相关信息的提供者。

> 密歇根大学是一所世界一流的大学，拥有顶尖的学生与教师。这里的教师皆有着繁重的教学、研究与社会服务任务。因此，如果 CRLT 不能提供高质量的服务，不能帮助他们提高教学效果，教师们是不会把时间浪费在各种活动中的。CRLT 作为一个服务机构，千万不要告诉教师、研究生助教以及行政管理者怎么去做，而仅仅是去倾听他们的需要，然后对他们的需要进行支持。
>
> ——CRLT 第五任主任康斯坦斯・库克

2．科研辅助服务

积极开展科研活动是 CRLT 有别于全美其他教师发展中心的组织特

征之一。CRLT 在组织运行机制建立阶段高质量完成了较多的科研项目，建立了全国高等教育领域内的组织声誉。1993 年以来，CRLT 仍秉承此组织特征，开展一定量的科研项目。有别于之前 CRLT 开展的一些通用性科研项目，此阶段科研项目聚焦于密歇根大学场域内的问题，研究目的并不是为了在学术期刊上发表或帮助研究者晋升职称，而是为进行更好的校内服务提供科学支持，或者说此阶段的科研工作本身就是服务活动的一部分。CRLT 通过开展聚焦于密歇根大学本科生教育的科研项目，为教师入职培训等活动提供研究数据，也为教学工作坊与研讨会等教师发展项目的开展提供阅读材料。总之，科研是为了提供更好的服务。

3. 建立良好的关系网络

CRLT 认为与学校层面、院系层面以及个体层面建立良好的关系网络是实现组织目标、顺利开展组织工作的有效战略。CRLT 通过主动与学校领导、院系领导以及教学者个体联系，并进行项目合作以及互帮互助，从而建立良好的关系。在学校层面，CRLT 与图书馆、教务处办公室、研究生院、网络技术中心等机构合作，共同开展教师发展活动。在院系层面，CRLT 则积极参与院系的人才培养改革、课程与教学改革以及教师与研究生助教的培训活动中去，对其进行支持。教学者个体层面，CRLT 则为教师、研究生助教提高中期学生评价等服务，帮助其认识到自己教学中存在的问题。CRLT 通过与以上三个层面的组织机构或人员协作，让他们了解中心的工作，进而接受帮助与支持。

二、组织服务工作

20 世纪 80 年代后期，相比通用性教师与研究生发展项目以及技术性、专业性较强的教师发展项目，CRLT 陆续创建了更多有针对性的教师发展项目，比如为文理学院设计的国际研究生助教培训项目。1993 年后，CRLT 的教师发展项目更加多样化，针对高等教育国际化、文化多元化以及教育技术信息化等发展趋势建立了各式各样的项目。下文以项目服务对象为划分维度，以项目的创建背景、创建原因、内容、开展方式等为分析内容，对此阶段 CRLT 所开展的服务工作进行阐述与分析。

（一）以教师为主体的服务工作

1．教学改革基金与奖励

1990年来，厄内斯特·博耶（Ernest Boyer）提出教学学术概念，意在消除大学教师科研角色与教学角色的二元对立，把教学当成学术的一种，让大学将教学植根于一种能够赋予其更重要、适当的奖励结构中。[①] 李·舒尔曼（L. S. Shulman）则提出"教学共同体"的概念，指出教学没有受到重视，不是因为大学不关心教学，而是因为我们对待教学的态度远离对待"学者共同体"的态度。只有将教学从"个人财产"转变为"共同体财产"，教学工作才能真正获得学术界认可。[②] CRLT从1990年起，管理了一大批教学改革基金项目，为教师成为教学学术的践行者提供了支持，同时也构建了教学共同体。

表5.2　CRLT教学改革基金项目

基金名称	基金设置目的（关注重点）	资助金额（美元）
教师发展基金	支持课程或教改项目的发展，面向个人和教师团队	6000或10000
教学发展基金	支持促进教学与学习的创新行动，可随时申请	500
跨学科发展基金	支持本科教学中的跨学科项目，面向个人和教师团队	10000
吉尔伯特·惠特克教学促进基金	大规模课程评估项目，面向教师个体或教师合作团队，促进密歇根大学教学与学习（分两阶段资助，第二阶段项目从第一阶段项目中筛选）	第一阶段6000（小）、10000（大） 第二阶段15000

① Boyer, E. L. Scholarship Reconsidered: Priorities of the Professorate[M]. San Francisco: Jossey-Bass, 1990.

② Shulman, L. S. Teaching as Community Property: Putting an End to Pedagogical Solitude[J] Change, 1993(6): 6－7.

（续表）

讲师专业发展基金	为讲师的教学创新、研究、学术的职业发展提供支持	2000
学生学习调查基金	支持教师进行课程或教改项目中学生学习方面的研究	3000（单个教师） 4000（调查团队）
多媒体教学基金	支持把多媒体教学材料融入本科大班教学的教改行动	1500
课程国际化基金	支持教师或教师团队开展课程国际化的行动	10000
教育技术促进基金	支持把教育技术融入教学的行动，一对一咨询	2500

资料来源：Cook, C. E. , Kaplan, M. Advancing the Culture of Teaching on Campus: How a Teaching Center Can Make a Difference[M]: Sterling, Virginia: Stylus Publishing, 2011:55. ; CRLT. Interdisciplinary Faculty Associates Program Application Guidelines, 2001 -2002[B]. Ann Arbor: Bentley Historical Library, 2000.

表5.2展现了CRLT建立以来管理过的所有教学改革基金。教师发展基金与教学发展基金早在CRLT运行机制形成阶段就已经建立，在此不再赘述。跨学科发展基金专门用于帮助密歇根大学教师合作团队开展跨学科教学课程，对教师的创新方法和新教学思路进行支持。吉尔伯特·惠特克教学促进基金为纪念前教务长吉尔伯特·惠特克而设，旨在支持提高教学质量的行动。此基金分为两个阶段：第一阶段的资助又包含两种资助额度，较低的资助额度支持单个教师或小型教师团队所开展的单门课程的创新行动，较高的资助额度则支持系、项目组进行课程发展与评估工作，包括本科生就读经验、研究生助教导师项目等。第二阶段的资助则从第一阶段项目中选出，通常为可继续深入和拓展研究的项

目。讲师专业发展基金则是专门针对讲师职称序列的教师而设的教学改革基金，旨在支持各级讲师开展教学学术行动以及教学改革。学生学习调查基金建立的初衷是提高学生的学习质量，支持教师对学生的学习情况进行调查，查看新的教学策略等教学创新对学生学习效果的影响。此基金使得教师开展教学学术活动，进行行动研究有了财政保障。课程国际化基金是新成立的教学改革基金，对进行课程国际化改革的行动进行支持，包括教师联合国外大学合开课程，以及学生出国实习或交换学习课程等。教育技术促进基金与多媒体教学基金皆致力推动教育技术设备与载体在教学中的应用，但是多媒体教学基金更多地关注本科生大班教学中多媒体教学的有效运用。

教学改革基金的资金来源是教务长办公室，CRLT承担着这些奖项的管理工作。管理工作主要包括三个方面：首先是通知工作。CRLT通过邮件、网站等方式把申请时间、申请条件、基金重点支持领域等信息发送给教师。其次是评奖的组织工作。CRLT的工作人员对申报材料进行审查，并在咨询委员会以及往届获奖教师中选取评委，组成委员会对申请材料进行评选，通过对委员会意见进行综合，把评定结果告知申报人。最后则是结项工作。教学改革基金要求获得资助的教师或团队上交项目总结报告。报告由CRLT评定和管理。大部分教学改革基金的申报材料需包含本系系主任或学院院长的推荐。

除对教学改革项目进行资助外，CRLT还建立了教师教学奖。此奖仍由教务长办公室出资资助，故称为教务长教学创新奖。教务长教学创新奖对教学创新教师和传播教学经验的教师进行表彰。教学创新包括在教学过程中使用新的教学技术，抑或采用新的教学方法让学生更加投入到学习中来等。此奖项的奖金为5000美元。与此同时，CRLT还协助教务长办公室进行图尔瑙奖的管理工作。

2. 教师研讨会

CRLT教师发展项目包括教师入职培训与教师研讨会两类。教师入职培训相比前一阶段并无太大差异。但20世纪90年代以来，CRLT的教师研讨会却得到了蓬勃发展，不仅仅局限于程序教学、多媒体教学等主题，而是涉及本科教学的方方面面。目前，CRLT 的教师研讨会分为三个系列。

第一个系列是常规的秋季与冬季教师研讨会。此系列研讨会内容较为固定，研讨主题通常是“教学最佳实践”“教学方法的创新”“多元文化与多样性”“教学中的教育技术的运用”等。1999 年至 2003 年的秋季、春季教师研讨会的主题为“课堂参与：让学生卷入学习过程中来”“有效的教室沟通技巧”“使用 UM 课程工具进行大班教学”“如何包容教学”“搜集学生学习的反馈数据”等。每一年 CRLT 都会结合教改热点和全美本科生教育发展趋势开展相应主题的研讨会。如 2014 年，CRLT 即开展了主题为“课程国际化”的研讨会。会上，来自不同院系的 6 位教师就自己授课过程中的国际化尝试与参会的同事进行了分享。CRLT 春、秋季常规教师研讨会的主讲人通常为学校各个院系在某一主题上有较好实践经验的教师。

第二个系列则是名为“密歇根学生学习与分析”的研讨会。此系列研讨会属于教务长办公室发起的学习分析行动的一部分，目的在于通过展示教学与学习的研究成果，提高教学质量。表 5. 3 是对 2014—2015 年度此系列研讨会的主讲人与主题的总结。可以看到，研讨会的主讲人一般为一到两名，有密歇根大学各个院系的教师，亦有全美其他大学的教师。研讨的内容主要是基于数据对近几年来学生学习情况、课程改革效果以及学术项目进行情况的分析。此研讨会的主题并不固定，CRLT 员工根据对密歇根大学教师的需求，以及近年来教学发展的方向在全国范围内选取相关的研究探讨。这一系列研讨会对密歇根大学教学学术运动的推动起到了积极作用，是教师进行教学学术活动的沟通与展示平台。

表 5.3　2014—2015 年度密歇根大学生学习与分析研讨会

主讲人	主　题
詹姆斯·希尔顿，主管数字教育与创新的副教务长	密歇根大学的学习分析、数字教育与创新
布伦达·冈德森，文理学院统计系 奥马尔·查韦斯，得克萨斯大学奥斯丁分校	教学教练计划：我们做了什么？我们学到了什么？
佩里·参孙，工程学院大气、海洋与空间科学系	课堂参与度对学生学习成绩影响的实证研究
凯文·柯林斯，亚当·李维科，信息学院	告诉我们你真实的感受是怎样的：学生调查反馈的大规模文本分析
米歇尔·史蒂文斯，斯坦福大学	没有国家的教育
塔瓦娜·迪拉胡特，信息学院	慕课在线课程的无限潜能
卡珊德拉·霍里，加州理工学院	对一流创建与知识共享的定量研究
本杰明·科斯特，物理学院 蕾妮·伊斯梅尔，牙医学院	对惩罚等级划分的多院系探索，基于交互式方法
克里斯多夫·布鲁克斯，信息学院 斯蒂芬妮·梯斯妮，信息学院	两年来密歇根大学慕课的开展情况，对网络授课环境下学生学习情况的实证分析
瑞贝卡·马特兹，密歇根州立大学	密歇根大学通识类科学课程的特征教学研究
蒂姆·麦凯，物理系	密歇根大学学习分析行动(2012—2015)
斯蒂芬·明兹，德克萨斯大学	对德州高等教育院校开展的转型学习实证研究
蕾妮·伊斯梅尔，牙医学院	对口腔病理学专业学习情况的交互式研究

第三个系列是教务长教学研讨会（provost's seminars on teaching）。此研讨会的主题由教务长选择，CRLT 负责具体的宣传、策划与组织工作。教务长教学研讨会每学期举行一次，旨在打造一个全校性的教学共同体，使得教师与教务长办公室成员、院校管理人员以及教学名师有一个良好的对话平台。自 1994 年创办以来，此研讨会已举办了 20 余次，研讨的主题也随着不同时期教学改革关注重点而变化。20 世纪 90 年代研讨的主题关注跨学科教育、多元文化教育、教学与学习评估等。21 世纪以来，全球化教育、STEM 教育以及数字网络教育成为研讨热点。以下是 2010 年以来研讨会的主题："教学可持续性的对话——当音乐学遇见医学、工程学遇见政治学"（2010 年）；"教育全球化背景下的学生竞争力"（2010 年）；"本科教学与科学学习的连接"（2011 年）；"资料搜集教学，让学生通过档案馆、博物馆以及植物园搜集资料"（2011 年）；"云端教学，使用谷歌软件以及其他在线软件提高学生学习参与度"（2012 年）；"翻转课堂"（2013 年）；"三校区教务长研讨会，学习投入、基于共同体的研究、共同体参与"（2013 年）；"整合差异"（2014 年）；"重建密歇根大学的 STEM 教育"（2014 年）。

3. 咨询与反馈

CRLT 为教师个体提供咨询服务。咨询服务的主题包括如何制订课程计划、如何使学生卷入学习、如何创造包容的学习环境、教育技术的使用以及如何撰写教学理念陈述等。其中制订课程计划的咨询与教育技术使用的咨询是 CRLT 服务的重点。制订课程计划方面，CRLT 员工就如何在课程中加入多元文化内容、如何发展评估学生学习情况的新方法、如何准备教学大纲、如何设计创新性的教学策略等问题为教师提供咨询服务。[①] 教育技术使用方面，CRLT 员工为教师提供的咨询主要包括翻转课程的应用、新教育技术与设备的使用、通过技术与设备创造包容的学习环境、教育技术在课堂中的使用效果评估等。

20 世纪 90 年代以来，中期学生反馈成为中心为密歇根大学教师提供教学咨询最主要的方式。中期学生反馈是 CRLT 员工基于对上课学生的调查数据进行课程评价的一种教师咨询方式，意在给予教学中遇到困难的教师建议。此咨询的流程是先由教师在 CRLT 官网或通过邮件提交

① CRLT. Course Planning[EB/OL]. http://www.crlt.umich.edu/node/57833, 2015-3-1.

做中期学生反馈的申请。CRLT 主管中期学生反馈项目的项目主管会依据申请教师信息、员工工作安排及学科背景分配咨询任务。确定咨询任务后，CRLT 员工会与申请教师进行沟通，确定教师面临的教学难题。此外，员工将会对教师的授课进行观察并对学生进行调查。调查方式有两种。如果班级人数较少，员工会采用焦点小组的方式对学生进行访谈，访谈问题包括两点，即这门课的优点是什么和这门课进行哪些改变会有助于你的学习。如果班级人数超过 100 人时，员工则在观察完课堂教学后发放调查问卷，通过统计调查问卷提出几个关键问题，再对学生进行焦点小组访谈。最后，CRLT 员工就所搜集数据撰写调查报告交送给咨询教师。CRLT 建立了一套中期学生反馈的咨询流程与研究报告等文本的撰写格式与标准，使得此咨询工作规范化、精确化。中心所有的员工都负责一定数量的中期学生反馈任务，项目主管基于员工学科背景将其分成不同咨询小组。值得一提的是，CRLT 以上的教师咨询服务都是保密的，仅限于教师与中心员工间的交流。

（二）以院系为主体的服务工作

1．院系定制的培训项目

CRLT 与系主任、负责本科教育的副院长等院系负责人沟通，为各个院系建立教师培训项目。这些培训项目依据教学单元的教师教学与学生学习需要而制定主题，活动费用则由定制的院系支持。为学院定制的员工培训主题可以分为四类。

第一类是教学创新培训。各个院系依据自己的情况想要把更多的教学创新，如问题学习法、新的教育技术、多元文化内容融入院系教师的教学中。CRLT 员工针对学科特点开发出带有学科特色、融入学科材料的主题项目。这些主题项目一般以工作坊或者演讲演示的形式进行。

第二类是促进教学实践交流的活动。各个教学单元都有建立教师教学经验交流平台的需要。CRLT 会在教学单元中寻找教学最佳实践，包括教学方法的最佳实践以及教育技术的最佳实践，基于实践主题在此教学单元开展教师发展研讨会，为教学单元的教师们就教学策略等主题开展交流，提供机会。

第三类则是教学评估的有效实践。CRLT 的员工与教学单元一起开发基于学科特色的有效教学评估体系。中心员工为教学单元组织研讨会，为其提供相关信息以及多元化的教学评估方法，如学生评教、同辈观察以及教学档案袋等。

第四类则是全面教师培训项目。这类培训一般以院为单位外包给

CRLT 开展，培训内容涉及教师发展的方方面面。较有代表性的项目为文理学院委托 CRLT 开展的教学学术项目。此项目实质上是新教师的入职培训，为期两天，培训内容包括文理学院学生特征分析、密歇根大学教学网络平台使用、课程计划以及教学实践、对学生突发问题的实践要领、与研究生助教配合教学、有效讲课的策略、布置写作任务等。此外，培训内容还包括研究生教育，如对教师如何指导研究生进行培训。培训期间，教师与院长及系主任共同用餐。① 此外，由于工程学院教学形式的特殊性，CRLT 工程学院分别也为工程学院教师开展全面的教师发展培训。

2. 课程促进评估项目

CRLT 与系主任、副院长以及系教师委员会合作，对学生学习过程与产出进行评估，旨在提高教学单元的课程质量。此项服务包括 CRLT 的直接参与以及为院系自身开展评估项目提供支持。直接参与方面，CRLT 秉承着以实证研究促进教学与学习发展的组织目标，对众多教学单元的课程项目改革、教学改革以及新的教育技术的尝试效果进行评估。CRLT 评估部门通过问卷调查、焦点小组访谈等方法对参与课程改革和教学创新的学生的就读经历进行数据分析，查看学生学习产出与改革行动之间的关系。研究结果以评估报告的形式递交给教学单元管理者以及参与改革创新的教师，有效地为院系管理者与教师采取下一步措施提供政策建议。间接参与方面，CRLT 为不同的教学单元开设有关教师教学学术活动的工作坊，为教师展现其他院系或学校的教师进行行动研究的成果，并基于中心现有研究提供学生学习评价的分析维度。此外，CRLT 为各个院系的教学研究活动提供信息资料支持，比如提供全美大学生学习参与度调查以及研究型大学本科生就读经验调查密歇根大学部分的数据，课程设计的分析框架，学生评价的步骤与参考标准等。

总的来说，教师缺乏对自己教学进行创新的动力。而教学创新与教育质量提高确实是系主任以及主管本科生教育的副院长的重要工作。因此，CRLT 所提供的支持使教学单元管理者对教学的重视实体化、行为化，提高了教师进行以课程评估为主的教学学术活动的可能性。

3. 教务长校园领导力项目

教务长校园领导力项目是由教务长办公室发起，并与 CRLT 一起组

---

① CRLT. 2012 LSA Teaching Academy[B]. Ann Arbor: Bentley Historical Library, 2012.

织的院系管理者领导力发展项目。每年 9 月，该项目会开展为期一天半的新任系主任、新任副院长的培训。培训的内容包括财政预算的过程，如何管理行政人员与教师。此外，该项目针对学校所有系主任以及副院长进行系列培训，培训内容包括院系会议的运转与操控、教师招聘等。此项目虽然没有直接与教学相关，但是中心承担组织工作，可以让新任系主任和新任副院长很好地了解 CRLT 的工作能力与工作内容。

（三）以研究生助教与博士后为主体的服务工作

1．研究生助教教学发展项目

研究生助教教学发展项目包括四项。

第一项是研究生助教的入职培训。相比教师入职培训，研究生助教入职培训时间较长。入职培训内容包括戏剧表演、教学实践、全纳教学以及工作坊系列。戏剧表演部分通过舞台剧的形式生动地展示研究生助教在教学过程中可能遇到的问题和解决方法。教学实践部分，CRLT 把所有助教五五分组，由一名督导带领助教进行试讲，试讲过后进行同辈互评。包容教学部分，CRLT 工作人员带领学生开展全纳教学的学习。而工作坊系列则包括如何在社会科学课程中提高学生的互动性、如何在理工科课程中提高学生的互动性、如何给学生评分、如何修改写作作业以及第一课应该怎么上等主题。

第二项是研究生教学发展研讨会与工作坊，包括常规主题的研讨会与工作坊、工程学院研究生助教发展工作坊与研讨会以及专题性质的研讨会。常规主题的研讨会或工作坊主题包括“课程设计工作坊”“研究生助教课程计划工作坊”“使用信息技术确认学生的理解情况以及提供反馈”“如何给作业评分”“全纳教学的高阶实践”等。工程学院研究生助教发展工作坊与研讨会主题皆基于工程专业教学的特殊性而设计，比如“同辈教学”“合作学习：让学生小组更加高效”“工程课程教学：研究生助教能做什么”等。专题性质的研讨会则包括诸如多样性与包容性的教学训练（6 次）、STEM 专业本科生教学中的学习共同体组建（6 次）、如何进行大学教学（9 次）等。

第三项是针对研究生助教开展的中期学生反馈。研究生助教的中期学生反馈在咨询程序上与教师的中期学生反馈基本相同，唯一的差别在于对研究生助教所教课程进行评估的是研究生教学顾问，即学生助理。

第四项是国际研究生助教的语言资格课程。CRLT 与文理学院的英语语言所合开了“在美国进行大学教学：教学、文化与语言”这门课程。在授课过程中，来自 CRLT 和英语语言院的督导员带领学员进行课程讲授、实验室指导、小组讨论等场景的模拟。母语不是英语的研究生助教只有顺利通过此项课程方可获得研究生助教资格。

2. 密歇根大学研究生教师资格认证项目

密歇根大学研究生教师资格认证项目由 CRLT 联合拉克汉姆研究生院一起发起，中心负责具体的组织与操作事务。此项目旨在为通过认证的研究生提供一份大学教学资格证明，为其进入大学从教做准备。研究生需完成五步培训后方可获得教师资格认证书。第一步是大学教学的入职培训。研究生需要接受 CRLT 开展的研究生助教入职培训或院系研究生助教训练，而母语非英语的研究生助教则需选修 CRLT 与英语语言所合开的英语教学课程。第二步是参加课程与研讨会探索新的教学方法。研究生助教有两种选择：第一种选择是完成 5 个由院系或 CRLT 组织的工作坊；第二种选择则是参加培养未来教师的研讨会。第三步是担任研究生助教。研究生助教需在密歇根大学任教两个学期或有教学咨询经历。第四步则是接受教学导师计划。研究生选择密歇根大学或安娜堡周边大学相似学科的教师担任教学导师，与其交流有关课程计划、教学策略等方面的问题并得到导师的认可。第五步是准备教学理念陈述。研究生助教撰写从教和培训的经历，把心得体会写成教学理念陈述，并提交给 CRLT。CRLT 教学理念方面的顾问将对陈述进行评估，并给予反馈。最终，研究生将获得由中心主任与研究生院院长共同签署的大学教学资格认证书。

3. 培养未来教师项目

美国学院与大学联合会在 20 世纪 90 年代发起培养未来教师计划。2003 年，CRLT 向拉克汉姆研究生院提议后，共同开展了为期一天的培养未来教师大会，拉开了密歇根大学培养未来教师项目的序幕。十多年来，密歇根大学培养未来项目日趋完善，现在包含四个部分即培养未来教师大会、多校联合导师项目、培养未来教师研讨会以及理工科专业博士后本科教学短期课程。

培养未来教师大会是为选择当大学教师的研究生以及博士后设计的。大会的主题主要与大学教师的职业发展相关，通常为大学教师工作的寻找、学术职业轨迹的探寻等。会议包括两部分。第一部分是主题为“博士后毕业后的生活——适应一种新的制度环境”的共同讨论会。来自不同机构和学科的教师和博士后研究员用自己的亲身经历和心得帮助参会者分析不同学院或大学的教学、研究以及制度文化情况。第二部分则是三场同时举办的 75 分钟会议。这些会议包括互动研讨会与座谈会等多种形式，皆由密歇根大学在任教师以及密歇根大学的校友来主讲。主讲内容分为两个方面：一方面为主讲人与大家分享成功获得教师职位的过程，主要有如何撰写教学理念陈述和高校求职信、如何提高简历质量以及学院面试中应注意的问题；另一方面则为不同学科和不同高等教育机构教师的工作和生活，包括双聘职位管理、教师工作与生活的平衡、获取终身教职的过程以及新教师如何取得职业成功等。为使活动更有针对性，CRLT联系了各个专业和不同层次的大学教师来参加此次活动，使得不同专业的求职者以及想去各种类型大学的求职者都能够获得有针对性的经验。此外，中心还专门为想留在美国高校任教的国际研究生和博士后组织了主题研讨会。①

与有经验的教师建立富有成效的关系是研究生进入教师职业的关键，② 丰富的导师网络使研究生的职业生涯发展中有较多的资源。③ 为此，CRLT建立了多校联合导师项目，帮助研究生与高校在职教师建立长久的互动联系。中心通过自己的社会网络吸纳了较多密歇根大学周边高校的教师进入此项目，成为未来教师职业导师。目前共有六所以本科教学为主的大学加入此项目。项目提供两方面活动，一方面召开座谈会，另一方面是开展由导师做向导的校园考察。在活动过程中，研究生或博士后与自己的职业导师进行充分互动，可以询问将来职业发展中将面临的任何问题并建立长期关系。④ CRLT建立了未来教师职业导师数据库，按照参加项目的研究生或博士后的专业与求职意向分配导师。此外，CRLT还提供研究生、博士后去往导师学校的交通费以及与导师共同的餐费。

培养未来教师研讨会可视为培养未来教师大会的扩充版。不同的是大会是一线教师的切实经验传授，而研讨会则是以文献材料为线索的系统学习。此研讨会共进行五周，每周召开两次会议。十天的研讨会主题涉及大学教师职业发展的方方面面，可分为三部分。首先，高等教育相

---

① Cook, C. E. Kaplan, M. Advancing the Culture of Teaching on Campus: How a Teaching Center Can Make a Difference[M]: Sterling: Stylus Publishing, 2011: 102－103.

② Austin, A. E. Preparing the Next Generation of Faculty: Graduate School as Socialization to the Acadeic Career[J]. Journal of Higher Education, 2002(1): 94－122.

③ Sorcinelli, M. D., Yun, J. From Mentor to Mentoring Networks: Mentoring in the New Academy[J]. Change: The Magazine of Higher Learning, 2007(6): 58－61.

④ Cook, C. E., Kaplan, M. Advancing the Culture of Teaching on Campus: How a Teaching Center Can Make a Difference[M]: Sterling: Stylus Publishing, 2011: 104－105.

关知识，包括学术自由、学生多元化以及终身教职晋升等。其次，教学与学习相关工作，包括多元文化教学、教育技术等。最后，求职准备工作，包括如何写教学大纲、教学理念文本等。以 2006 年为例，CRLT 培养未来教师研讨会主题包括“我们面对的学生是谁”“教学理念的撰写”“高校教师的关键事务”“多元化学生群体与学习环境”“教育技术的使用（2 次）”“课程计划”“教师生活与终身教职”“为面试做准备”“与教师讨论”等。[①] 值得一提的是，每个研讨会都有 CRLT 员工搜集和整理的与主题相关的阅读材料。

此项目的主讲人亦分为三类：第一类是在任教师以及院系管理人员；第二类为学校 IT 部门以及图书馆等服务机构的工作人员；第三类则是 CRLT 的员工。项目面向密歇根大学所有研究生与博士后。由于研讨会有较多的互动与实践体验，因此为保证项目质量，CRLT 开启报名系统，在 19 个学院的申请者中选取 51 名研究生与博士后参加。[②]

密歇根大学拥有 1200 名科学、技术、工程和数学等理工科博士后所组成的博士后群体。此群体往往把时间放在实验研究上而缺乏教学经历，在寻找高校教师职位时不占优势。为此，CRLT 创建了理工科本科教学博士后短期课程。课程共 8 次，以研讨会的形式进行，内容主要包括基于理工类学科的课程计划撰写、教学大纲撰写、教育技巧传授、教学理念的撰写以及教学实践。博士后每次课程都有大量阅读资料与作业，完成课程后可获得资格证书。

综上所述，可以看出 CRLT 此阶段组织工作的重心放在了教师发展服务上。服务群体包括学校层面的管理者、院系领导以及教学者个体，服务的方式既有虚拟的资金支持又有实体的教师发展活动，服务的活动内容则多种多样。在工作开展过程中，CRLT 的员工扮演着组织者与服务者的角色，利用自身的专业知识选择教师发展活动的主题、确定教师发展活动的开展形式、联络活动的主讲人并对活动的效果进行评估。这一时期，CRLT 的研究工作包含在服务工作中，如 CRLT 专业员工为密歇根大学各个院系开展的课程改革评估、新教育技术与设备使用效果评估即是中心研究工作的一部分，也是其服务工作的重要内容。

---

① CRLT. Rackham-CRLT Seminar on College Teaching: Preparing Future Faculty, 2006[B]. Ann Arbor: Bentley Historical Library, 2006.

② Cook, C. E., Kaplan, M. Advancing the Culture of Teaching on Campus: How a Teaching Center Can Make a Difference[M]: Sterling, Virginia: Stylus Publishing, 2011: 100-102.

第三节　正式组织的完善与非正式组织的产生

运行机制重构阶段，CRLT逐渐由准正式组织向正式组织迈进，组织的结构日趋完善，各种事务有了专门的负责人，且分为主管和助理两个等级。CRLT在此时期还深入院系，在工程学院建立分部。最后则是致力于教师发展事务的专业行政员工岗位的创建。非正式组织方面，这一时期的CRLT逐渐在运行过程中形成了自己的组织文化，搭建了自身与外界联络的社会网络。

一、正式组织的完善与扩张

（一）组织内部结构的完善

相比组织结构形成阶段，这一时期CRLT组织内部结构日趋完善，形成了管理团队且包括多元文化教学与学习资源部门、评估部门、CRLT工程学院分部、戏剧项目部门、综合项目部门以及行政部门。

1. CRLT的管理团队

团队由五位成员组成，包括CRLT的主任、副主任兼多元文化教学与学习协调员、工程学院分部的主任、评估事务主任以及资深助理主任。管理团队的职责就是协调管理CRLT内部事务，并积极地与组织外部机构沟通与合作。其中CRLT主任负责与学校层面以及文理学院的业务沟通，接受助理主任及以上人员的直接报告，还负责组建教师咨询委员会。副主任兼多元文化教学与学习协调员，则主管多元文化教学与学习中心，并协调相关项目。工程学院分部主任主管CRLT工程学院分部，分别向CRLT主任以及工程学院主管本科教学的副院长汇报工作。评估事务主任则主管所有与评估以及研究有关的事务。资深助理主任则负责CRLT教学改革基金的管理工作、负责策划和组织全校范围内的教师发展项目。

2. 多元文化教学与学习资源部门

1994年，时任学术与跨文化事务副教务长的芒茨提议建立多元文化教学与学习资源中心，此提议获得大学多元文化委员会的支持而成为现实,[①] 该中心自成立之日起就被并为 CRLT 的一部分。多元文化教学与学习资源部门建立的目的在于帮助密歇根大学日益增长的国际学生与学者群体更好地发展。部门管理者为 CRLT 的副主任，管理 2 名项目助理。部门负责的工作包括管理多元文化教学改革基金，联合院系为教师与研究生助教提供一系列多元文化事务的工作坊与研讨会。与此同时，部门还为教师个体以及院系提供跨文化与多样性的教学材料，为教师以及系主任就如何在课堂中融入多元文化元素等问题提供咨询。最后，部门联合各个院系开展课堂多元文化教学行动的评估工作。

3．评估部门

评估部门是此阶段 CRLT 唯一专注于研究的单元。评估部门的主任由归属研究员序列的研究人员担任，部门成员包括 2—4 名博士后研究人员。此部门所有的研究工作都是围绕密歇根大学组织成员的教学与学习展开的，旨在通过实证研究帮助不同种类的教师更好地教学，帮助各类学生更好地学习。部门工作主要包括以下几部分：第一，开展有关密歇根大学学生就读经验的研究，通过密歇根大学本科生就读经验调查问卷等工具或焦点访谈等方式对大学生的学习产出、课堂参与度等进行分析；第二，对参与院系的课程改革进行过程评估与结果评估；第三，对学校内的教育技术设备或方法在教学中的运用效果进行评估；第四，接受国家科学基金等校外资金进行相关的项目评估分析；第五，为教师或院系提供有关课程设计的技术咨询；第六，支持教师开展教学方面的实证研究，推动密歇根大学的教学学术运动的开展。

4．CRLT 工程学院分部

密歇根大学工程学院本科生数量庞大，教师人数众多，教学过程较为特殊（实验操作较多），因此教师教学能力提高需求较为强烈。此外，工程学院位于北校区，距离 CRLT 所在的中校区较远。基于此，CRLT 与工程学院达成共识，于 2004 年建立 CRLT 工程学院分部。CRLT 工程学院分部由 CRLT 本部与工程学院共同管理和提供经费支持。分部现有 7 名员工，包括主任与助理主任各 1 名，教学顾问兼助理研究员 1 名，教学顾问 1 名，博士后研究人员 1 名，行政助理 2 名。CRLT 工程学院分部与本部一样，针对教师、研究生助教开展入职培训、教师发展工作坊与研讨会，提供学生中期反馈服务与咨询服务以及教学改革基金。分

① CRLT. Establishment of a Multicultural Teaching and Learbing Resource Program within CRLT [B]. Ann Arbor: Bentley Historical Library, 1994.

部也为院系的课程改革提供支持。专注于工程教育是 CRLT 工程学院分部最大的组织特征。

5. 戏剧项目部门

2000 年，CRLT 时任主任库克与教务处取得共识后创建戏剧项目部。戏剧项目部拥有艺术主任 1 名，演艺经理 1 名，舞台表演协调人员 1 名以及兼职演员若干。戏剧项目部的工作就是戏剧表演，意在通过舞台表演的方式把教学过程中的教师与学生遇到的难题以及教师职业发展中遇到的难题生动地展现出来。此外，表演内容多为问题的解决方法与过程的展示而非问题本身的演示，这也是此项目的特征之一。① 戏剧表演项目主题包括教学与学习（如研究生助教工作、课堂中的性别差异、课堂文化冲突、教学第一课），教师职业发展（如教师与教师面对面、院系文化、终身教职与职称晋升）以及主题问题（如系主任如何做好教师导师、课堂中的残疾学生、性骚扰）；演出方式包括互动式的舞台剧、传统的戏剧表演以及 2—5 分钟的简短陈述。此部门的演出不仅出现于 CRLT 的各种活动中，也被学校其他组织机构借用。

6. 综合项目部门

此部门由 5 名助理主任、2 名教学顾问以及 6 名项目助理组成。此部门的工作包括：学校层面的教师入职培训，研究生助教入职培训，多项教学改革基金的管理；学院层面的教师发展项目，如文理学院的教学学术项目以及与研究生院联合开展的培养未来教师的研讨会等。此外，此部门还负责对教学人员提供个体咨询与学生中期反馈等一对一服务。此部门每位成员的工作内容较为繁杂，但会基于员工的工作经历和学术背景的差别而有不同侧重，如教育技术专业毕业的助理主任主要负责教育技术主题的教师发展项目的开展，② 项目助理则协助助理主任开展工作并承担部分学生中期反馈服务。

7. 行政部门

CRLT 的行政部门包括财务预算管理人员、项目协调员以及资深行政秘书各 1 人。此部门为 CRLT 的各项工作提供行政支持。财务预算管理人员负责 CRLT 全年的财政预算管理以及人力资源薪酬福利方面的管理。项目协调员则负责项目助理、CRLT 与院系学生联络员的分配和管

---

① O'Neal, C. , Mchale, I. , Becom, C. Preliminary Report of the CRLT Theatre Program5-year Assessment[B]. Ann Arbor: Bentley Historical Library, 1994.

② CRLT 的助理主任与教学顾问人数每年亦有变动。

理，可以视为 CRLT 教师发展活动行政支持的带头人。资深行政秘书主要为 CRLT 主任提供行政支持，也参与部分教师发展活动的组织。

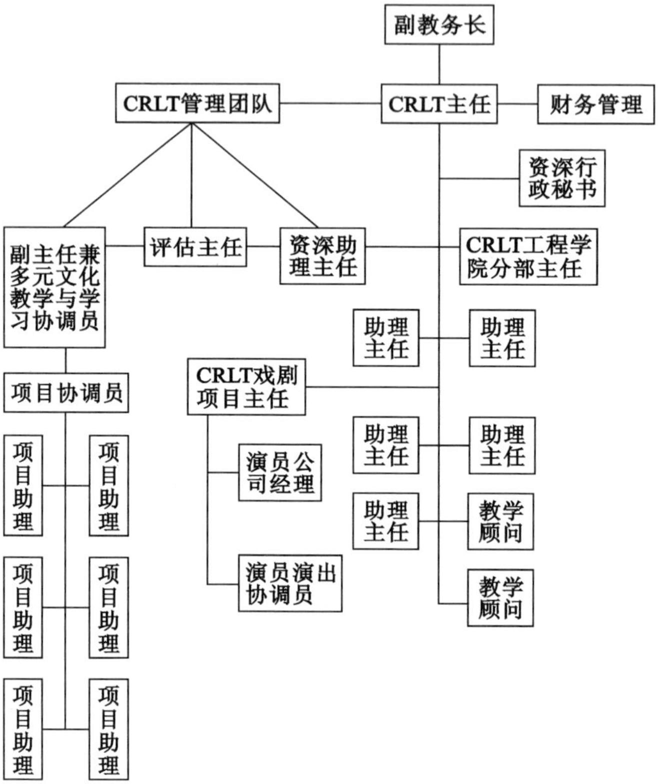

图 5.1　学习与教学研究中心 2008 年组织机构图

资料来源：CRLT. Organization Charts [B]. Ann Arbor: Bentley Historical Library, 2008.

值得一提的是，1998 年起，考试与评估办公室从 CRLT 组织内部结构中脱离出去，恢复为独立组织机构。从此，CRLT 并不肩负对教师教学质量的评价功能。通过以上分析，我们可以看到 CRLT 各个部门间不是绝对独立的关系，较多的组织工作仍需要一起开展。比如，CRLT 会根据教育技术的发展、课程改革评估的需要抑或学校层面领导的倡导重点关注某一领域问题，也会抽调各个部门的相关工作人员组成暂时工作小组。目前，CRLT 非常重视新的教育技术以及设备的推广和评估，因此，组织内部几名对技术感兴趣的工作人员组成了专门的 IT 小组，组织和参与全校有关 IT 的活动，为教学人员和院系提供服务。总的来说，相比运行机制形成期，CRLT 的组织内部结构日趋完善，具备了分工较为明晰的管理部门、行政部门以及专业技术部门，但其仍然是一个较为扁平化的组织结构。

（二）项目主管岗位

1. 岗位的创建

一直以来，CRLT 的专业员工都属于研究员系列，其岗位职责即为科学研究，职称晋升评价指标为科研成果。20 世纪 90 年代以来，CRLT 开始了组织目标的重构与组织工作重心的转移，服务于密歇根大学的师生和管理者是组织工作的宗旨。显然，助理研究员、副研究员以及研究员等岗位不能完全满足 CRLT 新时期服务导向发展的需要。在这种情况下，专业行政员工系列的项目主管岗位应运而生。1994 年，CRLT 开始执行多元文化教学与学习的服务工作，需要招聘一名项目主管。此主管的工作职责包括为教师和研究生助教组织有关多元文化教学的工作坊、研讨会，为教师、研究生助教以及院系提供咨询服务。此外，主管还需与 CRLT 员工以及校内其他机构员工一起开展多样性领域的工作，发展多元文化教学改革基金，并能参加多元文化教育的全国性会议。[①] 可以看出，CRLT 需要一个学术专业与管理岗位[②]。岗位的工作内容主要为管理与服务，岗位要求员工具有较好的学术专业能力，需获得博士学位。[③] 因此，CRLT 与学校人力资源部门达成一致后，设置专门适用于 CRLT 的项目主管的岗位。CRLT 的助理主任、教学顾问在人事管理上都属于此岗位。

2. 岗位的职责

负责不同项目的 CRLT 项目主管的具体职责有所差别，其共同特点主要包括以下几个方面。其一，项目主管需要组织与设计自己所负责领域的教师发展活动，包括研讨会、工作坊等。其二，项目主管需要联合学校其他组织机构开展教师发展活动，如负责研究生助教的项目主管则

---

① CRLT. Program Manager[B]. Ann Arbor: Bentley Historical Library, 1994.

② 密歇根大学行政员工分为专业行政岗位与普通行政岗位。其中专业岗位职位所负责工作具有较强的专业性，因此岗位对应聘人员的学位要求较高。需要员工具备较好的学术背景，但主要工作内容为服务。学校人力资源管理部门原有的项目主管职位对员工的学位层次只有硕士学位的要求，后与 CRLT 协商后特设针对 CRLT 的要求为博士学位的项目主管职位。

③ Moore, W. E. The New Position at CRLT[B]. Ann Arbor: Bentley Historical Library, 1994.

需要与研究生院合作开展培养未来教师的系列活动。其三，项目主管需要为教师、研究生助教以及院系提供咨询，如学生中期反馈、一对一教学咨询、课程设计、教学评估、课程评估等。其四，项目主管需要对教学人员进行所负责领域的培训。其五，项目主管需要参加大学教师发展与学生发展等专业领域的学术活动。①

3. 人员的招聘

CRLT 对项目主管职位的用人要求包括以下几条：第一，需要具有博士学位；第二，拥有大学或本科学院的教学经历；第三，需要较强的口头表达能力与书面沟通能力；第四，能够与教师、研究生助教、学术管理者有效融洽与合作；第五，对研究型大学的教学与学习需求有着较高的敏感性和洞察力。以上是 CRLT 项目主管一般用人标准。中心还会基于不同招聘岗位的特点列出附加条件，如中心招聘负责教育技术与设备推广活动以及使用效果评估的项目主管，则偏向于招教学系统技术等专业的应聘者。

表 5.4　CRLT 应聘者所需技能、知识以及聘用评议程序

应聘者需具备的技能与知识	聘用评议程序
公共演讲与陈述	面试、研讨会
写作与研究	学术论文代表作、求职信和书面短文
人际沟通技能	面试
咨询技能与反思能力	角色扮演
教师发展和学科研究文献的知识储备	面试和研讨会
活动策划	书面短文和面试
推动机构变革的经历	书面短文和面试

资料来源：Cook, Constance E., Kaplan, Matthew. Advancing the Culture of Teaching on Campus: How a Teaching Center Can Make a Difference[M]: Sterling, Virginia: Stylus Publishing, 2011: 24.

① CRLT. Instructional Development Position[B]. Ann Arbor: Bentley Historical Library, 1994.

为了公开与透明，CRLT 将招聘信息发布到相关专业领域的学术期刊上，如刊登在美国高等教育教师专业与组织发展协会的会刊《促进学术：教师、教学与组织发展资源》以及相关专业教育的学术期刊上。与此同时，中心利用网络平台面向全美发布招聘信息。CRLT 员工对应聘者简历进行初选，随后由咨询委员会成员组成面试小组对应聘者进行面试，综合评委意见确定最终人选。表 5.4 归纳了 CRLT 招聘项目主管的评议程序以及各个程序所预计考察的目标，可以看到，项目主管的招聘流程较为烦琐，可谓面面俱到，应聘者的人际沟通能力、口头表达能力以及获得组织与管理能力则是面试小组考察的重点。

4. 工资的来源

项目主管的工资来源皆为学校财政的全额拨款。项目主管为全职 CRLT 员工，因此可获得 12 个月的工资。此阶段 CRLT 的专业员工工资具有稳定、有保障的特点，不需要通过获取科研项目经费来填补学校财政预算的空缺。CRLT 这一时期的行政员工、项目助理皆可获得学校财政预算的全额拨款。而博士后研究人员则依靠科研项目经费发放工资。

项目主管岗位的创设从根本上改变了 CRLT 专业员工的工作性质，使其由科研型员工转为服务型员工。此岗位的用人要求不仅看重员工的科研能力、学术素养，更看重员工的沟通能力、组织管理能力以及服务能力。此岗位多元指标评价体系使得 CRLT 员工没有过多的科研压力，而员工工资由学校财政预算全额拨款则消除了员工获取校外科研项目的压力。此类专业行政岗位的设置既维持了 CRLT 员工队伍学术能力与专业素养的高水平，又有效保障了其能够全身心地投入到教师发展服务工作中。

（三）职位分工的细化

中心的岗位分工越来越细化，简言之可以分为全职员工与兼职员工两大类：

1. 全职员工

全职员工包括专业员工、行政员工、项目助理以及博士后研究人员。其中专业员工又分为研究员序列与专业管理人员序列。研究员序列包括评估主任以及 CRLT 工程学院分部的评估人员。专业管理人员序列则是指主任、副主任以及项目主管，CRLT 此阶段大部分专业员工皆是项目主管职位，负责教师发展项目的开展、组织以及为教师、研究生助教以及院系提供咨询服务。行政人员负责日程行政事务。项目助理则协助项目主管开展教师发展项目，也开展学生中期反馈等教学咨询工作。博士后研究人员主要帮助评估主任搜集与处理数据，进行项目评估、学生就读经验等方面的研究。

2. 兼职员工

兼职员工则包括各个院系的学生助理以及教师发展员。

学生助理必须是硕士研究生或博士研究生，需要有教学的经历、良好的英语听说能力以及较好的人际交往能力。此职位的主要工作是协助 CRLT 全职员工进行教师和研究生助教的学生中期反馈评估。此外，学生助理还需要协助 CRLT 开展大型教师发展活动，如新教师入职培训、研究生助教入职培训等。学生助理在任职前将会接受 4—6 小时的培训，培训内容包括如何通过课堂观察采集数据，如何对学生进行焦点访谈以及如何给予教学者无偏向反馈等。学生助理每周工作时间为 8—20 小时。①

教师发展员需拥有副教授或教授的终身教职，在教学方面颇有成就且有良好的学术研究声誉，并且具备较好的团队协作能力。教师发展员的工作内容包括以下几点：其一是为教师同僚提供教学咨询服务；其二是基于自己的教学经历和研究领域开办工作坊和研讨会；其三是对 CRLT 的员工进行培训；其四是为所在系提供课程评估、教学评估、教师发展工作坊以及改进本系的教师发展项目。② CRLT 选择教师发展员的优先区域包括多样性研究、教学评估、课程改革、研究生助教发展、教育技术应用等。中心通过设置教师发展员岗位可以让更多教师了解 CRLT 并参与到教师发展项目。此外教师发展员是 CRLT 进行员工培训的专业资源，且使得 CRLT 可以开展更多较为有学科针对性以及以具体问题为主题的工作坊与研讨会。

可以看到，CRLT 全职员工分工愈发细化，且产生了兼职员工，这是由 CRLT 日渐庞大的组织工作所致。全职员工的分工细致使得各类员工可更加专注于各自的工作，真正实现了术业有专攻。此外，兼职员工是 CRLT 与院系建立联系的桥梁，学生助理承担了为研究生助教以及 CRLT 双向传达信息的角色，也是各个院系研究生助教教学发展活动的

---

① CRLT. Gradaute Student Staffing Needs[B]. Ann Arbor: Bentley Historical Library, 1994.

② CRLT. Faculty Associates[B]. Ann Arbor: Bentley Historical Library, 1994.

组织者与联络人。教师发展员则是CRLT在各个院系中的代表，起到宣传CRLT工作内容和发展方向的作用。

二、非正式组织的产生

（一）组织文化的形成

组织文化是一个组织所有成员所共享的并且作为标准传承给新成员的一系列价值观、信念、看法和思维方式的综合。它不被诉诸文字，却是人们感觉得到的组织的重要部分。每个人都受到文化的影响，但这种影响往往是不易察觉的。组织文化存在于两个层面：首先是显性层面的组织文化，这是人们可以看到的表征性的实体物品和可观察到的行为，如组织成员共享的口号、象征物、仪式、衣着与组织办公环境等；其次是隐性层面的组织文化，这是组织成员思想深处的价值观、态度和情感。①

1．显性的组织文化

CRLT的显性组织文化是服务、支持与创新。这种组织文化体现在CRLT的组织使命以及其办公环境中。首先，CRLT的组织使命是致力支持学习与教学实践以及教学者发展，不遗余力地基于实证研究与教师、研究生助教、博士后以及管理人员展开合作，从而维持和发展密歇根大学的教学文化，同时支持不同个体（教师、学生）在保持多样性的前提下发展。中心的使命体现了其为促进学校的教学与学习而致力服务与支持的组织文化。

此外，CRLT的组织办公环境较好地阐释了其服务、支持与创新的组织文化。CRLT坐落在密歇根大学中校区的帕尔默公共大楼的一层。中校区是密歇根大学行政、教学单位最为集中的校区，是密歇根大学的中心，CRLT驻扎于此便于为教学者、院系单元等客户提供服务与支持。帕尔默公共大楼是学校用来举行会议和进行交流的建筑，没有任何的教学单元驻扎其中。CRLT分为外部公共区与内部工作区，其中工作区需要预约登记才能进入。外部公共区共有四个房间，分别是两间可以开展研讨会和小型工作坊的会议室，一间教学咨询室以及CRLT图书馆。

① 理查德·L. 达夫特. 组织理论与设计(第10版)[M]. 北京:清华大学出版社,2011:395.

CRLT 的墙壁上挂满了各种教师发展活动的项目介绍以及 CRLT 就密歇根大学教学与学习问题进行的研究成果海报。此外，墙壁上还挂着上一年度教务长教学奖获得者的照片以及成果简介。进入办公区，前台大厅墙壁上悬挂着上一年度图尔瑙奖的获得者照片简介以及历年图尔瑙奖获得者与校长、教务长的合影。前台旁的宣传栏上放满了 CRLT 中期学生反馈咨询、教学发展研讨会等诸如此类的活动介绍，以及近期的《论文汇编》。办公区里分别是主任、副主任、项目主管以及行政人员的办公区。项目主管的办公室差不多 9 平方米，摆放着一张办公桌、一张小方桌、两把椅子、一个书架、一台电脑。其中书架上摆满了教师发展的书籍，皆与其所负责的专业领域相关。每一幅新项目宣传海报、每一项教师教学改革成果展示、每一张获奖教师合影都在告诉来访者，CRLT 是密歇根大学所有教师的家，这里的项目面向教师、研究生助教、院系乃至密歇根大学的每一个成员。办公区域墙上的教师教学改革成果背后是 CRLT 基于教学改革基金对教学改革研究进行支持，对教学卓越教师的肯定，对教师进行创新以及教学学术活动的支持。而墙上那一张张 CRLT 研究成果则应对了中心名字中“研究”一词，专业员工开展的科学研究仍是中心服务质量的保障，这些亦体现了 CRLT 的创新文化。

2. 隐性的组织文化

保持组织独立性、保护教师的隐私是 CRLT 的隐性组织文化。1993 年评估指出，IDQ 评教问卷虽让很多教师知道了 CRLT，但是这些教师却不愿意参加活动。因为 IDQ 学生评教系统的数据是公开的，系主任通常会用这仅有的教师教学评估结果来衡量教师的教学情况，甚至根据数据结果决定教师的职称晋升。1993 年以来，保护教师的隐私成为上自主任下至项目助理的全体员工约定俗成的工作原则，是存在于每个员工意识里的组织文化。CRLT 致力成为教师信赖的地方，成为一个不会与系主任、副院长一起对教师进行评价的“安全”的地方。正如 CRLT 第五任主任康斯坦斯 · 库克所言：“教师们喜欢 CRLT，CRLT 为他们提供的很多服务都是秘密进行的。教师在 CRLT 获得咨询是一件非常私人的事情，这一点跟中国不一样。没有人知道 CRLT 为这名教师提供咨询，学院的院长不知道，系里的主任不知道。因此，教师觉得 CRLT 是一个安全的地方，可以在这里获得帮助，并且可以倾诉教学中的困难。我们在教师进行晋升和获得终身教职的过程中提供帮助，教师对我们心怀感激。因为，你要获得全职教授职位，你要有所晋升必须要在教学方面表现不错。”

此外，CRLT 的员工不参与任何学院的教师职称晋升评议过程。CRLT 工程学院分部是 CRLT 首个直接进入学院层面的服务分支。即使如此，CRLT 工程学院分部仍保持自己的独立性，保护教师的隐私，不卷入工程学院教师职称晋升的评议过程。CRLT 工程学院分部主任辛西娅·菲内利说：“我们从未直接参与教师的职称晋升事务，我们有跟学院的管理层进行过会晤，告诉他们应该在教师终身教职的评定中加大教学方面的权重。这个谈话大概是在 7 年前，我们讨论了应该把教师教学理念陈述引入教师教职晋升的材料中来。这个提议可能没有像我们想象中那样执行，但是我们也会通过开展有关教学理念陈述的工作坊帮助教师提高教学理念陈述能力。我想这就是我们关于这一个问题做得最多的努力。我在过去 10 年里听到很多晋升终身教职的案例。在评定过程中，委员会成员就教学问题与教师进行讨论，询问教师有没有使用 CRLT 工程学院分部所提供的资源。”此外菲内利还说道：“所有教师参加（活动）都是自愿的。有些时候，一些系的系主任会给我们打电话说有个别老师的教学评价非常低，让我们帮助这个老师。我们都会说不，这个不是我们想要做的。如果教师（自愿）到我们这来寻求帮助，那没有问题。此外，我们不会再通过其他任何方式提供帮助。”

管理者一直认为 CRLT 虽服务和支持教师发展，但绝不是所谓的“差教师”补课中心、修补中心，而是帮助教师更好发展的创新中心。正如 CRLT 现任主任马修·卡普兰（Mattew Kaplan）指出：“我们总是确保教师知道 CRLT 不是一个修复破损教师的地方。如果我们有那种名声，教师们是不会想来我们这里的。所以我们确保教师能了解 CRLT 是一个培养创新的地方，帮助教师实现他们的目标。”

综上所述可以看到，CRLT 从管理者到员工都很有默契地秉承着独立和保密的组织文化。教师发展中心并不是教师的监督者，也不是教师的补习班，而是教师安全的家。教师在这里可以感受到安全，可以放心地来咨询任何“难以启齿”的职业问题。CRLT 与教师是伙伴关系，一起进行教学创新。

（二）组织关系网络的建立

美国高等教育教师专业与组织发展协会①认为促进大学教学的行动可以从三个维度进行，即教师发展、教学发展以及组织发展。其中教师发展是指单个教师发展的项目，帮助作为教学者的教师取得更多成就；教学发展则是专注于院系的教学，通过对课堂教学、课程改革以及学生学习等主题开展项目推动教学发展；组织发展则是从组织机构层面去支持教师教学与学生学习。CRLT 在开展组织工作时，较好地把握了教师发展的三个维度，基于这三个维度与学校各个层面的客户建立了良好的关系网络。良好关系网络的建立是 CRLT 能够为全校师生以及管理人员服务的基础，是最为有效的组织技术。

1. CRLT 与学校层面关系网络的建立

首先，响应学校管理者的号召。CRLT 积极地响应校长办公室以及教务长办公室的号召，较好地落实了学校的发展指令。以《密歇根命令》为例，校长杜德斯特指出 21 世纪大学所面临的挑战就是学校共同体成员的文化多元化以及个体特征多样化。与此同时，21 世纪的人才应该具备多元文化理解力。因此，CRLT 专门创建了多元文化项目组，聘用专门人员负责多元文化事务，并在教学人员入职培训注入多元文化相关的内容，开展有关多元文化教学的工作坊与研讨会。科尔曼校长上任后非常重视与中国大学的合作，建立了密歇根—中国项目。CRLT 承担起这个项目的组织工作，而 CRLT 主任库克则担任该项目组的主任。此外，CRLT 力求组织工作安排与教务长的工作安排相一致。1993 年至 2012 年，密歇根大学平均每 3 年换一次教务长，基于工作经历、学术背景的差异，每位教务长的工作优先开展领域亦有差别，如其中一位教务长大力推动跨学科教学的发展，而另外一位则强调学生学习评估，还有一位则试图改善学校教学中的教育技术。CRLT 把每位教务长的优先发展事项都当成是一次机遇，通过增配专业技能员工、开发新项目、组建专责小组以及在教师发展基金中有所侧重等方式发展优先事项。② CRLT 通过与学校管理者的优先事项保持一致，取得他们的信任，这有助于

---

① 该组织成立于 1976 年，是美国全国性的大学教师发展专业协会。协会会员多为各个大学教师发展中心的专业员工，组织旨在推动大学教学的发展以及教师职业发展。

② Cook, C. E., Kaplan, M. Advancing the Culture of Teaching on Campus: How a Teaching Center Can Make a Difference[M]: Sterling: Stylus Publishing, 2011: 62.

CRLT 获得更多学校层面的财政、行政等方面的支持。

其次，同学校管理者沟通。CRLT 每年度都会向教务长办公室递交年度报告，年度报告囊括了 CRLT 全年的工作情况，事无巨细且条理清晰地向教务长、副教务长等报告 CRLT 一年里服务学校的业绩，不断加深学校领导对 CRLT 的印象。此外，当 CRLT 对现有教师发展项目有新的想法时会及时与教务长、副教务长进行沟通，讨论旧项目的去留以及新项目的创建。CRLT 会对中心提供的每个项目和每项服务进行评价，写成报告呈现给教务长、副教务长等学校管理者。CRLT 还努力让学校管理者熟悉其组织工作，在开展教师发展项目时尽量邀请相关的学校领导作为嘉宾加入其中。① 如每年的新教师入职培训，CRLT 都尽量邀请校长、教务长作为嘉宾讲话；开展主题为“本科教育如何加入全球化元素”的教师研讨会时，CRLT 会把负责学校全球化事务的副教务长邀请到现场发言。让学校管理者参与到 CRLT 的工作中来是让他们了解 CRLT 在做什么、如何做、做得怎么样的最直观的方式。最后，CRLT 会竭尽所能协助学校管理者开展工作，如组织教务长教学研讨会、开展教务长大学领导力项目等。

最后，与学校其他办公部门合作。CRLT 的教师发展项目涉及多个方面，因此需要与大量的学校办公部门合作。如 CRLT 组织新教师入职培训时需要邀请学校图书馆、人力资源事务办公室、信息技术服务处、学生事务办公室等多个机构参加；在进行国际研究生助教的培训时会和英语语言院、语言资源中心、学生事务办公室等机构合作；在开展多元文化项目时会与学术多元文化行动办公室合作；在开展未来教师研讨会时会与学校职业中心合作；在开展提高教师写作能力的工作坊时会与斯维特兰德写作中心合作。CRLT 与学校其他校级组织的合作方式是多样性的，其中包括与其他组织共同开展工作，如教务长教学研讨会就是由 CRLT、图书馆以及信息技术服务处共同承担，分工协作，扮演着活动组织者与技术支持者的角色。另一种合作方式则是参与合作。CRLT 开展活动涉及学校其他办公部门所从事事务，则邀请其参与到活动中来。同样，CRLT 也积极地参与到其他办公部门所开展的有关教师教学与学生学习的活动中去。部门合作避免了各个组织机构工作内容的重复，互通

① Cook, C. E., Kaplan, M. Advancing the Culture of Teaching on Campus: How a Teaching Center Can Make a Difference[M]: Sterling: Stylus Publishing, 2011: 60 - 61.

有无，取长补短，提高了教师发展工作效能。

2. CRLT与院系层面关系网络的建立

首先，让院系领导人认识CRLT。教师以自己的学科为立身之本，而系主任在很大程度上引导着教师的注意力。因此，如何让系主任关注教学是发展密歇根大学教学文化的关键一步。CRLT同样会将年度报告呈现给各个系的主任以及文理学院、工程学院等本科生大院主管本科教育的副院长。年度报告清晰地呈现了一年中CRLT为哪些院系提供了何种服务。院系领导人不仅可了解CRLT的工作内容也能寻找到适合自己院系的活动。此外，CRLT会抓住任何一个跟院系领导接触的机会，包括帮助教务长为系主任和副院长组织实施教务长领导力项目，秋季学期开学为新任的系主任和学术领导人提供一天的入职培训以及每月一次的院系管理者圆桌会议。尽管这些活动没有过多涉及教学与学习的问题，但是CRLT在这些活动中的出现使得院系领导人认识到其在密歇根大学的地位，是今后开展教学工作以及教师发展工作的重要资源。①

其次，为院系教师发展活动提供帮助。密歇根大学学校管理层对大学教学的重视程度日益增加。各个院系有着较大的开展教师发展活动的压力。CRLT有着开展教师发展活动的经验，有专业技能和设施，亦有灵活的人员配备，具有为各个院系教师发展活动的开展提供帮助的实力。CRLT承担了全校所有院系的教师、研究生助教的入职培训。此外CRLT还针对各个院系的需要进行点对点服务，会与院长、副院长以及系主任进行沟通，询问院系在教师发展方面的需求，商讨合作的可行性，比如帮助文理学院开展教学学术项目就是CRLT执行主任与文理学院主管本科教育的副院长协商的结果。文理学院副院长表达了对青年教师进行教师培训的愿望，CRLT执行主任联合员工撰写了项目提议书，随即项目顺利开展。外包式的教师发展项目大大减轻了各个院系开展教师发展工作的负担。这些活动皆由院系提供活动经费，CRLT则负责组织以及提供人员、技术支持。

最后，满足院系改革的需要。院系在课程改革、教学创新以及人才培养改革的过程中有着诸多需要，但却缺乏专门的人力与技术进行相关研究。CRLT利用自身的专业优势针对院系改革收集数据，参与改革方

---

① Cook, C. E., Kaplan, M. Advancing the Culture of Teaching on Campus: How a Teaching Center Can Make a Difference[M]: Sterling: Stylus Publishing, 2011: 59-60.

案的制定，此外还对项目进行过程评估和结果评估，查看改革效果。以文理学院本科生海外课程改革项目为例，CRLT 的专业员工针对此课程进行研究设计，收集数据。通过研究，CRLT 以研究报告的形式告诉文理学院的管理者与教师这门课程给学生带来了什么变化，变化是怎样产生的。CRLT 还对各个院系新的教学技术的运用效果进行评估。正如库克所言，教育技术设备是昂贵的，院系需要我们的帮助开展小范围的试点运用，评估效果后再决定是否继续使用或停止。

> 现在越来越多的科学技术在教学中运用，需要有人去测量他们的使用效果。我们把科技运用到课程中，它们有帮助吗？它们能使课堂有一些不一样吗？CRLT 可以收集数据然后对这些昂贵的设备的使用效果进行评估。这项工作是非常重要的，院系基于我们的研究决定哪些技术继续使用，哪些则可以停止。
>
> ——CRLT 第五任主任康斯坦斯·库克

3. CRLT 与教师个体层面关系网络的建立

首先，在教师中建立知名度。对于研究型大学教师来说，其首要任务是研究而非教学。随着学校、学院管理层对教学事务的日益重视，密歇根大学越来越多的教师开始关注自己的教学。[①] CRLT 在这一时期需要通过各种途径建立知名度，提高可视性。第一种途径就是通过群发邮件、单独寄信、发放宣传手册以及粘贴海报等方式宣传自己的活动，尽量与学校媒体机构保持紧密联系，使 CRLT 的新动向及时出现在推送给全校师生的校园新闻以及每周一期的校园周刊上。中心还会向全校的教学者寄送其主编的《论文汇编》。该期刊刊载了 CRLT 最新的有关密歇根大学教学与学习事务的研究成果。CRLT 的网站也是良好的宣传窗口，介绍中心的组织使命、功能、服务对象和工作，还会对即将开展的活动进行预告，让参加者提前注册。第二种途径就是组织在全校范围内有影响的活动。CRLT 数十年来一直承担全校新教师、新研究生助教的入职培训组织工作，这一活动把 CRLT、校长、教务长联结在一起，使得教学者认识到 CRLT 在学校的重要性。CRLT 依靠多年积累的培训经验提供给新教师需要的信息，其所展现的专业性也给新教师群体留下了深刻

① Wright, M. C. The Growing Importance of Teaching at the University of Michigian, 1996 - 2010, CRLT Occasional[R]. Ann Arbor: Center for Research on Learning and Teaching, University of Michigian, 2010.

印象。

其次，给教师提供激励和机会。CRLT 采用两种方法激励教师：一种是通过项目经费进行经济刺激，另一种则是通过提高优秀教师在大学的名望和地位进行精神刺激。① CRLT 目前负责 8 个教改基金项目，包括教师发展基金、吉尔伯特·惠特克教学改进基金一期与二期、教学发展基金、学生学习调查基金、讲师专业发展基金、多媒体教学基金、教学辅助技术改进基金。教改基金面向全校教师，由 CRLT 组织教师专业委员会进行同行评议，旨在提高教师教学与学生学习的质量。CRLT 每年约支持近 100 名密歇根大学的教师进行提高教学质量的项目研究。教改基金项目有效地连接了 CRLT 与教师之间的关系，为对教学感兴趣的教师进行相关研究提供支持，使得教师参与到教学改进的决策过程中来。此外，CRLT 通过对教学创新和教学效果卓有成效的优秀教师进行表彰，颁发教务长教学创新奖和图尔瑙奖，肯定教师的教学付出，提高教师在学校的声望。CRLT 还负责密歇根大学杰出教授奖人选以及美国年度教授的提名工作。通过对教师发展基金评选的组织工作，CRLT 与较多的致力教学研究与创新的教师建立了联系，掌握了潜在客户群。此外，CRLT 基于教务长教学创新奖与图尔瑙奖等教学奖的管理工作，结识了一批教学名师，拥有了开展教师发展项目的智力资源。

最后，对教师需求作出回应。其一是教师关于教学学术的需求。密歇根大学的教师很清楚地知道自己的首要任务是研究。因此，在新教师入职培训以及其他教师培训项目中，CRLT 都强调研究和教学的互补性。② CRLT 积极地推动教学学术运动在密歇根大学的开展，使得那些专于教学但也想在学术研究中有一席之地的教师有了努力的方向。其二是多元文化的需求。随着学生、教师族裔与国籍的双重多元化，教师在教学过程中需要关注更多有关多元文化的事项。为此，CRLT 的工作坊、咨询以及戏剧等项目都重点关注不同文化背景学生的差异，为教师开展包容的教学与课程安排提供支持。其三是交流共同体的需求。密歇根大

---

① Cook, C. E., Kaplan, M. Advancing the Culture of Teaching on Campus: How a Teaching Center Can Make a Difference[M]: Sterling: Stylus Publishing, 2011: 53 – 54.

② Cook, C. E., Marincovich, M. Effective Practices at Research University: The Productive Paring of Research and Teaching. In K. J. Gillespire & D. L. Robertson & Associates(Eds), A Guide to Faculty Development(2nd ed). San Francisco: Jossey-Bass, 2010: 277 – 292.

学有一批热衷教学的教师，CRLT以工作坊、研讨会等教师发展活动为载体，搭建跨学科的教师交流平台，使得教师获得教学共同体的集体感。其四是不同教师群体的需求。不同学科、不同职称以及不同个体特征的教师对自身发展的需求有所不同，CRLT开展的教师发展项目尽量满足教师事业发展的不同阶段。① 教师发展项目不仅关系本学科的教学法，也关系与教师个人特征（如性别、种族）相关的教学和职业发展问题。其五是政策与项目决策的需求。密歇根大学教师有着参与学校决策的传统和文化。CRLT组建教师咨询委员会，让教师指导CRLT的政策与项目决策并全权负责教改基金的评选。咨询委员会成员从各个院系聘请而来，是CRLT与各院系教师之间的桥梁。

第四节 组织人员特征的转变

一、服务型员工的特征

如前所述，目前CRLT全职员工可以分为专业员工、行政员工、项目助理与博士后研究人员。其中项目助理与博士后研究人员都是流动较大的员工群体，而行政员工数量很少，因此专业员工仍然是CRLT的中坚力量。下面针对专业员工的个人特征进行分析。员工的个人特征可分为外在特征和内在特征，外在特征可以通过证书、简历等看出，而内在特征则更多地通过性格等因素来体现。

（一）外在特征

1. 较好的学术背景

这一时期的员工都有着较好的学术背景。首先，所有的专业员工皆接受了良好的学术训练，获得了博士学位。博士学位皆获得于芝加哥大学、威斯康星大学麦迪逊分校、北卡大学教堂山分校、密歇根大学等研究型大学。名校博士学位的获得说明这些员工接受了规范的学术训练，具备良好的科学研究能力。此外，部分员工还有博士后研究经历，更加显现了其良好的学术工作能力。

---

① Austin, A. E. Supporting Faculty Members Across Their Careers. In K. J. Gillespire & D. L. Robertson & Associates (Eds), A Guide to Faculty Development (2nd ed). San Francisco: Jossey-Bass, 2010: 363 - 378.

2. 多样的专业分布

这一时期专业员工所学专业分布很广，横跨了社会科学、人文科学、自然科学与工程科学。从表5.5中可以看到，专业员工所学专业包括政治科学、比较文学、社会学、工程学、戏剧学、生物学、教学技术等。密歇根大学是一所专业门类齐全的大型研究型大学，因此CRLT要想为各个院系提供有针对性的教师发展项目，必须要有相同或相近专业的工作人员。目前，CRLT尽可能让专业员工与所负责教学单元的学科对口，从而更好地开展具有专业针对性的教师发展工作。①

3. 教学相关的工作经历

绝大部分的专业员工都有着与教学有关的工作经历。如表5.5所示，这些经历可以分三类。第一类是直接从事教师发展中心事务，比如有一位员工曾是一所大学教师发展中心的创建主任，还有一位则在学生期间就是教师发展中心的研究生教学顾问。第二类是大学教学经历，很多员工都有本科教学的经历且时间皆在5年以上。第三类则是有关教学的研究经历，部分专业员工在获得博士学位后开展了诸如课程设计、学科教学的博士后研究工作。

表5.5 CRLT专业员工个体特征

序号	职称	教育背景（专业、学位）	之前或兼职的工作经历
1	主任	政治科学，博士	文理学院教师，系主任，教育部官员，校长助理
2	副主任	比较文学，博士	在北卡大学教堂山分校教师发展中心工作三年
3	项目主管	工程学，博士	凯特琳大学教师发展中心创建主任，卓越教授
4	项目主管	政治科学，博士	无
5	副研究员	社会学，博士	国家科学基金评估员，POD执行委员
6	项目主管	戏剧学，博士	演员、导演、艺术总监，大学艺术专业教师

① Cook, C. E., Marincovich, M. Effective Practices at Research University: The Productive Paring of Research and Teaching. In K. J. Gillespire & D. L. Robertson & Associates (Eds), A Guide to Faculty Development (2nd ed). San Francisco: Jossey-Bass, 2010: 22.

（续表）

序号	职称	教育背景（专业、学位）	之前或兼职的工作经历
7	项目主管	进化生物学，博士	研究生教学咨询员
8	项目主管	英语与女性研究，博士	华盛顿大学副教授，杰出研究生助教奖与教学奖
9	项目主管	化学，博士	文理学院化学教师，兼职罗彻斯特大学教学法课程
10	项目主管	机械工程学，博士	研究生教学咨询员，研究生助教
11	项目主管	政治科学，博士	教授国际研究生助教教学课程
12	项目主管	植物遗传学，博士	两年生物教育及国际化科学课程研究的博士后经历
13	项目主管	教学系统技术，博士	课程设计研究的博士后经历，大学教学技术指导

（二）内在特征

1．服务热情与人际沟通能力良好

CRLT员工的工作以服务全校师生为主，热情是其最基本的特征。正如库克所说：“（CRLT的）教师发展工作人员都非常的和蔼、宽容、喜欢服务，他们愿意帮助别人，并不是很功利或者说专注于科研高产，CRLT成员之间互相分享经验、材料，而不是像各个院系的教师之间激烈地竞争。”此外，CRLT员工的工作之一就是在工作坊、研讨会等教师发展活动中进行陈述以及与教学人员、院系交流，因此良好的人际沟通能力和专注服务的热情是CRLT员工的特质。

2．有较好的团队协作能力与组织能力

CRLT有较多工作需要与教务处办公室、各个院系以及图书馆、信息技术服务处等机构合作开展，CRLT员工在工作过程中表现了良好的团队协作能力。同样，CRLT员工肩负了较多的大型教师发展项目，如新教师入职培训、全校性的教学改革基金、培养未来教师大会等。这些项目的顺利开展证明了员工皆具备较好的组织能力。

综上所述，不难看出当下CRLT的中坚力量是服务型的专业员工，也就是说员工拥有服务的热情、动机和开展活动的能力，同时他们还受过良好的学术训练、拥有丰富的教学相关经历以及较为出色的科研能力。CRLT 员工所显示的特征与组织工作需要相契合，出色的学术科研能力、专注服务的热情、良好的人际沟通能力、较好的团队协作能力与组织能力皆是其获得教学者个体、院系管理者以及学校管理者信任的基础，是完成组织工作的保障。同样，CRLT 员工的服务导向特征是对新设专业行政岗位要求的回应。

二、专职主任的产生

（一）多元化的学术与工作经历

CRLT 第一任至第四任主任皆为心理学研究领域的专家学者，其担任主任期间仍承担着繁重的科研任务。斯坦福·埃里克森在任期间一直从事心理学的研究并且主编《教师备忘录》。吉姆·库里克担任临时主任时则负责教育评估事务，主管 IDQ 学生评教系统。维尔伯特·麦基奇主管 CRLT 期间兼负责教师发展项目，而唐纳德·布朗任主任时也进行了较多的大学生发展研究。综上所述，前四位主任并不是专职的管理人员，而是游走在专业员工与管理者之间的教学与学习研究领域专家。

康斯坦斯·库克于 1993 年正式受到任命，担任 CRLT 的第五任主任，也是唯一一位非心理学背景的主任。库克的学术背景和工作经历可归纳为“政治科学”与“高等教育”两个关键词。库克本科就读于哥伦比亚大学巴纳德学院政治科学系，硕士就读于宾夕法尼亚州立大学政治科学专业，博士就读于波士顿学院政治科学专业。其所学专业一直为政治科学，研究领域集中于美国政府、政治利益团体等，著有《高等教育的游说：高等教育机构如何影响联邦政策》《核能与法律宣传：环保主义者与法院》等书，在高等教育界以及政治学界较有影响。

担任 CRLT 主任前，库克有着丰富的工作经历，曾当过大学教师、联邦政府官员以及大学管理者。1971—1986 年库克获得博士学位后曾经在圣伊丽莎白学院、西北大学文理学院担任过历史与政治科学的教师，并在阿尔比恩学院获得了终身教职。在阿尔比恩学院任教期间，库克还担任了阿尔比恩学院暑期项目的协作主任以及政治科学系的系主任。1987—1990 年库克就职于美国教育部，是促进高等教育基金项目办公室的协调员，负责全国范围内的高等教育的统筹事务。1990—1993 年，库克以校长执行助理的身份就职于密歇根大学校长办公室。

表 5.6　1962—2014 年 CRLT 主任名录及学科背景

姓名	任期	学科背景与最高学位
斯坦福·埃里克森	1962—1973 年	心理学，博士学位
吉姆·库里克	1973—1975 年	心理学，博士学位
维尔伯特·麦基奇	1975—1983 年	心理学，博士学位
唐纳德·布朗	1983—1993 年	心理学，博士学位
康斯坦斯·库克	1993—2014 年	政治科学，博士学位

（二）通才型的主任

从埃里克森开始，CRLT 一直都由心理学领域的专家担任主任。库克虽受过严格的学术训练亦有自己关注的研究领域，却并不与库里克、麦基奇等人一样是致力于学术研究的专家。库克所学专业为政治科学，拥有丰富的教学经验、政府工作经验、院系以及学校管理经验，是一位名副其实的通才型主任。

首先，库克有着丰富的教学经验，其从事了 16 年的本科教学工作。丰富的教学经验可以让她在处理 CRLT 的各项工作时更加有认同感。教师经历也让库克在与院系领导以及教师交流合作时有交谈的资本。正如她自己所说，教师经历使她在统筹和处理问题时更有耐心，也更专业。

其次，库克有着丰富的政府工作经验，曾在美国教育部负责促进高等教育基金项目的协调工作。工作期间，她是高等教育机构、州政府以及联邦政府之间的游说者，这些经历被库克运用到对 CRLT 的管理中。担任主任期间，库克是密歇根大学提高教学水平的主要倡导者和游说者，通过建立联盟、收集数据、进行宣传以及互投赞成票等手段为中心获得更多的支持和关注。[①] 美国教育部工作的经验在库克处理 CRLT 与学校管理者以及院系管理者之间的关系时发挥了较大作用。

最后，库克有着院系及学校管理经验。库克担任过系主任且曾就职于密歇根大学校长办公室，知道整个大学是如何运行的，也了解各个部门以及上下级之间的政治关系。与学校、学院领导层熟识的关系也可以让 CRLT 在争取学校层面资源以及与学院进行合作时占据先机。

总的来说，教师教学的经历、良好的政治思维、优秀的外联能力和

① Cook, C. E., Kaplan, M. Advancing the Culture of Teaching on Campus: How a Teaching Center Can Make a Difference[M]: Sterling: Stylus Publishing, 2011: 19 – 20.

协调力以及对学校运行的掌控力是库克这位通才型主任的特质。专职主任并不进行具体的研究或服务项目，而是负责组织运行的方方面面，包括预算、人员招聘、政策决议、组织内部分工、社会网络的建立等。正如库克自己所言："我是一名受过长期学术训练的政治科学家而非教育专家。我在密歇根大学学习与教学研究中的同事皆是教育专家，他们负责向教师提供有关教学水平提高的咨询，并开展工作坊以培训教学人员。我的学术背景和工作经历让我能够更好地统筹和管理中心的所有事务以及处理好与外界的关系。"

综上所述，CRLT 在此时期进行了组织的重构，组织合法性回归，校内声誉建立起来。

首先，CRLT 进行了组织重构。CRLT 对组织目标、组织战略、组织工作、组织结构、组织员工等进行了重大调整。此次组织的重构是以服务为导向的。首先组织目的方面，重申了 CRLT 建立时的目标，即为促进教学与学习而服务。组织战略在这一时期发生了根本性的改变，由开展质、量兼备的科学研究来树立教师的信任感转变为开展大规模的服务工作，以实证研究支持服务工作的开展。组织的工作上，CRLT 开展大量服务工作，工作面向教师、教学单元、研究生助教和博士后。工作的内容不仅专注于促进教学与学习，也帮助教师、研究生助教以及博士后进行职业发展。工作开展的方式多样化，增加了一对一咨询、课堂观察、导师一对一交流等。中心的正式组织形式不断地完善并建立了非正式组织形式。组织的内部结构更加完善，分工更为明确。此外，CRLT 的专业员工由原来的学术研究轨转为了行政管理轨，在工作开展过程中所扮演的角色也由过去的主导者变为组织者、协助者以及评估者。因此，员工的岗位职责以及自身的职业发展需求发生了根本性的转变。组织文化和组织的社会网络也在这个时期产生。组织的员工特征则由原来的学术科研型转变为现在的服务型，而主任类型也由专家型变为通才型。总的来说，CRLT 组织重构后，其组织各要素之间更协调。

其次，组织合法性回归。从"技术的"层面来讲，大学组织的合法性依赖于以下因素：遵守法律、正式建构了组织内部的权威、公开的组织使命和实际组织行为的一致性、组织具有利益相关者的代表性、适当的治理结构和“向下负责的”责任感、绩效等。[①] 基于以上分析可以看出，组织重构后的 CRLT 的组织行为与组织使命达到了高度一致，无论是组织内部结构，还是员工岗位设置与招聘，抑或组织战略都体现了服务密歇根大学全体师生的使命，多样化的众多教师发展活动是对校园教学文化的维持和发展。而对课程改革、教学改革以及新技术设备的效果评估以及学生学习成果评估，则体现了组织秉承的基于实证支持密歇根大学教学与学习发展的组织使命。基于此，CRLT 在密歇根大学的合法性得到了极大的回升。作为一个校内服务机构，校园场域内较好的合法性是组织维持和发展的关键。教师发展中心不像英语文学系这样的教学机构已经存在于美国大学上百年，教师发展中心是一个新近出现的机构，并未被当成是大学不可或缺的一部分。[②] 因此，组织只有不断维护和提升自身的合法性才能生存下去。

最后，校园场域内的声誉建立起来。合法性的恢复使得组织的资源越发充裕，组织环境也在变得更加适合组织发展。而组织的重构则让组织各要素协同一致，更能对密歇根大学整个系统以及各个教学单元和教学者个人产生良好的影响。这种影响在一定程度上表现为学校、院系以及教学者个体参加 CRLT 或与其合作的项目数量。1993 年以来，三个层面与 CRLT 产生的互动越来越多，CRLT 高质量的工作品质在教师、管理人员之间口口相传。这一时期的组织产出即是大量地面向教学者个体、院系以及学校的教师发展服务活动，2010—2014 年的四个年度里，CRLT 面向学校三个层面提供的服务次数分别为 1.85 万次、1.73 万次、1.69 万次、1.69 万次。以 2013—2014 年度为例，CRLT 提供了 2254 次咨询服务，提供了 451 次中期学生反馈，共有 1.5 万名学生参加了中期反馈；CRLT 进行了 52 场戏剧表演，覆盖了 2700 名观众；CRLT 颁布了 117 项教学改革基金，共投入资金 39 万美元；CRLT 还开展了 4 个培养未来教师项目，共 330 名研究生助教参与其中，举办了 2 次教师教学认证项目，730 名研究生助教参与；CRLT 亦举办了春季研讨会、秋季研讨

---

① 吴重涵，沈文钦. 组织合法性理论及其在教育研究领域的应用[J]. 教育学术月刊，2010(2)：3-9.

② Cook, C. E., Kaplan, M. Advancing the Culture of Teaching on Campus: How a Teaching Center Can Make a Difference[M]: Sterling: Stylus Publishing, 2011: 22.

会各1次，密歇根大学学生学习研讨2次，共计1480名教师与学生参加。此外，CRLT还协助学校开办教务长教学研讨会等活动，帮助院系开展课程改革、新教育技术与设备使用效果的评估工作。种类繁多的教师发展服务，使得CRLT在校内的组织声誉也越来越高。从上述数据可以看出，很多的教学者、院系以及学校管理者都参与到了CRLT的组织活动中来。

第六章 CRLT 运行机制变迁分析

第一节 教师发展中心运行机制变迁模型的提出

一、教师发展中心运行机制的内涵及其特点

（一）教师发展中心运行机制的内涵

何谓“机制”，《辞海》指出机制原指机器的构造和动作的原理，生物学和医学在研究一种生物的功能（例如光合作用或肌肉收缩）时，常借指其内在工作方式，包括有关生物结构组成部分的相互关系，及其间发生的各种变化过程的物理、化学性质和相互联系。阐明一种生物功能的机制，意味着对它的认识已从现象的描述进入本质的说明。[①]《牛津词典》中，“mechanism”意指机械装置或机体的“结构”和“共同作用”，指机械装置为完成一件任务而具备的一系列的移动部件；是指为实现某个目标的一种方法或系统；是指（生物体内的）机制、构造。[②]何谓运行，《现代汉语词典》将“运行”解释为周而复始地运转。[③]《牛津词典》中，“operational”意指操作的、运转的，通过连接使得机器、

① 夏征农. 辞海[M]. 上海：上海辞书出版社，1999：3548.

② 霍恩比. 牛津高阶英汉双解词典(第7版)[M]. 北京：商务印书馆，2009：1252.

③ 中国社会科学院语言研究所词典编辑室. 现代汉语词典(第3版)[M]. 上海：商务印书馆，1996：1562.

事物以及系统工作起来。[①] 综上所述，“运行机制”一词源于机械运动原理，指机械系统中不同部件之间的工作方式，动力系统通过传输系统，将动力一直传递到操作系统完成做功，并通过检测系统和反馈系统将信号反馈给动力系统，进行调整，这样就构成工作耦合。[②]

作为高等教育组织的教师发展中心是一个相对开放的社会系统，其运行机制要比机械系统复杂。从组织学的开放系统视角来看，运行机制是指组织内部要素之间，以及组织内部要素与组织投入、组织产出之间的相互联系、相互作用，以及因此产生的促进、维系、制约组织运行的工作方式。在此定义中，笔者基于开放系统的视角，把组织投入、组织产出归纳为运行机制的一部分，使得运行机制包含了投入、转换以及产出的全过程。

教师发展中心的运行机制包含两个基本要义：一个是教师发展中心运行的主体要素，另一个则是教师发展中心运行的方式方法。教师发展中心运行的主要要素可归纳为三个部分，分别为组织投入、组织转换以及组织产出。组织投入包括组织环境、组织资源、组织历史以及组织目标与战略。组织转换则是通过组织内部要素把组织投入变为组织产出的过程。组织内部要素是由工作、正式组织、非正式组织以及人员组成的。组织产出则表现为教师发展中心在个体、单元和系统三个层面上的工作成绩。在方式方法上，教师发展中心的运行呈现一种非线性的状态，是组织三部分要素以及组织内部要素彼此相互反馈、协同、均衡的过程。[③] 组织投入直接决定了组织转换的实施以及组织内部要素的构成，组织内部要素彼此间互为因果，相互影响，以组织工作为载体形成组织产出。组织产出形成反馈，对组织内部要素乃至组织投入产生影响。

（二）教师发展中心运行机制的特点

首先，制度环境是教师发展中心运行机制的基础。教师发展中心作为高等教育组织系统的一部分，具备目标模糊、权力模糊、经验模糊、

① 霍恩比．牛津高阶英汉双解词典（第7版）[M]．北京：商务印书馆，2009：1399．

② 阎凤桥．大学组织与治理[M]．北京：同心出版社，2006：168．

③ Nadler, D. A., Tushman, M. L. A Model for Diagnosing Organizational Behavior: Appling a Congruence Perspective[J]. Organizational Dynamics, 1980(2): 35－51.

产出模糊、技术不确定、组织参与者流动性强的特点。① 与此同时，教师发展中心与所在大学场域内的其他组织机构呈现一种松散耦合的关系。② 因此，相比技术环境，制度环境对大学教师发展中心的发展影响要大得多。组织的制度环境包括其所处的法律制度、文化期待、社会规范、观念制度等为人们所“广为接受”的社会事实。③ 教师发展中心组织投入中所包含的环境、资源、历史、目标与战略都折射出了其发展的制度环境。因此，环境、资源、历史以及组织目标构成了教师发展中心运行的合法性机制，决定了组织内部要素的设置、组织转换过程的运行乃至组织产出。组织内部要素则会对制度环境进行适应，组织产出则会对制度环境进行反馈。

其次，组织内部要素之间存在一致性的关系。教师发展中心的人员、工作、正式组织与非正式组织四项组织内部要素相互影响与制约，存在两两一致的关系。四要素之间存在六组一致性关系：第一，员工与正式组织，包括员工需求与组织结构设置的一致，员工特征与人力资源管理需求一致；第二，员工和工作，包括工作内容、服务对象、工作方式与员工个体特征、技能与知识储备的一致；第三，员工与非正式组织，包括员工个体特征、认知与组织文化的一致，个人经历、知识技能与组织社会关系网络构建的一致；第四，工作与正式组织，表现为正式组织中的组织内部结构、职位设计与工作内容、工作开展方式的一致；第五，工作与非正式组织，表现为组织文化、社会网络等非正式组织载体是促进组织工作的开展抑或阻碍组织工作的开展，组织工作有利于抑或不利于对组织文化以及社会网络的形成。第六，正式组织与非正式组织，表现为组织结构、人力资源与组织文化、社会网络的协同。两两组织内部要素相互制约、促进，互为因果，其一致程度决定了教师发展中心的组织产出与组织目标的匹配程度。④

---

① Cohen, M. D., March, J. G. Leadership in an Organized Anarchy in M. Christopher Brown (ed.) Organization and Governance in Higher Education (Fifth Edition) [M]. Boston: Pearson Learning Solutions, 2000: 16–35.

② Weick, K. E. Educational Organizations as Loosely Coupled Systems [J]. Administrative Science Quarterly, 1976(1): 1–19.

③ 周雪光. 组织社会学十讲[M]. 北京：社会科学文献出版社，2012：74.

④ Nadler, D. A., Tushman, M. L. A Model for Diagnosing Organizational Behavior: Appling a Congruence Perspective [J]. Organizational Dynamics, 1980(2): 35–51.

最后，组织产出的反馈形成循环系统。教师发展中心的组织产出既有实体的物品，又有不可见且较难衡量的隐性成果。教师发展的内涵包含了教师发展、教学发展和组织发展。因此，组织产出体现为教师教学能力、职业发展能力的提升；学校教学单元课程改革及教学改革的推进和支持；全校范围内教学文化的创建与发展，教学与学习事务效能的最大化。组织产出作为组织系统各个组织要素共同运行的结果，对组织投入以及组织内部要素进行反馈，促进整个运行机制（系统）的再调整。组织资源提供者在接收到反馈信息后作出增加或减少投入的判断，组织环境也会因为组织产出的效用而有所改变，组织历史则是记录和评判组织产出的载体。工作、人员、正式组织、非正式组织四要素依据反馈信息调整或重构要素本身，进一步提高要素间协同程度。组织产出的反馈使得教师发展中心运行机制所包含的三部分主体要素形成循环的系统，系统通过调整或重构组合成协同整体，实现共同目标。①

二、教师发展中心运行机制变迁模型的提出

（一）运行机制为什么会变迁

组织建立的制度环境决定了组织的合法性机制，合法性机制是指社会的法律制度、文化期待、观念制度成为被人们广为接受的社会事实，具有强大约束力量，规范着人们的行为。② 一个新组织产生的初衷就是对合法性机制的回应，而组织目标的内容则是匹配合法性机制的规范，以满足制度环境的诉求。组织运行机制建立后，产生组织产出。当组织产出没有达到组织目标的要求，没有完成组织预计的任务，则组织的合法性受到质疑，其存在的合理性与价值降低。此时，组织运行机制需进行调整，组织内部要素需要进行重构，以此实现组织的目标，从而恢复和提高组织的合法性，满足组织制度环境的要求。组织运行机制三部分主体要素互相影响，其中以组织战略最为重要，如果组织战略出现偏差则直接导致组织转换过程中的组织内部要素产生偏差，从而产生不能实现组织目标的产出。

① Boulding, K. E. General Systems Theory: The Skeleton of Science[J]. Management Science, 1956(3): 197-208.

② 周雪光. 组织社会学十讲[M]. 北京：社会科学文献出版社，2012：74.

CRLT建立之初的组织目标包含两大核心模块，一是为密歇根大学全体教学人员开展高质量的教学提供最大限度的支持；二是在密歇根大学场域内创造一种鼓励卓越教育的氛围。[①] CRLT实行的是以科研为主服务为辅作为组织发展战略，在组织运行中会做大量科研工作。CRLT专业员工也都是研究员系列的学者，组织产出皆为通用性的科研成果，对密歇根大学的教学质量提高没有针对性的帮助，科研活动也没有在学校范围内产生较大影响，无助于密歇根大学教学文化的创建与发展。综上所述，CRLT此阶段组织产出未能实现组织目的，更没有满足制度环境的诉求，削弱了其合法性。这也使得密歇根大学对CRLT的价值进行重新评判。

（二）运行机制怎样变迁

当组织产出不能满足制度环境的需求，组织的价值危机开始显现，合法性降低的同时组织资源将会受到限制。在这种情况下，组织若继续生存下去，有两条发展路径：一条是组织进行自我调整，对组织本身可以改变的事务进行改变如组织战略、组织工作内容等。这种情况会导致组织内部要素的一致性程度降低，从而不能创造高效的组织产出。另一条发展路径则是接受外部评估，听取专家委员会意见，对组织进行重构，改变现有的组织战略、组织工作、组织内部结构、职位设计等。这样做一方面可以保证组织内部要素高度一致，另一方面也保证了组织投入、组织转化、组织产出三部分方向一致，创造满足组织目标的产出，使得组织的合法性增强，响应制度环境的诉求。

CRLT的组织运行机制变迁属于第二条路径，在其接受了校内外的专家委员会评估后，对组织进行了重构。具体表现为对组织战略进行了重构，组织工作内容重心转移，组织内部结构偏服务化，员工岗位设置彻底改变，由科研岗转向行政岗。此外，CRLT还产生了非正式组织，员工个人特质与主任类型也都发生了改变。这一阶段，CRLT的组织战略是以服务为主，科研支持服务，组织内部要素的共同指向也为服务，且彼此之间达成较高的一致性。因此，组织产出即是对教师、研究生助教以及博士后个体发展的支持，对院系教学与课程改革的支持以及学校层面教学文化的建立与发展。组织产出较好地满足了制度环境的诉求，

---

① Committee on Improvement of Instruction. Proposal for a Center on University Teaching[B]. Ann Arbor: Bentley Historical Library, 1961.

组织合法性得到恢复。

（三）运行机制变迁模型的阐述

CRLT 从 1962 年建立至今可划分为两个阶段，第一阶段（1962—1992 年）为运行机制的形成阶段，第二阶段（1993—今）是运行机制的重构阶段。对两个阶段的运行状况进行归纳，笔者得出两种不同的运行机制模型。两种模型有着直接的因果关系，从而形成了教师发展中心运行机制的变迁模型。本研究以纳德勒与塔史曼的组织一致性模型为分析框架，建立了教师发展中心组织运行机制变迁模型，秉承了组织一致性分析模型一致、反馈等关键思路。从图 6.1 中可以看到，组织变迁模型的基本路径为组织投入部分直接影响组织转换过程，而组织转换过程所包含的组织内部因素则两两影响，组织转换创造组织产出，而组织产出则对组织转换部分以及组织投入部分进行反馈，组织转换部分也对组织投入进行反馈。

而变迁时组织各部分以及每部分所包含的要素发生的变化则如下阐述。运行机制形成阶段的组织资源主要包括两部分，一部分为学校财政预算，另一部分则是校外科研项目经费，其中校外科研项目经费在 CRLT 总运行经费中所占比重较大。校外经费多来自联邦科研机构、政府、军队以及私人基金会，基本用于程序教学材料开发、计算机辅助教学设计以及教师发展项目的评估等。当时整个高等教育界对程序教学、计算机辅助教学这些新生事物的迷信深深地影响了 CRLT 的运行。校外科研经费占运行经费主导的局面对组织战略、组织内部要素设置产生一定影响，而这种状况的出现也是组织战略与组织内部要素整合的结果。CRLT 这一阶段的组织战略是通过优秀的科学研究获得学校教学者的信任和尊敬，从而使得更多的教学者参与到活动中来。此组织战略的产生很大程度上是因为 CRLT 的首任主任是研究教学与学习的心理学家，偏向用科学研究证明自身与组织的价值。

科研为先的组织战略使得组织转换过程围绕科研项目开展。组织工作的重心是校外资源分配的大量科研项目，组织专业员工是走研究员序列的学者和科学家，科研与评估部门在组织内部结构中占重要地位，人员招聘首先考虑的是良好的学术背景、优异的科研能力以及较高的学术声誉，而职称晋升则完全以科研成果为评判标准。组织转换过程中的各个要素都以科研为导向设置和发展，所以组织产出的表现形式是数量较多、质量较高的学术论文，众多高等教育、学生发展以及学习心理学领域的学术会议演讲，首创的学生评教系统，运用广泛的程序教学材料等。这些组织产出在全美相关专业领域产生较大影响，形成CRLT学校外部组织声誉。但是，CRLT的组织产出并没有对密歇根大学的教师教学活动起到切实的帮助，亦没有形成学校教学文化。因此，组织的合法性减弱，组织存在价值受到质疑。1980年实施“小而精”发展计划，当年就削减了CRLT 30%的学校财政预算就是对此的有力佐证。

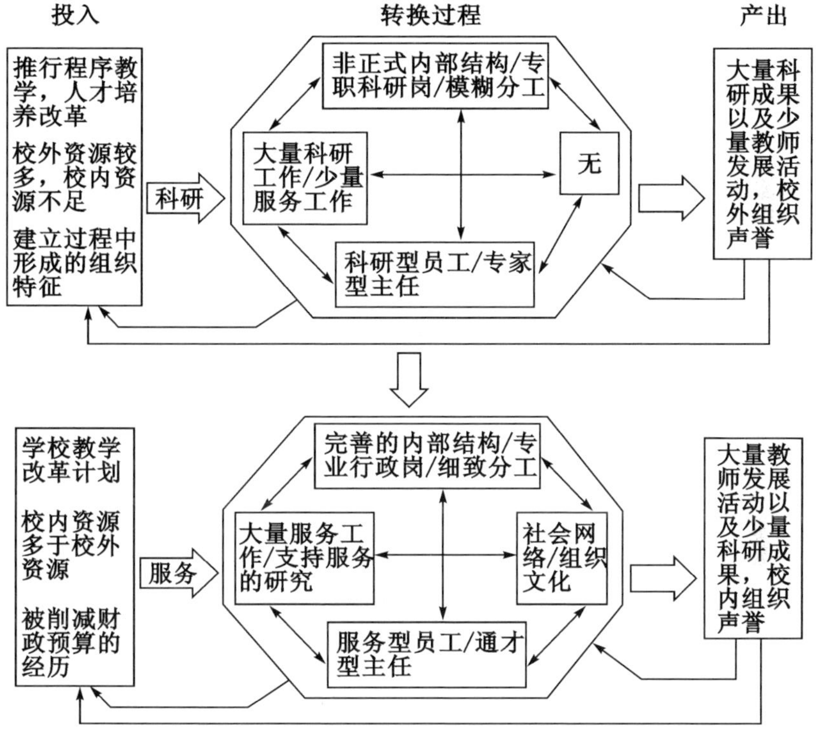

图6.1　教师发展中心组织运行机制变迁模型

20世纪80年代后期起，密歇根大学两任校长皆十分重视大学教学，制订发展跨学科教学、多元文化教学的计划。与此同时，由于学校的教学支持经费较多，CRLT的学校财政预算拨款稳定而充足，没有获取校外研究经费的需求，综合20世纪80年代初运行经费被削减的经历以及1993年校内外评估报告的出台，CRLT具备了进行组织重构的外部条件和必要性。CRLT在这一时期完成了由科研导向向服务导向的转变，组织战略变为以服务为主，科研辅助服务。而组织内部因素中，组织员工的岗位设置由专职科研岗变为专业行政岗，组织工作由以科研为主变为以教师发展服务为主，组织内部结构进一步完善，员工职位差异化，职责更为明确。与此同时，组织还产生了服务、支持与创新的显性文化以及独立与保密的隐性文化，组织在学校场域内的社会关系网络也建立了起来。为此，CRLT 的组织工作惠及了教师、研究生助教以及博士后，也让各个学院的课程与教学改革收益颇丰，更维护和发展了全校的教学文化。CRLT 的组织产出满足了学校层面、院系层面以及教师个体层面的需求，建立了学校内部的组织声誉，使得组织投入呈稳定状态，从而获得持久发展。

第二节　教师发展中心运行机制变迁模型的剖析

CRLT 的组织变迁是适应、一致与反馈的循环过程。组织对制度环境进行适应，寻求合法性，组织为适应制度环境所下发的指令决定了组织内部要素的内涵。组织内部要素彼此间进行最大程度的一致，组织依靠其运行机制中的组织产出部分对组织投入进行反刍。当产出不满足制度环境的需要，没有完成组织目标时，组织必须进行再适应，改变自身的发展战略，从而彻底改变组织内部要素。改变后的组织产出满足了制度环境的需求，使得 CRLT 获得合法性和发展的资源，可以较好地运行与发展。

一、制度环境的转变：运行机制变迁的动力之源

制度环境，即人们在研究特定制度安排对下一级系统的结构和绩效产生的影响时，被看作背景的制度的新定义，[①] 是由各类利益相关者（服务对象、投资者、协会、董事会、政府部门以及与之有合作关系的组织等）的规范和价值观构成的。[②]

何谓制度，斯格特认为制度是由社会符号、社会活动和物质资源所组成的多层次稳定的社会结构，具有很大的弹性，由规制性要素、规范

① 理查德·斯格特. 比较制度分析的若干要素[J]. 北京大学教育评论,2007(1):2－15.

② Meyer, J. , Rowan, B. Institutionalized Organizations: Formal Structure as Myth and Ceremony[J]. American Journal of Sociology, 1990(83): 340－363.

性要素和文化—认知要素构成，为社会提供稳定性和意义。① 制度的规制性要素包括强制性暴力、奖惩，也包括非正式的风俗或正式的规则、法律。规范性要素包括价值观和规范两部分。价值观是指行动者所偏好的观念或需要的观念，以及用来比较和评价现存结构或行为的各种标准。规范则规定事情应该如何完成，并规定追求结果的合法方式和手段。规范要素确定目标，也指定追求目标的方式。文化—认知要素则是关于社会实在性质的共同理解，以及建构意义的认知框架。②

相对应的制度环境亦由三大要素构成了一个连续体，其一端是有意识的要素，另一端是无意识的要素；其一端是合法实施的要素，另一端则被视为当然的要素。③ 三大要素好比制度环境的三个维度，以相互独立或相互强化的方式，构成一个强有力的社会框架。④ 制度环境的规制性要素是由对组织起制约、规制、奖惩作用的事物组成；制度环境的规范性要素则包括对组织运行起规范和领导作用，确定组织追求的目标以及方式，是指定组织应该如何运行的事物；文化—认知要素则是整个社会共同体以社会为中介搭建的共同意义框架。⑤

反对唯工具理性论，强调技术、效率以外的因素对组织运行的影响，是制度主义对各个学科最大的理论贡献。新制度主义则把这个因素锁定在制度环境上，并对制度环境的分析域进行了拓宽。CRLT 作为高等教育组织，对技术的依赖程度较低，而制度环境以及基于制度环境产生的合法性机制却决定了组织的生存与发展状况。制度环境对组织的运行具有规范、激励和导向三种作用。因此，制度环境是 CRLT 运行机制发展的原动力。CRLT 运行的制度环境亦可按规则、规范以及文化认知三个维度进行划分和分析。在阐述 CRLT 运行机制形成与重构的章节，研究者对组织的环境、资源、历史进行了归纳，但大多是对规范性要素

---

① 罗燕. 教育的新制度主义分析——一种教育社会学理论和实践[J]. 清华大学教育研究，2003(6)：28－34.

② Scott, W. R. Institutions and Organizations Ideas and Interests(3rd ed)[M]. Los Angeles: SAGE Publications, 2007: 53－57.

③ Hoffman, A. W. From Heresy to Dogma: An Institutional History of Corporate Environmentalism. San Francisco: New Lexington Press, 1997: 36.

④ Scott, W. R. Institutions and Organizations Ideas and Interests(3rd ed)[M]. Los Angeles: SAGE Publications, 2007: 51.

⑤ Scott, W. R. Institutions and Organizations Ideas and Interests(3rd ed)[M]. Los Angeles: SAGE Publications, 2007: 59.

以及规制性要素的考察，此部分将完整分析组织发展的制度环境。

（一）运行机制建立阶段的制度环境分析

1. 大规模运行经费投入产生的规制

第二次世界大战后，美国高等教育组织尤其是公立大学迎来了发展的春天，其财政预算总额一直处于上升态势，原因即为美国强劲的经济发展态势与学生人数的不断增长。[①] 联邦学生资助项目的增加、州政府的拨款增长使得密歇根面临本科生教育质量的问责。而 CRLT 则成为此背景下满足制度环境的产物，并间接地接受问责和规制。此外，联邦政府科研项目与私立基金专注教师发展、教学发展，给予 CRLT 科研项目与经费，与 CRLT 达成规制性的协作关系，使得 CRLT 在此阶段专注于一般性的教学发展以及学生发展研究。

其一，联邦政府的学生资助法案。美国联邦政府在第二次世界大战后进行了一系列高等教育立法，加大对学生群体的资助，确保学生的受教育质量。比较有代表性的是为退伍军人支付大学学费的《退伍军人权利法案》，创立学生贷款计划以及资助外语教学项目的《国防教育法》，为贫困大学生提供联邦奖学金的 1965 年《高等教育法》以及 1972 年的《高等教育法修正案》等。联邦政府执行这些法案，把学生学费与补助拨给大学，期望大学可以给予学生高质量教育。因此，当大学接受政府拨款的同时就和政府达成了规制与被规制的关系，从而需努力提高大学生受教育的质量。这一点在密歇根大学表现得非常明显。1944 年《退伍军人权利法案》获得通过，密歇根大学接受了大量退伍军人，同时也获得了联邦政府的巨额拨款，即退伍军人学费。与此同时，随即而来的“婴儿潮”大学生使得学校的学费收入进一步增加。此外，密歇根大学为公立研究型大学，相对私立大学无论是学费还是入学门槛都相对较低，更具包容性，因此学生群体中有较多经济背景较差的学生。这使得学校接受了大量联邦政府的学生补助。密歇根大学也等于通过法案与联邦政府达成了协议，需为学生提供高质量的教育。

其二，州政府的拨款。长期以来，公立大学的发展很大程度上依赖州政府的拨款，而州议会会根据本州的经济发展情况以及学校对本州的

① 包敏丹. 战后美国高等教育经费来源研究[D]. 南京：南京师范大学，2007：12.

贡献（教学质量、科研转换情况等）审批拨款数额。[1] 因此，公立大学与州政府之间存在着较为复杂的法律关系。州议会拥有批准本州高等教育专项款的权力，即可对拥有自治权的大学的运行产生影响，而公立大学在使用州政府拨款时需接受本州的审计和管理机构的监管。[2] 从20世纪50年代初开始，州议会通过决议对密歇根大学增加财政拨款，以解决学生激增带来的校园硬件资源紧缺、师资人数不足等问题。密歇根州拨给密歇根大学1951—1956年度的财政五年预算是前一个五年预算的两倍，1957年度的州政府拨款为3000万美元，是五年前的两倍。此外，州政府额外拨款2600万美元专门用作密歇根大学校舍等硬件设备建设与维修资金。密歇根大学接受如此多的州政府拨款，势必顺利应对此时期学生人数激增带来的挑战，保证教学质量，从而应对州监管部门以及社会各界的问责。

其三，基金会的项目经费。如何保证本科生教学质量是这一时期各个教育基金关注的热点。自CRLT建立之日起，就接受了各种各样的私人基金会科研项目经费的支持。如丹佛斯基金会教学人员培训项目的建立、制度化与评估，卡耐基基金会大学生发展项目、Exxon教育基金的计算机写作实践项目等。基金会的项目对CRLT的组织战略、组织工作的开展皆有一定的约束作用。

其四，联邦机构的科研项目。20世纪50年代起，美国联邦机构对大学的科研项目资助大幅提升，如表6.1所显示短短六年时间资助金额增长4倍。国家科学基金会、教育部高等教育促进基金会等一批联邦科研机构也在这一时间产生。此外，联邦科研机构还批准了大学科学发展计划（USDP）等项目，关注大学的科学研究与教学发展。CRLT从20世纪60年代起就开始接受国家科学基金会、全国教育办公室、国家自然基金会等联邦机构的科研项目，开展对程序教学教材、大学生发展、计算机教学等领域的研究。与私立基金会项目一样，联邦机构的科研项目也规制了CRLT的组织运行机制。

---

① 詹姆斯·杜德斯达.美国公立大学的未来[M].北京:北京大学出版社,2008:83－84.

② 詹姆斯·杜德斯达.美国公立大学的未来[M].北京:北京大学出版社,2008:13－14.

表 6.1 联邦机构对大学的科研项目资助（1958 年、1964 年）（单位：百万美元）

	总额	国防部	原子能委员会	国家航空航天局	国家科学基金会	国家卫生研究所	其他
1958 年	219	91	33	—	16	72	7
1964 年	864	198	67	44	126	401	28

资料来源：罗杰·盖格. 研究与相关知识——第二次世界大战以来的美国研究型大学［M］. 保定：河北大学出版社，2008：204.

2. 学校扩招产生的制度规范

如第三章所述，20 世纪五六十年代全美公立大学本科生人数激增。学生人数的激增引发了大学教育内部要素的改变，如新教师人数不断增加，本科生教学从小班授课变为大班教学。与此同时，20 世纪 50—70 年代，美国大学还开展了本科生培养模式改革运动，而作为公立研究型大学旗舰的密歇根大学则再次在这次运动中充当了先锋角色。上述背景可视为 CRLT 在此阶段制度环境中的规范性要素，指明了 CRLT 组织工作的内容和方式。

首先，缺乏经验的教学人员数量增加。20 世纪 50 年代起，密歇根大学新入职的教师数量逐年上升。此外，由于教师数量严重不足，学校聘用了较多博士研究生担任本科教学教师。博士研究生群体以及刚获得博士学位的新教师群体皆缺乏教学经验，非常需要获得一般性的教学支持，即对教学基本技能的掌握如课堂陈述、开展互动、作业评分、课程计划等。而学院与学校层面则希望通过教学评估来保证教学人员的教学质量。

其次，大班教学对程序教学、计算机辅助教学、视听教学的需求。本科生数量的增加打破了固有的小班教学模式，密歇根大学已频频出现 100 人以上的大班教学。大班教学对教师教学提出更高要求，也使得程序教学与计算机辅助教学有了用武之地。这两种教学方式可以使教师教学高效且较好地照顾到每个学生。

最后，本科生培养模式改革。20 世纪 50 年代以来，密歇根大学进行了一系列的本科生培养模式改革。如 1962 年文理学院建立的住宿学院项目，1972 年文理学院与医院学共同开展的英特弗莱克斯项目。这些项目突破固有的本科生培养模式，实验性地开创新模式，在制定过程以及评估工作中皆需要专家进行智力支持，而 CRLT 拥有学生发展、教学评估领域的专家，具备支持的条件。

综上所述，可以看出，制度环境的规范要素指明了CRLT在后续发展中应对新教师开展一般性的教学培训项目，为教师提供程序教学、计算机服务教学以及多媒体教学的信息和工作坊，建立教学评估系统对教师教学进行评估。程序教学等教育技术的发展则需要CRLT开发有效的程序教学教材与计算机辅助教学软件和平台，进行系统的设计和实验。而本科生培养模式改革则使得CRLT需积极地开展相关研究。

3. 人们对程序教学、计算机辅助教学以及视听教学的信赖

面对20世纪50年代初美国公立研究型大学学生数量增多、教师数量严重不足的问题，程序教学作为一种有效的自学方式恰逢其时地发展起来。作为一种以行为主义心理学为基础的教学方式，程序教学受到大学管理者、院系学术管理者以及授课教师的期待。人们认为随着有效的程序教学材料的成功开发，学生可以自主进行学习，而教师亦可在大班授课中收到学生发出的及时反馈，从而形成有效的教学互动。[①] 1960年前后，哈佛大学、伊利诺亚大学、密歇根州立大学等高等教育机构皆建立了专门的组织机构去应对程序教学、电视教学等的发展。密歇根大学则紧随其后建立了CRLT来负责此事务。同样，计算机作为新生事物在20世纪50年代正式进入密歇根大学的教学活动，学校管理者对计算机辅助教学寄托了很高的期望，无论是高等教育界还是工业界都认为计算机将会在未来的大学教学中发挥重要作用。人们还认识到计算机辅助教学材料的开发、辅助教学平台的搭建是成功开展计算机教学的关键。最后，视听教学早已成为教师有效的辅助教学技术，学校在CRLT成立之前就建立了视听中心、电视中心。可以说，20世纪60—70年代，整个美国高等教育界对程序教学、计算机辅助教学以及视听教学抱有巨大的期待，希望新的教育技术可以为高等教育带来革命，以解决当时本科生教育所面临的问题。

（二）运行机制重构阶段的制度环境分析

1. 惩罚与问责

20世纪80年代起，美国公立大学接受的公共财政拨款逐年减少，各所公立大学学费逐年上涨。学校财政预算比例的变化影响了CRLT的

① Provost Office. Report Materials by CRLT; 1967 - 1969[B]. Ann Arbor: Bentley Historical Library, 1969

运行，其中骤减的州政府财政拨款使得 CRLT 受到了影响，而持续上涨的学费则让社会对教育质量的问责力度越来越大。这两点皆可视为 CRLT 制度环境的规制性要素。

1980 年，州政府财政拨款的骤减使得密歇根大学短时间无从找到替代资金来源而开启“小而精”发展计划，评估出少数组织机构进行财政预算的削减。CRLT 被认为没有实现应有的价值而被削减三分之一的学校财政预算，组织工作和人员被迫大幅减少。① 此次财政预算的削减使得 CRLT 开始意识到组织发展战略有问题，专注于一般性的科研工作，并不能凸显其作为一个重点支持机构在密歇根大学应有的价值，中心应该更多地与院系沟通，进行科研项目的合作以及开展教师发展活动。②

与此同时，从 1980 年起，密歇根大学学费持续上涨，至 2000 年，学费涨了近一倍。表 6.2 是“十大联盟”的成员学校 1980 年、1990 年以及 2000 年三个节点的生均净收入的情况。从中可以看到，密歇根大学在 2000 年时生均净收入在 10 所大学里排名第一，比最后一名的印第安纳大学布鲁明顿分校高了 70%，比同州的密歇根州立大学也高了近 44%。“十大联盟”又被称为公立常青藤，因此成员学校皆为学术声誉较高的公立研究型大学。此外，公立大学都有着服务本州、帮助家庭经济背景较差的学生上学的使命。因此，相近的学术声誉，同为公立大学，密歇根大学的高昂学费必然使社会各界要求其提供更高质量的教育。高昂学费如同一张契约，交易双方则是密歇根大学与利益相关者（学生、家长、州政府、联邦政府、其他与其竞争生源的大学）。密歇根大学必须保证自己拥有卓越的教育质量，而 CRLT 则需要以一种有效的方式支持学校教师教学与学生学习的双重提高，帮助学校去应对社会的问责。

① CRLT. Budgets, 1981[B]. Ann Arbor: Bentley Historical Library, 1981.

② CRLT. Minutes of Executive Committee[B]. Ann Arbor: Bentley Historical Library, 1981.

表 6.2　“十大联盟”成员学校 1980、1990、2000 年学生的生均净收入①

（单位：美元）

学校 \ 年份	1980	1990	2000
密歇根大学（安娜堡）	11780	15720	21200
明尼苏达大学（双城）	9060	15820	20290
威斯康星大学（麦迪逊）	10220	13470	16350
俄亥俄州立大学	8060	11900	15550
密歇根州立大学	8610	11540	14770
爱荷华州立大学	8580	11840	14630
宾夕法尼亚州立大学（帕克）	8360	11270	14430
伊利诺亚大学（香槟）	10320	11400	13750
普渡大学（主校区）	7790	10680	13210
印第安纳大学（布鲁明顿）	6910	9380	12410

资料来源：罗杰·盖格. 大学与市场的悖论［M］. 北京：北京大学出版社，2013：274—277.

2. 内外评估与学校发展计划

CRLT 进行运行机制的重构，必然要有未来发展的方向，而这个方向是通过制度环境中的规范性要素“讲述”给 CRLT，直接或间接地告诉中心未来组织发展的战略、组织的工作内容以及工作方式等。

1993 年进行的学校内部评估以及外审专家组评估，直接指出了 CRLT 现存的问题以及未来该走向何方。评估报告共同认为 CRLT 现有科研功能太重，且所进行的都是一般性科研，并没有关注密歇根大学；服务项目数量不够、种类单调且没有针对性；与院系层面交流太少，对教师进行教学研究的支持力度不够；组织化程度太低。相应地，评估报告指出了 CRLT 应该朝着服务导向的目标发展，全身心地服务密歇根大

① 此表原始数据来源于美国国家教育统计中心 IPEDS 数据库，公立大学生生均净收入的运算公式为“总学费收入 - 本校提高的学生资助 + 来自捐赠的支出 + 州的拨款/全日制学生 + 三分之一的非全日制学生”。此表所有数据已经按照 1996 年美元购买力进行了加权，因此可以直接进行横向比较。

学的师生。组织工作主要是各类教师发展活动，需考虑教师的多种需要和院系的具体需求，而工作的实施方法则是以服务为主、以科研为辅。

CRLT 运行机制重构的这段时间，也是美国高等教育大环境连续变更的阶段。高等教育国际化、信息化给大学的发展带来机遇的同时也带来了挑战。与此同时，学科的发展、学生种族的多元化都让密歇根大学更加重视教学工作，结合现实情况提高教学质量。1989 年，刚上任的校长杜德斯特就针对 21 世纪可能会遇到的挑战颁布了《密歇根命令》，指出多样性是未来教学、研究以及社会服务取得卓越成就的基石。① 学校未来要加强多元文化教学，开展多元文化教师发展项目，增强学生的全球竞争力。随后的第 13 任校长科尔曼则致力发展密歇根大学的跨学科教学，培养跨学科人才，她还发起了《第三世纪行动》，五年内投入 5000 万美元发展密歇根大学的跨学科教学与科研。学校层面的发展计划直接引导了 CRLT 未来工作的重心，学校领导层的价值观念和发展需求会成为评价学校内部组织机构工作优劣的标准。因此，作为一个关键支持机构，CRLT 有必要与学校领导人制定的发展方向保持一致。

3. 大学教师教学能力的重要性

制度环境中的文化—认知要素会通过语言、符号以及具体行动表现出来，构成了人们关于社会实在的共同理解。这一阶段，“大学教师教学能力十分重要”成为密歇根大学乃至整个全美研究型大学教师、管理者的共同意识。

在密歇根大学，无论是学校管理者还是学院管理者都利用一切场合强调教师教学能力的重要性。任职 20 年之久的资深学术事务副教务长芒茨说道：“教学始终是大学最重要的使命，我在每年的新教师入职培训上都会强调教师教学能力的重要性，告诉新教师在密歇根大学教学与研究同样重要，没有良好的教学能力就不会有好的职业发展。”而主管本科教学的文理学院副院长德罗里亚则认为：“密歇根大学有着良好的教学文化，这是推动教师教学发展的文化资本，我们学院的例会以及职称晋升评议都会把教学作为重点评估指标。”

学校的教学者亦能充分感受到教学能力在密歇根大学的重要性。文理学院的副教授维多利亚说道：“你会在各种场合听到校长、教务长、

① Duderstadt, J. J. The Michigan Mandate: A Strategic Linking of Academic Excellence and Social Diversity[B]. Ann Arbor: Bentley Historical Library, 1989.

系主任以及同事告诉你在密歇根（大学），教师教学效果很被看重，要好好准备（教学）。”同样是文理学院的教授唐小兵说道：“近年来，大学教师的教学质量越来越被看重，原因一方面是由于逐年上涨的学费，另一方面则是大学之间的竞争日益加剧。我作为评委参加过教师职称晋升，感觉密歇根大学非常重视教师的教学能力。你想想，学生网络评教平台那么多数据，一年差一点没什么，日积月累全是不好的数据在职称晋升时劣势很大。”而工程学院的研究生助教吴淳则说：“我们必须参加助教入职培训才能获得助教的资格，此外学生可在学校教学平台 CTools 上对我的教学进行评价。评价报表会上报给学院主管本科生教育的领导，评价效果不好会影响下次助教资格的申请。”医学院的博士后刘阳认为：“没有人天生就会做老师，都是需要学的，尤其是我们专业百分之百的时间都在做研究。我认为教学就是研究，它真的不那么简单，是一门很高深的学问。”

1990 年，博耶对学术的内涵进行了反思，提出教学学术概念，拉开了美国大学教师教学学术运动的序幕。① 教师教学以及与之相关的研究被定义为一种学术，使得教师的教学能力在密歇根大学等研究型大学更为被看重，学校的教师评价标准、奖励结构有了新的内涵。教师个体或团队开展的课堂创新、教学项目评估、行动研究都被作为教师工作成果的一部分。这一运动让大学教学与学习成为一个热门的研究领域，越来越多的一线教师，心理学、教育学学者以及大学教师发展的专业人员投入到此行列中。运动的开展使得教学卓越的教师有了用武之地，也让越来越多的教师开始关注自身教学能力的提升并积极尝试开展教学与学习领域的研究。

20 世纪 70 年代开始，美国大学教师发展专业团体的规模逐渐壮大，组织化程度增高。美国高等教育专业与组织发展网络于 1976 年建立，并逐渐成为美国大学教师发展专业人员的学术共同体，形成了分享与合作的组织文化。此外，美国高等教育协会、美国学院与大学联合会、美国教育委员会、卡耐基促进教学委员会、全国研究生院委员会等专业组

① Boyer, Ernest L. Scholarship Reconsidered: Priorities of the Professorate[M]. San Francisco: Jossey-Bass, 1990:23-25.

织越来越多地关注大学教师教学能力的发展，推动教学学术的开展。[①]20 世纪 90 年代以来，越来越多的各类大学建立了教师发展中心，以服务为组织战略，以应对全球化与多元文化带来的挑战。

（三）制度环境的变迁分析

如前所述，对于教师发展中心来说，制度环境对其组织目标与战略、组织工作的内容和方式、组织内部结构、组织人员的特征、组织领导的风格以及非正式组织的形成与变更起着决定性的作用，不同的制度环境直接影响以上组织要素，是组织运行机制变迁的原动力。CRLT 的制度环境在成立至今总共发生了两次大的变化，下面从规制性要素、规范性要素以及文化—认知要素三个方面对其变迁情况以及变迁后对组织资源、目标与战略、工作、正式组织与非正式组织、员工特征等方面的影响进行分析。

规制性要素方面。CRLT 的制度环境中一直存在规制性要素。运行机制建立时，这种规制性要素表现为联邦政府颁布的一系列高等教育法案以及联邦政府、州政府、联邦科研机构、私人基金会的经费支持。学生资费类的拨款赋予了 CRLT 开展教学与学习促进活动的合法性，使得组织的目的锁定在为教师开展高质量的有效教学提供最大化的支持。而联邦科研机构、私人基金会的科研项目则使得 CRLT 的工作重心转向一般性的科学研究，而实现组织目的的组织战略也以研究为主。运行机制重构时期，以学校财政削减为代表的奖惩机制向 CRLT 发出了间接的警示。此外，密歇根大学逐年上升的学费使得学校时刻面临着学生、家长、董事会、政府以及竞争对手学校等利益相关者的教育质量问责，密歇根大学受制于此，必将投入更多的人力与物力在促进教学与学习的事务上。因此，CRLT 的学校财政危机事件使得组织的管理者与员工开始反思组织发展的战略是否存在问题，而密歇根大学为应对问责的财政投入则使 CRLT 有了更为充足和稳定的学校财政预算。

规范性要素方面。运行机制建立时，学校面临的最大问题是学生人数的激增、教师数量不足且新的教学人员缺乏经验。与此同时，学校进行了较多的人才培养模式改革。20 世纪 60 年代，理论以及设备的逐渐完善使得程序教学在当时情境下受到高等教育界的欢迎。董事会决定创

---

① Scorcinelli, M. D. Creating the Future of Faculty Development[M]. San Francisco: Jossey - Bass, 2005: 5 - 10.

建 CRLT 的原因之一就是希望其能推动程序教学在密歇根大学的开展。与此同时，视听教学、计算机辅助教学也在那个时候随着程序教学的风靡而受到人们的重视。学校的需要构建了 CRLT 组织发展的价值观。基于此，CRLT 的组织工作包括一般性的教师与学生的发展活动以及与视听、程序教学等相关的工作坊，大量的学生发展研究与教学评估研究，以及程序教学、计算机辅助教学、视听教学的相关研究。组织内部结构松散，组织职位的设置为研究员序列岗位，组织员工则为以科研为职业发展目标的科研人员。随着程序教学实行效果的不佳，以及学校大环境（机遇与挑战）发生了整体改变，CRLT 原有的价值观遭到解构，组织价值受到质疑，地位急剧下降。为此，CRLT 进入运行机制重构时期。此时期，学校面临的则是全球化、信息化、多元文化以及跨学科化所带来的机遇与挑战。1993 年的内外部评估重新构筑了 CRLT 的价值观，并为其指明了发展方向，而密歇根两任校长在任期间的学校发展规划则使得 CRLT 未来的组织工作内容与方式更加具体化。因此，CRLT 的组织发展战略从科研导向转变为服务导向，工作面向教学者、院系以及学校三个层面开展，内容包括新教育技术使用、多元文化教学、跨学科教学的教师培训、交流以及项目支持活动，未来教师发展活动，教师个体咨询，院系课程与教学改革评估等。工作方式以服务为主、科研为辅，组织岗位的设置为专业行政人员岗位，组织员工则是以服务为职业发展目标的教师发展专门人员。

文化—认知要素方面。运行机制建立时期，大学生人数激增，教学资源被稀释，教育质量无法保证。人们对程序教学、计算机辅助教学以及视听教学这些新的技术方法报以较高的期望，希望通过技术手段解决教学问题。由此种问题导向的共同意识所创造的教学发展并不是真正地发展教师的教学能力，而是开发与技术相关的事物，虽促进了 CRLT 相关研究与服务工作的开展，但终将随着程序教学的失效而瓦解。可以看出，问题导向的共同意识是不稳定的，将随着问题的消失或解决方法的失效而消亡。20 世纪 80 年代以来，研究人员、学校管理者、教学人员形成了新的共同意识即大学教师教学能力的重要性。新的共同意识增加了 CRLT 在学校的分量，凸显了其组织价值，与此同时也拓宽了 CRLT 的工作内容以及与服务对象的合作方式。最后，新的共同意识使得 CRLT 开展“接地气”的教师发展活动，并有越来越多的教学人员、院系管理者自发参与进来。

二、组织内部要素的一致：运行机制变迁的核心过程

此处分析的理论基础是组织一致性分析模型。所谓组织内部要素的一致性，是指组织工作、正式组织、非正式组织、组织人员四要素两两匹配的程度。匹配的内容为各要素彼此之间的需求、内容、方法或目标达成一致。[①] 如表6.3所示，纳德勒与塔史曼为四要素之间的匹配内容进行了概括和分类。

组织一致性的理论假设认为当组织要素之间两两匹配程度越高，一致性越强，则组织效能越高。所谓组织高效能，是指组织在个体层面、单元层面和系统层面的产出接近或达到预期目标。此外，动态的一致性理论观认为组织转换各要素的集合与组织投入之间的匹配程度也对组织效能产生影响。基于此，本部分主要对组织内部四要素的一致性进行分析，再结合四要素的总体一致性与组织投入的要素进行一致性分析。

表6.3　匹配的操作性定义

匹配	操作性定义
人员/正式组织	组织成员的需求与正式组织设置之间是否匹配，组织成员是否了解正式组织的设置
人员/工作	组织成员的能力是否能满足工作的需要，工作能否发挥组织成员的专长
人员/非正式组织	组织成员的特性是否适合非正式组织，非正式组织的建立是否能有效利用组织成员的专长
工作/正式组织	正式组织中的组织内部结构、人力资源事务设置是否满足工作开展的需要
工作/非正式组织	非正式组织的结构是否与组织工作相匹配，非正式组织是阻碍还是推动了工作的开展
正式组织/非正式组织	正式组织与非正式组织的内容、目标乃至方法是否一致

资料来源：Nadler, David A., Tushman, Michael L.. A Model for Diagnosing Organizational Behavior: Appling a Congruence Perspective[J]. Organizational Dynamics,

① Nadler, D. A., Tushman, M. L. A Model for Diagnosing Organizational Behavior: Appling a Congruence Perspective[J]. Organizational Dynamics, 1980(2): 35-51.

1980(2): 35 - 51.

（一）运行机制形成阶段的组织内部要素一致性分析

1. 工作与人员

此阶段组织的工作包括科学研究和教师发展服务。其中科学研究的内容包括大学生发展研究、教学过程研究与教育技术研究。科研项目的经费来源则锁定在联邦科研机构、私人基金会以及学校或学院。教师发展服务包括新教师和研究生助教的入职培训、工作坊以及教师发展基金。这一时期，科学研究占据了 CRLT 组织工作的重心。1966—1980 年的 15 年间，CRLT 每年都拥有 10 个以上的科研项目。每年 10 个课题的持有量对于员工数量不足 15 人的 CRLT 来说较为繁重。因此，CRLT 员工的大部分精力必将投入科研工作中。CRLT 的专业员工皆为各个领域的研究人员，拥有良好的学术背景和丰富的研究经历，开展研究工作得心应手。此外，这一阶段 CRLT 的主任皆为教学与学习研究领域的专家，能够主持和管理科研工作，较好地匹配了 CRLT 以科研为主的工作需求。但是，CRLT 的教师发展服务工作要求员工具备服务意识、组织协调能力和良好的人际沟通能力，此时期的专业员工则不一定具备。

2. 正式组织与人员

这一时期 CRLT 的组织内部结构呈扁平化，按照组织工作主题进行部门设置，共 7 个部门，其中 4 个部门的主要工作为科研。与此同时，CRLT 专业员工岗位性质为专职科研岗，在人事管理上属于专职科研人员中的研究员序列，职称晋升的唯一评价标准即为科研产出。CRLT 在专业员工方面并没有进行公开招聘，而是对熟识的教授、研究员、博士后进行非正式的面试，看重候选人的科研能力。而专家型的主任则更进一步稳固了岗位的设置以及招聘的程序与标准。基于此，CRLT 组织员工的特征和正式组织包含的内容十分一致，明确的研究领域、较强的科研能力以及良好的教育背景与研究员序列岗位的要求颇为符合。同时，研究员序列的职称晋升要求也匹配了专业员工的自身发展需求。

3. 正式组织与工作

此阶段的组织内部结构、人力资源管理标准与流程的设置皆匹配

CRLT 科研工作的开展，但是对推动服务工作来说则大大不利。科研化的部门设置、专职科研岗以及科研经费与学校财政预算共同负责的工资分配制度使得服务工作无兵可调，员工开展服务工作的积极性低。与此同时，科研主导的工作内容也在一定程度上加固了现有的正式组织设置。

综上所述，CRLT 组织内部要素的匹配方向为科研，四要素较好地在“科研”这一关键词上达成一致，彼此相互促进与发展。组织产出表现为丰富的同行评议论文发表、教师发展的著作发表、《教师备忘录》期刊的出版、大学教学与学习发展相关的会议发言以及较多的教学评估报告。CRLT 这一时期的组织目标是最大限度地对教师提供支持，帮助其开展高质量教学，促进密歇根大学教学质量的提高，基于科学研究促进学生知识的获得，具体来说就是要让 CRLT 成为四个中心，即信息交流中心、教师发展中心、教育评估中心和教学与学习研究中心。埃里克森制定了组织战略，积极地开展教学研究与学生发展研究，从而增加教师对 CRLT 的信任，并带动服务质量的提高。[①] 我们可以看到，虽然组织内部要素形成了一致，且科研产出丰富，但是由于组织科研一致性过度，导致为教师提高最大限度的支持、帮助其提高教学质量等目标落空，高质量的教师发展服务没有得到落实。

（二）运行机制重构阶段的组织内部要素一致性分析

1. 工作与人员

正如第五任主任库克所言：“CRLT 中心的工作重心一直在变，20 世纪 80 年代以前主要是科学研究，而从 20 世纪 80 年代开始，CRLT 的服务性组织工作越来越多。1993 年我担任 CRLT 主任起，服务是工作的第一优先事务，有限的科研也是为服务工作做支撑的。”这一时期 CRLT 的工作是为学校层面、院系层面以及教学者个体层面提供各种服务，开展了教师和研究生助教入职培训、系列教师发展研讨会与工作坊、个体教学咨询、未来教师发展活动等诸多教师发展活动。与此同时，CRLT

① Ericksen, S. C. Service and Research for Teachers[J]. Memo to the Faculty, 1977(3): 1-6.

还积极参与院系的课程改革与教学改革，为院系尝试新的教育技术与设备提供评估服务。CRLT 也是学校层面院系领导者会议的组织者。1993 年以来，CRLT 开始有了较为明显的员工分类，主要分为专业员工和行政与项目支持员工。专业员工皆为有教学经验抑或从事过与教学相关研究或服务的博士学位获得者，这些员工专业分布多样，且有着较好的团队协作能力、组织能力、人际沟通能力以及服务热情，与 CRLT 的工作内容以及工作方式十分匹配。此外，行政与项目支持员工也具备较好的开展服务工作的能力。最后，通才型的主任能够较好地与学校、院系展开合作，取得他们的支持，有利于服务工作的开展。

2．正式组织与人员

CRLT 这一时期的组织内部结构日趋完整，业务部门增加且创建了工程学院分部。1994 年起，CRLT 专业员工岗位性质由专职科研岗变为专业管理岗，在人事管理上属于专业行政人员序列，员工晋升的标准是服务开展的质量，员工工资也变为学校财政预算全额拨款。员工实行公开招聘，要求应聘者具有博士学历、教学经历、较好的口头表达能力、协作能力等。基于此，员工不再有科研产出的压力以及争取科研经费的需求，转而产生积极服务，提高教师发展活动质量的需求。专业管理岗的职位性质也符合 CRLT 现有员工的个人特征。此外，面对部门日益增多、业务扩大的 CRLT，通才型的主任应运而生。

3．正式组织与工作

此时期，CRLT 的服务活动呈现主题化、院系化、服务对象有针对性的发展趋势，以多元文化教学与学习、跨学科教学等主题开展一系列活动，对院系的教学与学习发展进行点对点支持，专门为国际研究生助教、欲进高校的研究生与博士后开展专门的教师发展活动。CRLT 的组织内部结构中设置了管理层、主管层以及助理层，以便更好地应对日益繁杂的组织工作。与此同时，组织的岗位设置、招聘以及人员工资分配都与以服务为主的组织工作的员工需求相匹配。

4．非正式组织与人员

CRLT 在此阶段建立起了组织文化与社会网络结构。组织拥有服务、支持与创新的显性文化和保护教师隐私、独立的隐性文化。组织文化与员工的个人特征较为一致。员工良好的学术能力可以开展和支持教学与学习的研究与创新，而其丰富的教学经历以及良好的沟通能力与组织协调能力则可很好地服务与支持教师发展活动。此外，组织社会网络的构建需要员工积极地与学校、院系以及教师进行沟通与合作，这与此时期员工较强的人际沟通能力与团队协作能力相匹配。

5. 工作与非正式组织

服务与支持、创新两组组织文化从不同的角度与组织工作的内涵相匹配，提高了组织工作的质量。而其保护教师隐私的隐性文化则为教师提供了一个安全的环境，使教师完全信赖 CRLT，这样 CRLT 才可以更好地开展工作。组织的服务工作也在一定程度上推动了组织文化以及社会网络结构的建立。

6. 正式组织与非正式组织

此阶段，正式组织与非正式组织的目标颇为一致，即更好地开展服务工作。

综上所述，CRLT 组织内部要素的匹配方向为服务，四要素在“服务”这一关键词上达成了一致，彼此相互促进与发展。CRLT 此阶段的组织目的是“致力学习与教学实践的提升，为密歇根大学教学共同体内的所有成员提供专业发展支持。CRLT 与教师、研究生、博士后以及行政管理者合作，保持和发展密歇根大学的教学文化。CRLT 尊重和支持每一个学习者个体，致力创造良好的学习环境。在此环境中，不同类的学生与教学者皆能变得卓越”。而 CRLT 此时的组织战略以服务为主，科研支持服务。可以看到，组织目标、战略与组织内部要素集合非常匹配，呈现出服务导向的一致性。而逐年上升的教师活动数量，教师、研究生助教以及博士后参与度的增加，频繁地与越来越多教学单位的合作并积极参与的课程与教学改革评估是组织产出的表现形式。这些组织产出较好地实现了组织目的，组织要素的一致成功地创造了组织的高效能。

（三）组织内部要素一致性的变迁分析

基于以上两阶段的组织内部要素一致性分析，可归纳出两种不同的组织内部要素一致性情况：组织内部要素的消极一致与组织内部要素的积极一致。

组织内部要素的消极一致，即组织内部各要素高度匹配，达成一致。但是组织内部要素集合的一致性与组织目标、组织环境抑或组织资源有分歧，则组织产出不能实现组织目标或与组织目标预计产出相去甚远，从而未能达成组织高效能。

韦伯的理性组织理论模型指出，组织有严格的组织目标，按理性的设计运作。CRLT 在组织运行机制建立阶段的运作是非理性的，其组织运行并没有完全以组织目标为导向，或者说其组织战略在一定程度上受到了组织资源，组织人力资源状况（岗位设置、工资来源）以及组织人员特征（专家型的主任、研究型的员工）的影响，从而产生了非理性的运作。非理性运作的表现即为组织内部要素以科研为导向的一致性的形成。

如表 6. 4 所示，非理性的运作在组织内部要素高度匹配的情况下仍能有较好的产出。CRLT 作为高等教育组织的一种，目标模糊，且时常不一致和互斥。因此，CRLT 并没有非常精准的组织产出指标。在本研究中，研究者从科研和服务两个维度对 CRLT 的组织产出进行分析，查看其与组织目标的匹配程度。以 1978—1979 年 CRLT 的组织产出为例，这一年 CRLT 发表同行评议论文 45 篇，开展科研项目 10 项，且组织内的主要专业员工在韩国、日本、美国等国家以及中国香港等地区诸多大学进行了 44 场学术报告，较多的组织专业员工担任高等教育领域以及教育心理学领域学术期刊的编委，并担任美国心理学协会、美国教育学协会、国家成人教育研究会、美国高等教育协会的委员或主席。CRLT 的科研组织产出丰富，建立了校外组织声誉。反观校内服务，CRLT 仅开展了为数不多的教师发展活动，且参加教师和研究生助教人数极少，未能接近或达成组织目标。基于此，组织资源的投入者会对组织产出进行反馈，从而迫使 CRLT 调整或重构组织内部要素一致性的方向。

表 6.4　1978—1979 年度 CRLT 组织目标与组织产出对照情况

组织目标	整体目标	最大限度地为教师提供支持，帮助其开展高质量的教学，促进密歇根大学教学质量的提高，基于科学研究促进学生学习知识，成为密歇根大学全体教师的发展中心
	具体目标	信息交流中心、教师发展中心、教育评估中心、教学发展与学生学习发展研究中心
组织产出	科研	1. 发表同行评议论文 45 篇 2. 主持科研项目 10 项 3. 在国内外高等教育机构进行 44 次报告 4. 9 人担当全国性的学术期刊编委（高等教育以及教育心理期刊为主） 5. 7 人在全国心理学、教育学等专业联合会担任委员或主席
	服务	1. 22 场教师发展工作坊或研讨会 2. 新教师和研究生助教入职培训 3. 两个教学改革基金共支持项目 24 个 4. 与 10 个教学单元（系）开展合作 5. IDQ 学生评教系统 6. 出版教师备忘录（内容为一般性的教学与学习研究成果）

资料来源：CRLT. Service and Research for Teachers[J]. Memo to Faculty, 1977(3): 1 – 6; Committee on Improvement of Instruction. Proposal for a Center on University Teaching[B]. Ann Arbor: Bentley Historical Library, 1961; CRLT. An Introductory Statement about Our Origin, Expectations, and Anchoring Concept[J]. Memo to Faculty, 1963(1): 1 – 6; CRLT. Biennial Report: 1978 – 1979[B]. Ann Arbor: Bentley Historical Library, 1979.

组织内部要素的积极一致，是指组织内部各要素形成高度匹配，且组织内部要素结合的一致与组织目标、组织环境抑或组织资源形成一致，则组织产出接近或实现组织目标预计产出，达成组织高效能。

CRLT组织运行机制重构阶段的组织要素一致性就是这种情况。组织内部要素较高的匹配程度产生了丰富的组织产出。如表6.5所示，CRLT为教学者个体、院系以及学校提供了多种多样的服务活动。2013—2014年度，CRLT共提供了16000余次服务，包括教师教学咨询、研究生助教教学咨询、教学改革基金项目、戏剧表演、教师教学研讨会、培养未来教师研讨会、众多院系的课程改革评估、教学创新评估、新教育技术使用评估等；其中仅教师发展为主题的戏剧表演就吸引了2700人参加；服务活动的主题涉及教学技术革新、教学方式转变、高等教育国际化、教师职业发展、未来教师培养等。总而言之，教师发展服务活动呈现出参加人数多、面向群体广、主题多元化等特点，与此同时开展的科研对服务工作进行辅助，起到政策建议和指导服务方向的作用。以上组织工作的开展建立了CRLT的校内组织声誉，形成了密歇根大学的教学文化，对学校教育共同体的所有成员提供了专业发展支持，较好地实现了CRLT的组织目标。

表6.5 2013—2014年度CRLT组织目标与组织产出对照情况

组织目标	整体目标	致力提升19个学院教学的卓越性与创新性，尤其关注本科教育；对学校教学共同体的所有成员提供专业发展支持；与教师、研究生、博士后以及行政管理者合作，保持和发展密歇根大学的教学文化；尊重和支持每一个学习者，致力创造良好的学习环境，使不同类的学生与教学者皆能变得卓越
	具体目标	支持教师、研究生助教以及博士后人员的专业发展；开展评估工作；致力于多元文化教学的推动；表演内容为教师发展的戏剧；支持教育技术的运用；在全校范围内积极与其他组织机构合作；进行教学与学术的研究并支持教师开展教学学术活动

（续表）

组织产出	科研	1．发表同行评议论文7篇 2．在高等教育、教师发展等领域的年会上进行陈述25人次 3．11人次担任学术期刊编委（教师发展以及学科教育期刊为主）
	服务	1．提供咨询服务2254次（包括451次中期学生反馈） 2．新教师和研究生助教入职培训 3．7个教学改革基金以及4个奖项共支持项目117项 4．与24个学校组织机构开展合作（教师发展项目、课程改革评估、学校会议等） 5．52场戏剧表演（2700名观众） 6．4个培养未来教师项目（330人参加） 7．2个教学认证项目（730人参加） 8．秋季研讨会与春季研讨会各一次，31场（包括6场多元文化专题研讨会）以及“密歇根学生学习研讨会”2次，13场，（1480人参加）；工程学院分部也开展基于工程专业的研讨会16场（487人参加） 9．开展了学校重点关注领域的教师发展活动（基于专业的IT服务、国际教师午餐会、大班教学教师发展计划等） 10.《论文汇编》（内容为基于密歇根大学教师发展、学生学习问题而展开的研究成果）

CRLT作为学校重点支持的组织机构，组织内部要素应以服务为方向达成匹配。组织内部要素以服务为导向的一致性与学校财政预算为主的资源状况、削减预算的历史以及提高学校教学的组织环境高度匹配，从而产生了达成目标的组织产出。这些组织产出对组织内部要素以及组织投入进行反馈，形成二次强化，维持和改进现有组织运行状况，从而

建立良性循环系统。总而言之，CRLT 组织内部要素需要达成一致，且内部要素一致性的集合需与组织目标、组织资源乃至组织制度环境等运行机制的投入要素相匹配，其组织产出才能实现或接近组织目标，才能较好地满足制度环境的要求，CRLT 的组织合法性才能有保障；反之，组织内部要素的一致性与组织投入诸要素不匹配，则组织产出并不能完全达成组织目标，亦不能保证组织的合法性，组织的存在价值则会受到制度环境实体（学校管理者、院系管理者、教师、研究生助教、董事会等）的质疑，组织生存受到威胁，从而产生运行机制的重构。

结语

研究型大学教师发展中心运行机制的变迁是一个具有现实意义的课题，对美国研究型大学教师发展中心运行机制的变迁进行研究，不仅能够使我们深入了解美国研究型大学教师发展中心不同历史阶段组织要素的特征以及运行机制的转变过程与原因，而且能够为我国新兴出现的众多大学教师发展中心运行提供一定的理论和现实参照。密歇根大学学习与教学研究中心是全美第一个大学教师发展中心，其发展历程是美国研究型大学教师发展中心发展的缩影。本研究对密歇根大学教学与学习研究中心近60年的发展历程进行了考察，发现其不同时期运行机制的组织环境、资源、目标、战略、工作、正式组织、非正式组织、人员以及产出都有着各自特征，且整体的运行机制有所不同，其运行机制经历了萌芽、形成与重构的变迁过程，留下了较多的经验与教训，给予后来建立的教师发展中心诸多启示。

一、CRLT 运行机制变迁的考察发现

CRLT 有着独特的诞生背景与意义，其产生是第二次世界大战后美国高等教育蓬勃发展过程中解决问题方式的缩影。第二次世界大战以后，美国大学尤其是公立研究型大学学生就读人数激增。此外，20 世纪 50 年代末起，程序教学在美国各级各类学校教育中盛行，大学不仅是其重要的实验田，更担负起程序教学材料的研发重任。这一时期，密歇根大学面临学生增长带来的巨大压力，新教师与研究生助教教学资质明显

不足却承担着大部分本科生教学任务，与此同时密歇根大学收取了较多的联邦政府学费补助和州政府财政拨款，彼此之间构成了特殊的法律关系。基于密歇根大学外部环境的压力、学校发展的需要以及教师的自我诉求，CRLT 这样一个校级教师发展中心得以建立。至此，CRLT 的建立有两层意义：一层是实际意义，即通过教师发展活动以及教学与学习的相关研究提高教师的教学水平，促进学校本科生教学质量的提高；另一层则为象征意义，即向密歇根大学的利益相关者（联邦政府、州政府、董事会、家长、学生、教师）展现学校对人才培养质量的重视，以及提高人才培养质量的决心。

CRLT 的建立过程是教师个体层面、学校管理者层面以及院系管理者层面相互协商、博弈的过程。在此过程中，CRLT 运行机制各要素雏形初现。CRLT 的组织目标综合了教师评议会、代表学校管理层的程序教学推广委员会以及学院管理层的意见，既包括开展教师发展服务，承担信息集散、教师交流平台、教师咨询与教学研究支持，又包括开展教学与学习研究、进行程序教学材料开发以及教学评估。CRLT 的工作重心没有定论，教师与院系管理者认为服务是第一要务，而学校管理层则认为 CRLT 应该开展较多的科研工作；组织结构十分松散，没有明确的分工和健全的部门设置；员工较少且多为兼职的科研人员。学校、学院以及教师三层面意见的分歧使得组织特征具有多样性与模糊性，也使 CRLT 的发展面临挑战。此外，建立过程中，CRLT 获得了自身的实效合法性、规范合法性以及认知合法性，组织合法性的建立对组织的发展起到监督作用。

1962—1992 年，CRLT 形成了以科研为导向的运行机制。此时期，CRLT 接受了来自联邦政府、联邦科研机构、私人基金会、企业的大量科研经费。校外科研经费一度成为组织运行经费的主要来源。CRLT 的组织战略由首任主任埃里克森定制，其战略预想是通过高质量的科研获得教师对 CRLT 的信任，从而使教师更多地参加 CRLT 开展的教师发展活动。因此，这一时期 CRLT 积极承担校外科研项目，开展诸如程序教学教材开发、计算机辅助教学平台搭建、全国大学生就读经验调查等有关教学与学习的研究；CRLT 还承担了学校各院系人才培养改革，并负责全校教师的教学评估工作。此时期 CRLT 没有健全的组织架构，组织专业员工职位为专职科研岗，走研究员序列；组织亦没有建立组织关系网络与组织文化；此时期员工的特征即为卓越的科研能力和良好的学术声誉，员工需求也是学术论文的发表以及科研经费的获取；主任由教学与学习领域的教授担任。总而言之，科研导向型组织运行机制的特征包括：组织资源以校外科研资金为主、学校财政预算为辅；组织战略以科研为主、服务为辅；工作重心为组织内部结构松散、非正式；员工为专职科研岗研究人员，主任则由教学与学习相关研究领域的专家担任。此时期组织产出多为同行评议论文以及研究报告，CRLT 在全美大学教师发展领域建立了良好声誉。由于校内教师发展活动较少且单一，参加人数极少，组织的合法性有所降低。

1993 年至今，CRLT 形成了以服务为导向的运行机制。此时期，学校领导层十分重视教学并发起了一系列倡议，CRLT 有了充足的学校财政预算；考虑到内外部评估的结果以及被削减财政预算的前车之鉴，CRLT 进行了运行机制的重构，提出了以服务为主、科研辅助服务的组织战略。因此，CRLT 面向教师、研究生助教、院系以及学校管理者开展了种类丰富、形式多样的教师发展活动。教师发展活动既有通用性的入职培训、主题研讨会，也有为院系定制的教师发展工作坊以及针对个人的教学咨询和教学学术行动支持；CRLT 为院系提供课程改革、教学创新以及新教育技术实施效果的评估服务。此时期，CRLT 建立了包括管理层、主管层以及助理层的组织架构，设置了专业行政岗位，实施公开招聘；CRLT 还与学校管理者、院系管理者以及教师个体建立了关系网络，并形成了服务、支持与创新的显性组织文化，以及保密与独立的隐性组织文化。最后，CRLT 的员工呈服务型特征，主任亦由兼具教学、研究与管理经验的专职人员担任。综上所述，服务导向型运行机制的特征包括：组织战略以服务为主、科研为辅；组织工作以教师发展服务为重心；组织内部架构完善，专业员工岗位为专业行政岗，组织关系网络与组织文化建立；服务型员工与通才型主任产生。此时期组织产出主要为各式各样的教师发展活动，活动吸引了众多教师的参与，CRLT 的校内声誉建立，组织合法性回归。

CRLT 经历了运行机制的形成与重构，重构的原因则是制度环境的转变、组织合法性的丧失、组织目标与组织产出的不一致。制度环境方面，运行机制形成时期，CRLT 的制度环境中的规制性要素为联邦政府、州政府、联邦科研机构、私人基金会的拨款；规范性要素则为教师教学能力培训、程序教学教材开发、本科生培养模式改革评估的需要；文化—认知要素是全美社会对程序教学、计算机辅助教学的信赖。基于此，运行机制形成时期，CRLT 的运行机制偏向科研导向，其组织要素也皆为开展科学研究而设置。20 世纪 80 年代初，学校对 CRLT 财政预算削减的惩罚机制以及密歇根大学持续上涨的学费造成的社会问责则成了 CRLT 新时期的规制性要素，而内外部评估以及学校发展计划则指明了 CRLT 发展的道路，重塑了其价值观。此外密歇根大学校级、院系级管理层愈发重视教学，教学学术运动的开展亦提高了教学在教师职业发展中的地位，全美的教师发展专业团体日渐庞大。基于以上制度环境三要素的转变，CRLT 意识到了组织存在的危机，找寻到了组织合法性丧失的原因，重塑了组织的运行机制，由科研导向型转向服务导向型，其组织要素也皆为开展教师发展服务而设置。

组织内部要素一致性方面，CRLT 运行机制形成时期以科研为主的工作、松散的组织结构、专职科研岗、科研型员工、专家型主任等组织内部要素形成了科研导向的一致性，组织产出主要为学术论文和研究报告，没有达成服务密歇根大学以及促进密歇根大学教师教学能力提升的目标，为消极一致模式，其校内声誉没有建立，组织合法性降低。基于此，CRLT 进行运行机制重构，其以服务为主的工作、完善的组织结构、专业行政岗、组织文化、组织关系网络、服务型员工、通才型主任形成了服务导向的组织内部要素一致性。其组织产出为形式多样、服务对象较广且获得较多人响应和参与的教师发展项目，组织产出实现了组织目标，为积极一致模式，校内声誉建立，组织合法性建立。

无论是 CRLT 对制度环境的适应，抑或组织内部要素一致性的转换，都是其建立组织合法性的过程。只有 CRLT 具有组织合法性，组织的存在价值得到学校的认可，组织才能持续发展下去。通过对 CRLT 的运行机制变迁分析可以看出，建立组织合法性的最佳途径即为制度环境、组织目标、组织要素与组织产出相一致。

二、CRLT 运行机制变迁产生的启示

CRLT 从 1962 年建立至今已有近 60 年的发展历史，CRLT 经历了由科研导向型向服务导向型运行机制的变迁，也遭受了学校财政预算的削

减以及内外部评估小组的批评，组织合法性和价值一度受到质疑。但经过运行机制的重构，CRLT 最终在密歇根大学站稳脚跟，建立了卓越的校内声誉，成为校内举足轻重、人尽皆知的关键性服务组织。本研究通过对 CRLT 运行机制的变迁过程进行分析，得出以下几点启示。

第一，服务是大学教师发展中心工作的核心。大学教师发展中心建立的初衷是为全校教师的发展提供支持，促进学校教学质量的提高。基于此，教师发展服务应是教师发展中心工作的核心。CRLT 在运行机制的形成时期把工作重心放在一般性的科学研究上，而没有对教师发展服务给予足够的关注，其岗位的设置、员工的配备、主任的选拔乃至组织结构的建立都是为开展科研工作而设计的。因此，这一时期 CRLT 的组织合法性降低，其存在的价值受到了学校、院系以及教学者个体的质疑。反观之，运行机制重构时期的 CRLT 发展战略就是以服务为主，科研辅助服务，其组织内部结构、组织文化、组织关系网络、岗位设置、员工配置、主任的选拔等组织要素皆为开展教师发展服务活动而设计。这一时期，CRLT 协助学校管理层开展全校性的会议和培训，与院系开展合作进行课程改革、教学创新以及新教育技术使用的评估并按其需要设计教师发展项目。此外，CRLT 还为教学者个体开展了诸如教师发展研讨会、培养未来教师研讨会等项目并提供教学咨询服务。这些活动得到了全校成员的积极响应，建立了 CRLT 的校内声誉。

第二，科研是大学教师发展中心工作必不可少的一部分。优质的科研活动可以使中心建立校外声誉，取得本校成员的信任以及为教师发展活动提供数据支持。首先，CRLT 在运行机制形成时期进行一般性的教学与学习研究，重构时期则关注于学科教学、教师发展、学生发展等方面的研究。这些研究成果在全美教师发展领域、学科教学领域以及学生发展领域都产生了较大影响，为 CRLT 建立了校外声誉，带来了更多的校外资源与合作。其次，大学教师发展中心的服务对象是获得较高学位、拥有较强研究能力的高知群体。CRLT 卓越的科研成果通过《教师备忘录》等载体传播给教师以及博士研究生助教等群体，这些高知群体有能力理解 CRLT 的科研成果并在教学实践中运用，实用的科研成果促进了高知群体对 CRLT 信任的建立。最后，CRLT 运行机制重构时期的科研工作聚焦于密歇根大学内部，对密歇根大学教师发展情况、学生发展情况等进行了数据搜集与分析。分析结果有效地运用于教师入职培训、教师发展研讨会、培养未来教师计划，为教师发展活动提供了数据支持，提高了活动质量。

第三，立足本校是大学教师发展中心运行的基本原则。教师发展中心作为学校的关键性支持与服务机构，需要明确自己的定位，并认识到最为重要的客户资源是所在学校的管理层、院系管理层以及教学者个体，而非校外的合作伙伴。CRLT 早期把工作重心放在校外的科研项目上，所开展的研究并没有聚焦于密歇根大学本身，组织工作没有立足本校，造成了组织合法性的丧失。运行机制重构后，CRLT 与学校管理层的改革动向保持高度一致，协助其进行教学改革。与此同时，CRLT 与院系管理者以及教学者个体建立组织关系网络，考察各个院系课程改革、教学创新等方面的情况，基于学科特征与院系改革需要提供服务，结合本校教学者个体的需要为其提供教学咨询、主题研讨会、教学改革基金。由此可见，立足本校，与学校发展保持高度一致，开展工作才能获得学校管理者、院系管理者以及教学者的支持，组织合法性才能得到有效保证，组织存在的价值才能彰显。

第四，优秀的员工是大学教师发展中心声誉建立的有效保障。CRLT 多任主任皆指出 CRLT 声誉建立的关键因素之一是拥有优秀的员工。CRLT 的优秀员工具备两大特征：一方面，他们需具备良好的硬件素质。CRLT 的专业员工皆为美国一流研究型大学毕业的博士，具有良好的教育背景和较强的科研能力，专注于教学与学习领域的研究抑或有大学教学经验。另一方面，他们满足了组织发展的需要。运行机制形成时期的专业员工皆为教学与学习研究领域的专家学者，其卓越的科研能力和全国性的学术影响力满足了科研导向的 CRLT 运行的需要，推动了 CRLT 校外声誉建立。运行机制重构时期的专业员工有着丰富的教学经验，具备服务热情、良好的组织协调能力以及人际沟通能力，满足新时期 CRLT 运行的服务导向需要，有效地促进了 CRLT 校内声誉的建立。值得一提的是工作岗位的合理设置有效地促成了优秀员工的产生。CRLT 运行机制重构时期设置的专业行政岗位使得专业员工没有科研压力和获取科研经费的需要，员工的工资得到有效保障。在此基础上，员工可以全心全意地致力于教师发展服务工作，最大程度地发挥自身优势。

三、个案的代表性与独特性

本研究是基于档案资料与访谈资料所开展的个案研究，意在通过对CRLT运行机制变迁的深度分析，获得美国研究型大学教师发展中心的经验教训，见微知著。如绪论与研究设计两章中所说，CRLT建立于1962年，是全美第一个大学教师发展中心，拥有悠久的历史、完善的组织结构、丰富多样的组织工作、享誉校内外的声誉，在全美乃至全世界都有较大的影响力。而其近60年的运行机制变迁就是美国研究型大学教师发展中心发展进程的缩影。CRLT与全美众多研究型大学的教师发展中心有着较多的共同点：首先，组织目标为促进教师发展、提高教学质量；其次，组织职能包括提供教师发展培训与研究生助教教学能力提升培训，为教师搭建交流平台，传播与教学有关的信息，推广教育技术，为教师教学创新和教学研究提供资金支持，提供教育技术使用效果评估；再次，教师发展中心是教师教学发展的支持部门，而不是教师教学能力的评估机构，与全校的学生评教系统或课程评估系统没有直接联系；最后，组织的大部分资源都用于为教学人员提供个人服务，如咨询服务和中期学生反馈。

与全美众多研究型大学教师发展中心相比，CRLT亦有其特殊性。首先，科学研究一直以来都是CRLT的重要职能。CRLT建立的初衷之一即为开发程序教学材料，从这时期CRLT肩负了科学研究的职能。CRLT的全称为“学习与教学研究中心”，近60年来从未更改，意在保持其重视科研的特色。其次，CRLT所在学校环境较为特殊。相比众多公立研究型大学的办学资源分布于多个分校的情况，密歇根大学的19个教学院系皆集中于安娜堡校区。与此同时，密歇根大学教务长直接管理CRLT。因此，CRLT可以集中资源为教学共同体成员提供支持。美国学者赖特（Delivee L. Wright）① 把CRLT的运行称为单一校区中心模式，与宾州州立大学以及加州大学系统的多校区合作中心模式有较大区别。最后，CRLT历史悠久，有着丰富的文化资本与社会资本。CRLT的产生就是教师、院系以及学校三个层面共同努力的成果。在近60年里，

---

① Wright, D. L. A Guide to Faculty Development: Practical Advice, Examples and Resources [M]. Bolton: Anker Publishing Company Inc, 2002: 24-34.

CRLT 与密歇根大学以及学校内部的每一个成员一起成长，参与了院系的人才培养改革、课程改革等，帮助大量的教师与研究生助教成为优秀教师，赢得了良好口碑，积累了深厚的文化资本。学校的校长、教务长、学院院长、系主任非常重视 CRLT 的工作，认可其价值，经常在公众场合提起 CRLT 并委托重要事务给 CRLT，这些都是 CRLT 顺利开展工作的社会资本。以上三点特殊性深深地影响了 CRLT 的发展，是我们在使用研究结论时应该考虑的因素。

参考文献

一、中文文献

（一）著作类

1. 陈向明. 质的研究方法与社会科学研究［M］. 北京：教育科学出版社，2011.

2. 霍恩比. 牛津高阶英汉双解词典（第7版）［M］. 北京：商务印书馆，2009：1252.

3. 科恩. 美国高等教育通史［M］. 北京：北京大学出版社，2010.

4. 罗伯特·K. 殷. 案例研究：设计与方法［M］. 重庆：重庆大学出版社，2010.

5. 刘宝存. 大学理念的传统与变革［M］. 北京：教育科学出版社，2007.

6. 罗杰·盖格. 大学与市场的悖论［M］. 北京：北京大学出版社，2013.

7. 理查德·斯科特. 组织理论：理性、自然与开放系统的视角［M］. 北京：中国人民大学出版社，2011.

8. 理查德·L. 达夫特. 组织理论与设计（第10版）［M］. 北京：清华大学出版社，2011.

9. 滕大春. 滕大春教育文集［M］. 南京：江苏教育出版社，2010.

10. 吴振利. 美国大学教师教学发展研究［M］. 北京：教育科学出版社，2012.

11. 徐延宇. 高校教师发展——基于美国高等教育的经验［M］.

北京：教育科学出版社，2009.
12. 夏征农. 机制［M］.《辞海》. 上海：上海辞书出版社，1999.
13. 阎凤桥. 大学组织与治理［M］. 北京：同心出版社，2006.
14. 王玉衡. 美国大学教学学术运动［M］. 北京：北京师范大学出版社，2012.
15. 王英杰. 世界一流大学的形成与发展［M］. 太原：山西教育出版社，2008.
16. 中国社会科学院语言所词典编辑室. 现代汉语词典（第 3 版）［M］. 上海：商务印书馆，1996：1562.
17. 周雪光. 组织社会学十讲［M］. 北京：社会科学文献出版社，2012.
18. 詹姆斯・杜德斯达. 美国公立大学的未来［M］. 北京：北京大学出版社，2008.
（二）期刊
1. 郭锋. 教师发展：马里兰大学的经验——美国大学教师发展工作个案研究［J］. 国家教育行政学院学报，2007（3）：84—91.
2. 郭建如. 社会学组织分析中的新老制度主义与教育研究［J］. 北京大学教育评论，2008（3）：136—151.
3. 郭卉，唐巍华. 美国大学治理中的评议会：组织制度与功能分析［J］. 高等工程教育研究，2009（4）：89—95.
4. 龚维瑶. 程序教学简介［J］. 心理科学通讯，1965（2）：17—22.
5. 侯定凯. 博耶报告 20 年：教学学术的制度化进程［J］. 复旦教育论坛，2010（6）：31—37.
6. 何晓雷，邓纯考，刘庆斌. 美国大学教学学术研究 20 年：成绩、问题与展望［J］. 比较教育教究，2012（9）：29—33.
7. 林杰. 美国大学教师发展运动的历程、理论与组织［J］. 比较教育研究，2006（12）：30—50.
8. 林杰. 美国大学教师发展的组织化历程及机构［J］. 清华大学教育研究，2010（2）：49—56.
9. 林杰. 哈佛大学博克教学和学习中心——美国大学教师发展机构的标杆［J］. 清华大学教育研究，2011（2）：34—39.
10. 林杰，李玲. 美国大学教师教学发展的背景与实践［J］. 中国大学教学，2007（9）：87—90.
11. 林杰，李玲. 美国大学教师发展的三种理论模型［J］. 现代大学教育，2007（1）：62—66.

12．李玲．美国大学教师发展的历史进程及其启示［J］．大学教育科学，2006（10）：66—70.

13．李艺，单美贤．“教师”的智慧：谈程序教学思想的兴起与归宿［J］．电化教育研究，2013（7）：11—16.

14．刘济良，王振存．美国大学教师发展的经验及启示［J］．教育研究，2011（11）：104—107.

15．罗杰·盖格．美国高等教育的十个时代［J］．北京大学教育评论，2006（2）：126—145.

16．罗燕．教育的新制度主义分析——一种教育社会学理论和实践［J］．清华大学教育研究，2003（6）：28—34.

17．理查德·斯格特．比较制度分析的若干要素［J］．北京大学教育评论，2007（1）：2—15.

18．屈廖健．美国大学院校影响因素理论模型研究［J］．比较教育研究，2015（4）：66—74.

19．宋燕．“教学学术”国外研究述评［J］．江苏高教，2010（2）：67—70.

20．王立．美国大学教师发展理念的演变与启示［J］．中国高教研究，2011（2）：49—51.

21．王亚敏．美国一流公立大学筹款运动考察及启示——来自密歇根大学的经验［J］．中国人民大学教育学刊，2013（1）：70—80.

22．吴薇，赵莉．美国公私立大学教师发展特点比较——以哈佛大学和密歇根大学为例［J］．高教发展与评估，2013（4）：95—102.

23．吴重涵，沈文钦．组织合法性理论及其在教育研究领域的应用［J］．教育学术月刊，2010（2）：3—9.

24．徐延宇．美国高校教师发展浅析——以密歇根大学学习和教学研究中心为案例［J］．比较教育研究，2011（11）：81—85.

25．续润华，宁贵星．美国“退伍军人权利法案”的颁布及其历史意义［J］．河南师范大学学报（哲学社会科学版），2001（1）：104—107.

26．章建丽．中美大学教师发展内涵比较研究［J］．中国高等教育评估，2008（4）：75—78.

27．朱江．研究型档案馆——美国密歇根大学本特利历史图书馆考察记［J］．档案与建设，2005（2）：21—23.

（三）其他

1．包敏丹．战后美国高等教育经费来源研究［D］．南京：南京师范大学，2007：12.

2．王立．美国大学教师发展研究：历史的视角［D］．华东师范大学博士学位论文，2012.

3．王中奎．美国大学教师发展中心研究［D］．华东师范大学硕士学位论文，2012.

二、英文文献

（一）著作

1. Austin, A. E. Supporting Faculty Members Across Their Careers. In K. J. Gillespire & D. L. Robertson & Associates (Eds), A Guide to Faculty Development(2nd ed)[M]. San Francisco, CA: Jossey-Bass, 2010.

2. Barnard, C. I. The Functions of the Executive[M]. Cambridge: Harvard University Press, 1938.

3. Blau, P. M., Scott, W. R. Formal Organizations: A Comparative Approach[M]. San Francisco: Stanford University Press, 1962.

4. Bothe, T. W., Henderson T. Evaluating the Return on Investment of Faculty Development. In C. Wehlburg, S. Chadwick-Blossey(Eds), Improve the Academy: Resources for Faculty, Instructional, and Organizational Development, Vol. 22 [M]. Bolton: Anker, 2004.

5. Boyer, E. L. Scholarship Reconsidered: Priorities of the Professorate [M]. San Francisco: Jossey-Bass, 1990.

6. Bok, D. Our Underachieving College: A Candid Look at How Much Students Learn and Why They Should Be Learning More[M]. Princeton: Princeton University Press, 2008.

7. Cohen, M. D., March, J. G. Leadership in an Organized Anarchy in M. Christopher Brown(ed.) Organization and Governance in Higher Education (Fifth Edition)[M]. Boston: Pearson Learning Solutions, 2000.

8. Centra, K. T. Faculty Evaluation and Faculty Development in Higher Education. In J. C. Smart(Ed.), Higher Education: Handbook of Theory and Research[M]. New York: Agathon Press, 1989.

9. Cook, C. E., Wright, M. E., O'Neal, C. Action Research for Instructional Improvement: Using Data to Enhance Student Learning at Your Institution, In D. R. Robertson, L. B. Nilson(Eds.) To Improve the Academy: Re-

sources for Faculty, Instructional, and Organizational Development[M]. Bolton: Anker, 2007.

10. Cook, C. E., Kaplan, M. Advancing the Culture of Teaching on Campus: How a Teaching Center Can Make a Difference[M]: Sterling: Stylus Publishing, 2011.

11. Chism, N. V. N., Szabo B. Who Uses Faculty Development Services? In L. Richlin, D. DeZure(Eds.)[M]. To Improve the Academy: Resources for Faculty, Instructional, and Organizational Development. Vol15. Stillwater: New Forums Press, 1996.

12. Cook, C. E., Marincovich, M. Effective Practices at Research University: The Productive Paring of Research and Teaching. In K. J. Gillespire & D. L. Robertson & Associates(Eds), A Guide to Faculty Development(2nd ed)[M]. San Francisco: Jossey-Bass, 2010.

13. Clark, B. R. Adult Education in Transtion[M]. New York: Arno Press Inc, 1980.

14. Clark, B. R. The Distinctive College[M]. New Jersey: Transaction Publishers, 1992.

15. Diamond, R. M. The Institutional Change Agency: The Expanding Role of Academic Support Centers In S. Chadwick-Blossey, D. R. Robertson (Eds)[M]. To Improve the Academy: Resources for Faculty, Instructional, and Organizational Development, Vol.23. Bolton: Anker, 2005.

16. Dimond, R. M. Faculty, Instructional, and Organizational Development: Options and Choices In Gillespie, Kay J., Robertson, Douglas L., (Eds.) A Guide to Faculty Development(2nd ed)[M]. San Francisco, CA: Jossey-Bass, 2010.

17. DiMaggio, P. J., Powell, W. W. The New Institutionalism in Organizational Analysis [M]. Chicago: University of Chicago Press, 1991.

18. Fink, L. D. Establishing an Instructional Development Program: An Example in A Guide to Faculty Development by Gillespie, Kay J., Robertson, Douglas L. [M]. San Francisco: Jossey-Bass, 2010.

19. Frantz, A. C., Beebe, S. A., Horvath, V. S., Canales, J., Swee, D. E.. The Roles of Teaching and Learning Centers. In S. Chadwick-Blossey, D. R. Robertson(Eds)[M]. To Improve the Academy: Resources for Faculty, Instructional, and Organizational Development, Vol.23. Bolton: Anker, 2005.

20. Gaff, J.. Toward Faculty Renewal: Advances in Faculty, Institutional

and Organizational Development[M]. San Francisco: Jossey-Bass, 1975.

21. Gadamer, H.. The Problem of Historical Consciousness. In Interpretative Social Science: A Reader, Edited by P. Rabinow and W. Sullivan[M]. Berkeley: University of California Press, 1979.

22. Hativa, N., Marincovich, M.. (Eds). Disciplinary Differences in Teaching and Learning: Implications for Practice. New Directions for Teaching and Learning, No64[M]. San Francisco: Jossey-Bass, 1995.

23. Hendrickson, R. M., Lane, J. E., Harris, J. T., Dorman, R. H. Academic Leadership and Governance of Higher Education[M]. Sterling: Stylus Publishing, 2012.

24. Hutchings, P. Ethics of Inquiry: Issues in the Scholarship of Teaching and Learning[M]. Menlo Park: The Carnegie Foundation for the Advancement of Teaching, 2002.

25. Jacobson, W. Reported Long-Term Value and Effects of Teaching Center Consultations. In L. B. Nilson, J. E. Miller(Eds.), To Improve the Academy: Resources for Faculty, Instructional, and Organizational Development [M]. SanFrancisco: Jossey-Bass, 2009.

26. Kuhlenschmidt, S. Issues in Technology and Faculty Development. In K. J. Gillespie, D. L. Robertson & Associates(Eds), A Guide to Faculty Development(2nd ed)[M]. San Francisco: Jossey-Bass, 2010.

27. Kerr, C. Foreword in James A. Perkins(ed.) The University as an Organization[M]. New York: McGraw Hill Book Company, 1973.

28. Kenneth, E. E., Mckeachie, W. J. Improving Undergraduate Education Through Faculty Development: An Analysis of Effective Programs and Practices[M]. San Francisco, CA: Jossey-Bass, 1985.

29. Larissa, P., Cole, B. R. Essential Faculty Development Programs for Teaching and Learning Centers in Research-Extensive Universities. In L. B. Nilson, J. E. Miller(Eds), To Improve the Academy: Resources for Faculty, Instructional, and Organizational Development, Vol. 27. Bolton: Anker, 2009.

30. March, J. G., Simon, H. A. Organizations[M]. New York: John Wiley, 1958.

31. Newman, J. H. The Ideal of a University: Defined and Illustrated [M]. Chicago: Loyala University Press, 1987.

32. Perrow, C. Complex Organizations: A Critical Essay(3rd ed)[M]. New York: Random House, 1986.

33. Peckham, H. H. The Making of the University of Michigian: 1817 - 1992[M]. Ann Arbor: Bentley Historical Library, 1994.

34. Scott, W. R., Davis, G. F. Organizations and Organizing Rational, Natural, and Open System Perspectives[M]. Upper Saddle River: Pearson Education, 2007.

35. Scott, W. R. Institutions and Organizations Ideas and Interests (3rd ed)[M]. Los Angeles: SAGE Publications, 2007.

36. Schwartz, B. M., Haynie, A. Faculty Development Centers and the Role of SoTL In Doing the Scholarshio of Teaching and Learning, Measuring Systematic Changesto Teaching and Improvements in Learning: New Direction for Teaching and Learning by Gurung and Wilson Janie H. [M]. San Francisco: Jossey-Bass, 2014.

37. Singer, S. R. Learning and Teaching Centers: Hubs of Educational Reform. In Technology, Engineering, and Mathematics: New Directions for Higher Education by Narum Jeanne L. and Conover, Kate[M]. San Francisco: Jossey-Bass, 2002.

38. Sorcinelli , M. D. Ten Principkes of Good Practice in Creating and Sustaining Teaching and Learning Centers. In K. H. Gillespie, L. R. Hilsen, E. C. Wadsworth(Eds)[M]. A Guide to Faculty Development: Practical Advice, Examples, and Resources. Bolton: Anker, 2002.

39. Sorcinelli, M. D., Austin, A. E., Eddy, P. L., Beach, A. L. Creating the Future of Faculty Development: Learning From the Past, Understanding the Present[M]. San Francisco: Jossey-Bass, 2005.

40. Wright, D. L. Faculty Development Centers in Research University: A Study of Resources and Programs. In M. Kaplan, D. Lieberman(Eds), To Improve the Academy: Resources for Faculty, Instructional, and Organizational Development, Vol. 18. Bolton: Anker, 2000.

41. Wright, M. C., Cook C. E., O'Neal, C. The Role of a Teaching Center in Administrative Training: A Developmental Model for Academic Leadership Preparation. In L. B. Nilson, J. E. Miller(Eds.), To Improve the Academy: Resources for Faculty, Instructional, and Organizational Development, Vol. 27. San Francisco: Jossey-Bass, 2009.

(二)期刊

1. Austin, A. E. Preparing the Next Generation of Faculty: Graduate School as Socialization to the Acadeic Career[J]. Journal of Higher Education,

2002(1): 94 - 122.

2. Bergquist, W. H., Phillips, S. R. Components of an Effective Faculty Development Program[J]. The Journal of Higher Education, 1975(2): 177 - 211.

3. Boulding, K. E. General Systems Theory: The Skeleton of Science[J]. Management Science, 1956(3): 197 - 208.

4. Connolly, M. R., Millar, S. B. Using Workshops to Improve Instruction in STEM Courses[J]. Metropolitan University Journal, 2006(4): 53 - 65.

5. CRLT. Service and Research for Teachers[J]. Memo to Faculty, 1977(3): 1 - 6.

6. CRLT. An Introductory Statement about Our Origin, Expectations, and Anchoring Concept[J]. Memo to Faculty, 1963(1): 1 - 6.

7. Marcel D'Eon, Sadownik, L., Harrison, A. Using Self-Assessments to Detect Workshop Success: Do They Work? [J]. American Journal of Evaluation, 2008(1): 92 - 98.

8. Ericksen, S. C. Service and Research for Teachers[J]. Memo to Faculty, 1977(3): 1 - 6.

9. Ericksen, S. C. An Introductory Statement about Our Origin, Expectations, and Anchoring Concept[J]. Memo to Faculty, 1963(1): 1 - 6.

10. Gaff, J. G., Simpson, R. D. Faculty Development in the United States[J]. Innovative Higher Education, 1994(3): 167 - 176.

11. Herman, J. H. Staffing of Teaching and Learning Centers in the United Sates: Indicators of Institutional Support for Faculty Development[J]. Journal of Faculty Development, 2013(2): 33 - 37.

12. Huilin, C. L., Roznowski, M. Organizational Technologies: Effects on Organizations Characteristics and Individuals'Responses[J]. Research in Organizational Behavior, 1985(7): 39 - 85.

13. Kreber, C., Cranton, P. A. Exploring the Scholarship of Teaching [J]. The Journal of Higher Education, 2000(71): 476 - 495.

14. Light, G., Calkins, S., Luna, M., Drane, D. Assessing the Impact of a Year-Long Faculty Development Programs on Faculty Approaches to Teaching[J]. International Journal of Teaching and Learning in Higher Education, 2009(2): 168 - 181.

15. Mayo, G. D. Faculty Evaluation of A Faculty Development Center[J]. Research in Higher Education, 1979(3): 253 - 262.

16. Mckinney, K. The Scholarship of Teaching and Learning: Past Les-

sons, Current Challenges and Future Visions[J]. To Improve the Academy, 2004(22): 3-19.

17. Meyer, J., Rowan, B. Institutionalized Organizations: Formal Structure as Myth and Ceremony[J]. American Journal of Sociology, 1990(2): 340-363.

18. Nadler, D. A., Tushman, M. L. A Model for Diagnosing Organizational Behavior: Appling a Congruence Perspective[J]. Organizational Dynamics, 1980(2): 35-51.

19. Penny, A. R, Coe, R. Effectiveness of Consultation on Student Ratings Feedback: A Meta Analysis[J]. Review of Educational Research, 2004(2): 215-253.

20. Shulman, L. S. From Minsk to Pinsk: Why a Scholarship of Teaching and Learning[J]. The Journal of Scholarship of Teaching and Learning, 2000(1): 48-53.

21. Shulman, L. S. Teaching as Community Property: Putting an End to Pedagogical Solitude[J]. Change, 1993(6): 6-7.

22. Sorcinelli, M. D., Yun, J. From Mentor to Mentoring Networks: Mentoring in the New Academy[J]. Change: The Magazine of Higher Learning, 2007(6): 58-61.

23. Tushman, M. L., Nadler D. A. Processing as an Integrating Concept in Organizational Design[J]. The Academy of Management Review, 1978(3): 613-624.

24. Weick, K. E. Educational Organizations as Loosely Coupled Systems[J]. Administrative Science Quarterly, 1976(1): 1-19.

25. Welsh, J. F., Metcalf, J. Faculty and Administrative Support for Institutional Effectiveness Activities: A Bridge Across the Chasm[J]. Journal of Higher Education, 2003(4): 445-468.

26. Welsh, J. F., Metcalf, J. Cultivating Faculty Support for Institutional Effectiveness Activities:Benchmarking Best Practice[J]. Assessment and Evaluation in Higher Education, 2003(1): 33-46.

27. Zhu, E., Groscurth, C., Bergom, I., Hershock, C. Assessing and Meeting TA's Instructional Technology Training Needs: Research and Practice[J]. Journal of Faculty Development, 2010(3): 37-43.

(三)报纸

1. Frye, B. A. Plan to Preserve Excellent, Distinctivenenss[N]. The University Record, 1982-3-1.

2. Frye, B. A. U－M Units: Get Ready, Get Set Plan[N]. The University Record, 1982－3－1.

(四)档案

1. AD HOC Committee on Programmed Learning and Related Activities. The Proposal of Center for Research on Learning and Teaching[B]. Ann Arbor: Bentley Historical Library, 1962.

2. Attwood, S. S. For Intra-University Correspondence[B]. Ann Arbor: Bentley Historical Library, 1962.

3. Bond, F. A. For Intra-University Correspondence[B]. Ann Arbor: Bentley Historical Library, 1962.

4. Board of Regents. Regents meeting memo[B]. Ann Arbor:Bentley Historical Library, 1962.

5. Budget Priorities Committee. The Panel Report of CRLT[B]. Ann Arbor: Bentley Historical Library, 1981.

6. Committee on Improvement of Instruction. An Inventory of Facilities at the University of Michigan for the Improvement of Instruction[B]. Ann Arbor: Bentley Historical Library, 1961.

7. Committee on Improvement of Instruction. Proposal for a Center on University Teaching[B]. Ann Arbor: Bentley Historical Library, 1961.

8. Committee. Report of Committee to Review the Functions of the Office of Evaluation and Examinations [B]. Ann Arbor: Bentley Historical Library, 1971.

9. CRLT. Concerning the Need for Private Support for the Center for Research on Learning and Teaching [B]. Ann Arbor: Bentley Historical Library, 1967.

10. CRLT. College of Literature, Science and the Arts. A Proposal for a Research and Development Program to Develop College Teaching in the College of Literature, Science and the Arts [B]. Ann Arbor: Bentley Historical Library, 1966.

11. CRLT. College of Literature, Science and the Arts. A Proposal for a Research and Development Program to Develop College Teaching in the College of Literature, Science and the Arts [B]. Ann Arbor: Bentley Historical Library, 1966.

12. CRLT. Training Programs for Teaching Assistants: Recommendations from the Center for Research on Learning and Teaching [B]. Ann Arbor: Bent-

ley Historical Library, 1975.

13. CRLT. A Biennial Report: 1976 - 1978[B]. Ann Arbor: Bentley Historical Library, 1978.

14. CRLT. Faculty Development Fund Teaching Award Program Progress Report for 1976 - 1978[B]. Ann Arbor: Bentley Historical Library, 1978.

15. CRLT. Activities Inventories, 1968 - 1974[B]. Ann Arbor: Bentley Historical Library, 1974.

16. CRLT. Teaching Assistant Training-Proposal for 1877 - 1978[B]. Ann Arbor: Bentley Historical Library, 1986.

17. CRLT. Triennial Report: 1980 - 1982[B]. Ann Arbor: Bentley Historical Library, 1982.

18. CRLT. Minutes of Staff Meeting, 1982[B]. Ann Arbor: Bentley Historical Library, 1982.

19. CRLT. Minutes of Staff Meeting, 1975 [B]. Ann Arbor: Bentley Historical Library, 1975.

20. CRLT. Minutes of Staff Meeting, 1963[B]. Ann Arbor: Bentley Historical Library, 1963.

21. CRLT. Director Search, 1973[B]. Ann Arbor: Bentley Historical Library, 1973.

22. CRLT. Faculty Development Fund Teaching Award Program Progress Report for 1976 - 1978[B]. Ann Arbor: Bentley Historical Library, 1978.

23. CRLT. Budgets, 1981 [B]. Ann Arbor: Bentley Historical Library, 1981.

24. CRLT Advisory Task Force. Report of the CRLT Task Force Report on Evaluation[B]. Ann Arbor: Bentley Historical Library, 1994.

25. CRLT Advisory Task Force. Report of the CRLT Task Force Subcommittee on Grants to Faculty for Improvement of Teaching[B]. Ann Arbor: Bentley Historical Library, 1994.

26. CRLT Advisory Task Force. Report of the CRLT Task Force Subcommittee on Uses of Technology in Teaching[B]. Ann Arbor: Bentley Historical Library, 1994.

27. CRLT Advisory Task Force. Report of the CRLT Task Force Subcommittee on Development of Curricular Reforms, Pedagogical Improvements and Living/Learning Experiments[B]. Ann Arbor: Bentley Historical Library, 1994.

28. CRLT Advisory Task Force. Report of the CRLT Task Force Subcom-

mittee on the Multicultural Classroom[B]. Ann Arbor: Bentley Historical Library, 1994.

29. CRLT. CRLT Task Force Report, 1994[B]. Ann Arbor: Bentley Historical Library, 1994.

30. CRLT. Report of CRLT's Outside Evaluators[B]. Ann Arbor: Bentley Historical Library, 1993.

31. CRLT. The Staff Retreat [B]. Ann Arbor: Bentley Historical Library, 1993.

32. CRLT. The Mission Statement[B]. Ann Arbor: Bentley Historical Library, 1994.

33. CRLT. 2012 LSA Teaching Academy[B]. Ann Arbor: Bentley Historical Library, 2012.

34. CRLT. Rackham-CRLT Seminar on College Teaching: Preparing Future Faculty, 2006[B]. Ann Arbor: Bentley Historical Library, 2006.

35. CRLT. Establishment of a Multicultural Teaching and Learbing Resource Program within CRLT [B]. Ann Arbor: Bentley Historical Library, 1994.

36. CRLT. Program Manager [B]. Ann Arbor: Bentley Historical Library, 1994.

37. CRLT. Instructional Development Position[B]. Ann Arbor: Bentley Historical Library, 1994.

38. CRLT. Gradaute Student Staffing Needs[B]. Ann Arbor: Bentley Historical Library, 1994.

39. CRLT. Faculty Associates[B]. Ann Arbor: Bentley Historical Library, 1994.

40. CRLT. Minutes of Executive Committee[B]. Ann Arbor: Bentley Historical Library, 1981.

41. Dorr, Harold M. For Intra-University Correspondence[B]. Ann Arbor: Bentley Historical Library, 1962.

42. Duderstadt, J. J. The Michigan Mandate: A Strategic Linking of Academic Excellence and Social Diversity[B]. Ann Arbor: Bentley Historical Library, 1989.

43. Ericken, S. C. Recent Activities and Recommendations for the Immedite Future[B]. Ann Arbor: Bentley Historical Library, 1963.

44. Ericksen, S. C. Rencent Activities and Recommendations for the Imm-

deiate Future[B]. Ann Arbor: Bentley Historical Library, 1963.

45. Ericksen, S. C. Correspondence for the Summary Statement About the CRLT[B]. Ann Arbor: Bentley Historical Library, 1967.

46. Ericksen, S. C. For Intra-University Correspondence[B]. Ann Arbor: Bentley Historical Library, 1973.

47. Frye, B. A. The Five Years Plan[B]. Ann Arbor: Bentley Historical Library, 1982.

48. Lehmann. Proposal for a Research Center on University Teaching[B]. Ann Arbor: Bentley Historical Library, 1961.

49. Moore, W. E. The New Position at CRLT[B]. Ann Arbor: Bentley Historical Library, 1994.

50. Olson, W. C. For Intra-University Correspondence[B]. Ann Arbor: Bentley Historical Library, 1962.

51. Office of Provost. Report Record By CRLT[B]. Ann Arbor: Bentley Historical Library, 1988 – 1990.

52. O'Neal, C., Mchale, I., Becom, C. Preliminary Report of the CRLT Theatre Program5-Year Assessment [B]. Ann Arbor: Bentley Historical Library, 1994.

53. Provost Office. Report Materials by CRLT; 1967 – 1969[B]. Ann Arbor: Bentley Historical Library, 1969.

54. Rowe, T. D. For Intra-University Correspondence[B]. Ann Arbor: Bentley Historical Library, 1962.

55. Regents' Communication. Recommenadation for the Estabilishment of a Center[B]. Ann Arbor: Bentley Historical Library, 1962.

56. Senate Committee on the Improvement of Instruction. Report: Evaluation of Instruction[B]. Ann Arbor: Bentley Historical Library, 1961.

57. Stirton, W. E. For Intra-University Correspondence[B]. Ann Arbor: Bentley Historical Library, 1962.

58. Smith, A. F. The Correspond for the Committee Assignment[B]. Ann Arbor: Bentley Historical Library, 1971.

59. Search Committee for CRLT Director. For Intra-University Correspondence[B]. Ann Arbor: Bentley Historical Library, 1973.

60. Wallance, J. B. For Intra-University Correspondence[B]. Ann Arbor: Bentley Historical Library, 1962.

附录一：CRLT 大事记

1962 年　密歇根大学董事会应教学促进委员会的要求批准建立 CRLT。

1963 年　第一本《教师备忘录》出版，《教师备忘录》是一本分析教学新进展的期刊，于 1982 年停办。

1968 年　CRLT 第一个教师工作坊成功举办，教师工作坊项目仍在继续。

1974 年　为密歇根大学开发了在线讨论的软件和邮箱系统。

1975 年　1. CRLT 第一本有关教学研究、发展与评估的报告产生。

2. CRLT 下属的评估与考试办公室开发出基于网络平台的学生课程评估系统

1976 年　建立了教师发展基金（FDF）与教学发展基金（IDF），这两个基金仍在继续资助教师进行教学改革。

1977 年　第一次为新任系主任举办入职培训。

1978 年　第一次为新任教师与新任研究生助教举办入职培训，此项目仍在继续。

1982 年　莉莉捐赠基金在 CRLT 建立项目，项目意在培养助理教授的教学技能。

1985 年　与英语语言学所共同开办了第一个针对国际研究生助教的工作坊，该项目仍在继续。

1987 年　1. 建立本科生行动基金，帮助各个系开展研究生助教培训项目。

2. 第一本《论文汇编》产生，该杂志内容为一系列的教学研究与教学主题的问题，杂志目前仍在出版发行。

1988 年　出版第一本《密歇根大学研究生助教指导手册》，此书每年仍在更新出版。

1990 年　第一次为教师提供中期学生反馈服务，该项目仍在继续。

1995 年　1. 建立讲师专业发展基金以及吉尔伯特·惠特克教学促进基金，基金由教务长提供经费支持，CRLT 负责管理。

2. 第一次承办教务长教学促进研讨会，旨在创建一个全校范围内的教学与学习事务对话平台，研讨会项目仍在继续。

1996 年 1. 出版第一本《实验室教学指南》与《院系研究生助教培训手册》，指南与手册每年仍更新出版。

2. CRLT 对文理学院以及工程学院的研究生助教培训进行支持，项目仍在继续。

3. 协助密歇根大学参加四年同行评议项目，项目由美国高等教育协会资助。

1998 年 1. 建立跨学科教师助理基金，1998—2006 年执行。

2. 组织了全国范围内的跨文化教师发展夏令营。

3. 与图书馆、信息服务中心共同组织主题为教育技术有效使用的系列工作坊，该项目仍在继续。

1999 年 1. 协助学校参加全国性的同辈教学评估行动。

2. 与卡内基教学促进基金会合作举办在密歇根大学举办研究型大学最佳教学实践交流会议。

2000 年 1. 创建 CRLT 戏剧项目，该项目仍在继续。

2. 与学校研究生院合作创建培养未来教师系列研讨会，该项目仍在继续。

2001 年 协助学校参加由全美大学与学院联合会发起的本科教育质量促进项目。

2002 年 1. CRLT 带头建立“十大联盟”成员学校教师发展中心主任联合小组。

2. CRLT 受邀加入常春藤学校教学联合会。

3. 建立密歇根大学教育技术项目，项目仍在继续。

2003 年 1. 建立 CRLT 工程学院分部。

2. 协助学校管理图尔瑙教授奖，此奖为密歇根大学本科教学最高奖项。

3. 与研究生院合作开展为期一天的培养未来教师大会以及跨学校的导师制项目，两个项目皆继续开展中。

2004 年 协助学校开展全美优秀教授选拔活动，该项目仍在继续。

2005 年 开展教师暑期学校，提高学校的教学文化。

2006 年 1. 与文理学院合作开展教学支持项目。

2. 协助学校开展由中国教育部资助的“密歇根—中国”大学

领导力项目，该项目仍在继续。

3. 接受福特基金会资助，关注公立研究型大学宗教多样化事务。

4. CRLT 戏剧项目的表演者获得学校女校友联合会杰出贡献奖。

5. CRLT 开展了第一个工程教育研究与学术研讨会，项目仍在继续。

2007 年 1. 与教务长办公室合作开展教务长校园领导力项目，包括学校新任系主任、新任副院长的入职培训以及所有系主任和副院长的专业发展培训，该项目仍在进行。

2. 与研究生院合作，开展研究生教师资格认证项目，该项目仍在开展。

3. 建立学情调查基金，资助教师开展教学学术活动，该基金仍在运行。

4. 接受斯宾塞基金会资助，与学校写作中心合作，使用元认知策略提升学科思考与写作能力。

5. 接受梯格基金会资助，在学校内开展多元文化教学项目与跨学科项目。

2009 年 1. CRLT 工程学院分部与教育学院合作开展工程学院研究生教师认证项目。

2. 与文理学院合作为学院的新任助理教授开展教学培训，该项目仍在进行。

3. 与研究生院合作，开展主题为“大学中的科学与工程教学”博士后短期课程。

4. 协助学校开展密歇根大学杰出教授的选拔工作，该职能仍在履行。

2011 年 1. 与护理学院、医学院、体育科学学院等众多学院达成一致，为这些学院开展新的助理教授的入职培训工作。

2. CRLT 出版了《提升大学教学能力：教师发展中心的作用》一书。

2012 年 为学校教学者搭建谷歌教师学习共同体平台，发展教师利用在线工作开展合作与教学的能力。

附录二：访谈对象背景介绍

序号	性别	单位	职务
1	女	学习与教学研究中心	前任主任
2	男	学习与教学研究中心	主任
3	女	学习与教学研究中心	分部主任
4	女	学习与教学研究中心	助理主任
5	男	教务处，音乐学院	前任资深副教务长，教授
6	男	文理学院	主管本科教学副院长，教授
7	男	工程学院	主管本科教学副院长，教授
8	男	文理学院东亚语言系	教授
9	女	文理学院组织研究系	副教授
10	男	音乐学院	副教授
11	男	文理学院社会系	博士研究生，研究生助教
12	女	教育学院	博士研究生，研究生助教
13	女	工程学院	博士研究生，研究生助教
14	男	工程学院	硕士研究生，研究生助教
15	男	工程学院	硕士研究生，研究生助教
16	女	医学院	博士后

后记

从2005年选择了教育学作为本科专业开始，今年已经是我进入这个学科的第十五个年头。十五年的路程，我努力从书本、讲座、教育实践、与学术前辈的交流以及思考中去找寻自己的学术兴趣点。选择比较教育学的起因是因为它涉及社会、文化、地理、历史、政治等多方面的知识，是一个包容、宽广且交叉的研究领域。

自己在硕士论文的研究过程中产生了对高等教育问题的兴趣并有继续深挖下去的计划，因此选择了读博。可以说，读博是一个为满足自身需求的选择，亦是一个继续挖掘自己学术兴趣领域的过程。本书是在博士论文的基础上修改完成的，从本书问题的提出、研究思路与设计的确定、资料搜集乃至后续的论文分析都是一个自身与他人交互的过程，是一段难忘的经历。这期间的许多师长和朋友，是我要感谢的。

感谢我的博士研究生导师顾明远先生。与先生的天津之行对于我来说是一段难忘的回忆，耄耋之年的先生精力充沛，仍致力于中国教育的进步与教育学科的发展。先生捐赠的“顾明远教育研究发展基金”为众多青年学者和学生提供学术资金支持。早在博士论文选题时，先生就跟我说到了美国多搜集一手资料，慢慢地完善现有选题。在美期间，我与先生通过邮件进行交流。先生建议我到处走一走看一看，不要局限于书本，而要去教育现场亲身感受美国教育，这些建议对我的博士论文写作有直接帮助。得益于顾明远教育基金的资助，我前往密歇根大学开展了近三个月的实地调研。工作之后有机会与先生多次相聚江南，亦是受教的延续，值得永久珍藏与回味。

与我的博士研究生导师刘宝存教授的第一次见面是在第四届世界比较教育论坛的会场。从那时候起，我便与刘老师结下了这一段师生缘，老师无论在学习上还是生活上都对我帮助颇多。老师严谨的治学态度、勤奋的工作作风、谦逊低调的做人风格以及对学生不遗余力的帮助都深深感染着我。论文选题时，老师与我一次又一次地讨论选题，对我所选题目进行可行性的分析并给出一些他认为可做的论题。在我论文写作遇到瓶颈时，他鼓励和支持我继续前行，并给了我把小题目做深的研究方向。每到关键时刻，老师总是第一时间出现，给予我帮助。至今仍清晰地记得身在国外的老师在得知我在就业上有突破时远跨重洋发来微信视频帮助我分析不同工作单位的利弊与得失。诸如此类的事情还有很多，学生都记在心里。最后，我要感谢老师给予了我继续学习的机会。正是老师的帮助使我有了博士深造乃至出国访学的经历。工作之后，我愈发怀念英东楼每周一次的师门会以及无数个夜晚在老师办公室讨论论文的时光。

感谢我的硕士研究生导师程晓樵教授。就读期间，程老师经常询问我学习、就业方面的进展并给予我详尽的意见。每次回南京，我总要跟程老师聊一聊。每次两小时的交谈都让我感受到他的那份淡泊明志以及对真挚学术的追求。您那实证为先，学科为基的研究范式也一直影响着我。

此外我还要感谢北京师范大学教育学部的众多老师。谷贤林教授满腹经纶，出口成章的气质与才学深深吸引着我。幸运的是，我与谷老师同在美国宾州州立大学访学。于是，我有了与谷老师深入交流的机会，两人漫步于帕克校园，激情澎湃讨论美国高等教育的情景仿佛就在昨天。谢谢您一直叮嘱我要结合美国高等教育发展的大环境去分析问题。由于顾先生的缘故，我与滕珺老师有了很多的接触。滕老师年轻有为，工作干练，既是我们学习的榜样又像一位大姐姐一样给予我们帮助和意见。感谢林杰老师对我博士论文选题的肯定，以及在博士论文开题和预答辩中给予的中肯建议。感谢王英杰老师、高益民老师、马健生老师、孙进老师、刘慧珍老师在博士论文开题与预答辩中给予的意见。博士论文的写作过程中，我亦参考了各位老师的学术论文和著作，在此一并感谢！感谢参加我博士学位论文答辩的校外专家孟繁华教授、马陆亭教授、施晓光教授。最后还要感谢朱志勇老师，其所主讲质性研究方法课程，让我经受了严格的学术训练，每一次课堂的思维碰撞，咄咄逼人的课后作业让我在完成的过程中受益匪浅，也让我在密歇根大学实地调研的过程中少走了一些弯路。

宾夕法尼亚州立大学是我博士期间的另一个家。在这里，我结识了新的师长与朋友。感谢我的外导宾夕法尼亚州立大学教育学院教育政策系的 David Baker 教授，每周一次的 Baker' s Team 组会以及全体成员前往波士顿参加美国人口学年会的经历让我难忘。教育政策系的庞雪玲教授、David Post 教授对我的论文写作启发颇多，你们精益求精、独立的学术态度也感染着我。此外，我还要感谢高等教育研究中心的 Roger Geiger 教授、张良教授、John Cheslock 副教授以及教育政策系的 Soo - yong Byun 副教授，谢谢你们精彩的课程。我要感谢宾州州立大学的好朋友们，包括教育学院的博士研究生傅添、刘华聪、孙靓、白宜凡、蒲石、严羽、孙昱、刘景、心理学院的博士后陈辉博士、地理学院的张宇、工程学院的马晓堃、北京大学的博士研究生云烨、中国农业大学博士研究生马欣、香港中文大学博士张雯闻、中国人民大学教育学院的罗云老师和她活泼可爱的女儿王田牧瑶小朋友以及室友周渝伦，正是有你们的存在，使得我在宾州州立的学术和生活丰富多彩。无论是课堂上的讨论、图书馆的共同学习，还是周末的聚餐、篮球、长跑等经历都历历在目，喜欢我们之间畅快深入的交流。Life is good 小组学术与生活平衡的精神一直鼓舞着我前进，我在博士论文写作的过程中时刻告诉自己应该认真写作，使自己不至于与小组成员们的学术水平相差太远。2014 年的暑假我们在一起开读书会、爬山、打羽毛球的那段经历是我在美国最好的时光，谢谢聪姐、搭档帮我一遍遍地修改电子邮件和访谈提纲。感谢密歇根大学教学与研究中心的助理主任朱尔平博士，您的帮助使我增加了进行实地调研的信心。感谢密歇根大学教学与研究中心的前任主任 Constance Cook，谢谢您接受我的访谈并针对我的研究计划给出详尽的反馈，感谢所有接受我访谈的被访者。谢谢密歇根大学包容、公开的学校环境，让我一个外来者可以便利地使用学校的图书馆、校车等资源。我要感谢本特利历史图书馆的工作人员，你们卓越的工作使我在搜集和分析资料时毫无后顾之忧，使我觉得每天面对着一箱箱档案资料是有意义的。最后，谢谢打字机的发明者，正是因为有了打字机才使得档案馆里的一份份会议记录和信件清晰可读。

谢谢好友刘争先、王永明的陪伴，一起在英东楼108室以及“北京师范大学博士论文撰写中心”奋斗的过程是我们共同痛苦而美好的记忆。争先更是在我博士论文写作最为焦灼的时期帮我校对了论文的前五章。谢谢好友桂敏，博士写作与找工作期间，我俩经常互相交流，彼此给予对方建议和帮助。感谢室友陈玥与周卫勇，三年的室友时光是一份缘分，也是一段难忘的经历。还要感谢我的学友余庆、李俊堂、程接力、王平、翟月、管贤强、王军、唐一鹏、马佳妮、王媛、周英仪等，我们一起度过了这珍贵的三年，留下了很多共同的回忆，我想这些回忆是可以记忆一辈子的。谢谢孙琪师姐带着我们周末娱乐，在博士论文写作过程中有所放松。谢谢晓玲师妹在图书馆闭馆的日子里把办公室让给我写论文，谢谢傅淳华师兄、王铄，感谢刘门的兄弟姐妹们，他们是永军师兄、罗媛师姐、李函颖师姐、张惠、夏培圆师弟、宋佳师妹、苏洋师妹、瑞常师弟、梦琦师妹以及同门潇璘等。谢谢我的本科和硕士阶段的好友孟祥睿、郑辉、何丽、李永全、高福涛、张智灏、刘雨、陈允龙等，一个个远方的问候让我倍感温暖。谢谢工作单位的领导、同事以及学生，2015年博士毕业来到江南大学至今，这里的山水人文都一直支持着我在学术道路上继续前进。感谢山西教育出版社的支持，尤其是责任编辑徐琼老师耐心负责的工作，使得这本书能够顺利出版。

我还要感谢我的家人。母亲一直以来的鼓励是我前进的动力。妻子白旭娇远方的守候给予我希望。谢谢我的父亲屈德生，我知道我现在所选的路是您希望看到的。我亲爱的奶奶，这本书是送给您的。

屈廖健

2020年4月23日于蠡湖畔